Shauna Shanks

ICH MUSS verrückt sein, SO zu lieben

Wie ein Wort von Gott
alles veränderte

Deutsch von Beate Zobel

BRUNNEN
Verlag GmbH · Giessen

Titel der Originalausgabe: A Fierce Love

MIX
Papier aus verantwortungsvollen Quellen
FSC® C014496

Lektorat: Konstanze von der Pahlen
Umschlagfoto: Matt Day
Umschlaggestaltung: Daniela Sprenger
Satz: DTP Brunnen
Druck: GGP Media GmbH, Pößneck
ISBN Buch 978-3-7655-0692-5
ISBN E-Book 978-3-7655-7513-6
www.brunnen-verlag.de

Stimmen zum Buch

Ich kann dieses Buch nur empfehlen. Es ist die erstaunliche Geschichte einer Frau, die im Kampf um ihre Ehe alles auf eine Karte setzt. Sie hat allen Grund aufzugeben – stattdessen verlässt sie sich ganz auf Gottes Wort. In welchen Herausforderungen wir auch stehen mögen: Dieses Buch hat für jeden etwas!

Christine Caine, Autorin

Dies ist die faszinierende Beschreibung eines ungewöhnlichen, mutigen Kampfes. Mit Gottes Hilfe entscheidet sich Shauna Shanks, ihren Partner zu lieben, obwohl er ihr das Herz gebrochen hat.

Lysa TerKeurst, Autorin und Leiterin von „Proverbs 31 Ministries"

Egal wodurch unser Glaube auf den Prüfstand kommt: Shaunas Geschichte zeigt, wie man in scheinbar hoffnungslosen Situationen nah bei Gott bleiben kann.

Chad Veach, Pastor

Für Micah –

du hast dich darauf eingelassen und mitgeholfen, dass unsere Geschichte erzählt wird, ohne Einschränkungen.

Für Tante Jan und Shannon –

ihr seid mit mir durch die dunklen Täler gegangen und habt mich wieder auf den geraden Weg zurückgeführt.

Für meine Jungs Josiah, Gabe und Judah –

ihr habt jeden Abend dafür gebetet, „dass Mama ihr Buch fertigkriegt“. Danke dafür.

Inhalt

1

Der Nackte

San Francisco, Semesterferien, Frühjahr 2003

Der Mann und die Frau waren nackt,
sie schämten sich aber nicht.

1. Mose 2,25

Vor uns lag ein besonderer Tag, alles hatte Micah perfekt geplant. Zunächst schlenderten wir über San Franciscos Baker Beach mit seinem feinen, hellen Sand; dann besichtigten wir den Palace of Fine Arts, der wie ein alter römischer oder griechischer Tempel aussieht. Zusammen mit vielen anderen Touristen setzten wir mit der Fähre nach Alcatraz über und aßen am Pier 39 eine Spezialität der Gegend: Bread Bowls, Suppe in einem ausgehöhlten Brot.

Obwohl die Sonne warm und kraftvoll schien, fröstelten wir doch immer wieder. Der Wind, der vom Pazifik her kalt über das Land blies, war typisch für die Bucht von San Francisco. Lange standen wir an der ehemaligen Anlegestelle vom Pier 39. Schon vor Jahren war die Hafenanlage den immer mehr werdenden Seelöwen überlassen worden. Wir beobachteten die massigen Tiere beim Spielen und Schlafen. Ihr Bellen füllte die Luft, zusammen mit dem strengen Geruch von Fisch und Meer.

Unzählige Straßenkünstler unterhielten die Passanten. Hatte alle Welt Semesterferien oder warum waren hier so viele Leute unterwegs? Ein Mann hatte sich als lebende Statue von Kopf bis Fuß in Alufolie gewickelt und sein Gesicht silbern bemalt. Keine Ahnung, worin seine Kunst bestand. Aber ein Blickfang war er doch, wie er da stand, funkelnd und knisternd, wie aus einem alten Science-Fiction-Film.

Die Menschentrauben, die sich um die verschiedenen Darsteller bildeten, machten das Durchkommen in den überfüllten Straßen schwer. Nicht nur Zauberer und Musiker, auch viele schräge Vögel waren unterwegs. Einer sprach mich an, verkleidet als Polizist, hielt mir einen Strafzettel hin: „Sie erregen zu viel Aufsehen, zu viele Leute drehen sich nach Ihnen um“, stand auf dem Papier. Ich habe es bis heute aufgehoben.

Doch mehr als die vielen bunten Eindrücke faszinierte mich der junge Mann an meiner Seite, Micah, auf den ich mich so lange gefreut hatte. Zwei Jahre lang führten wir nun schon eine Fernbeziehung und sahen uns nur wenige Male im Jahr. Wir studierten an unterschiedlichen Colleges in verschiedenen Bundesstaaten. Nun waren endlich Semesterferien und ich besuchte ihn, nicht ahnend, was dieser Tag noch bringen würde.

Hand in Hand schlenderten wir durch die Stadt, küssten uns und genossen es, einander endlich in die Augen sehen zu können. Damals gab es weder WhatsApp noch Skype. (Gerade wird mir bewusst, wie alt ich schon bin …) Wir schickten uns E-Mails und telefonierten, wobei das Timing immer genau abgestimmt sein musste.

Micah und ich kannten uns schon seit der Highschool. Doch obwohl wir gemeinsame Freunde gehabt hatten, verband uns damals nicht viel. Kurz vor dem Schulabschluss hatte ich die Beziehung zu meinem damaligen Freund beendet, mit dem ich zwei Jahre lang zusammen gewesen war. Dann nahte der Abiball und ich hatte keine Ahnung, mit welchem Tanzpartner ich dort auftauchen sollte. Auf keinen Fall wollte ich mit meinem Ex-Freund dorthin gehen und einen anderen Begleiter konnte ich mir auch nicht vorstellen. Meiner Freundin Jennifer erklärte ich schließlich, dass ich überhaupt nicht mitkommen würde.

Jennifer war total schockiert. Nach ihrer Meinung konnte ich auf keinen Fall so sang- und klanglos aus unserer Highschoolzeit verschwinden. Also beschloss sie, mir einen Tanzpartner für den Abschlussball zu suchen. Gemeinsam gingen wir die Liste unserer Klassenkameraden durch, aber ich lehnte jeden Einzelnen ab. Nachdem ich gerade eine ernsthafte Beziehung hinter mich gebracht hatte, war mir überhaupt nicht nach „Männersuche“. Ich wollte zur Ruhe kommen, Zeit haben und frei sein. Bis Jennifer schließlich fragte: „Und was ist mit Micah?“ Er hatte die Schule schon ein Jahr vor uns abgeschlossen.

„Also“, zögerte ich, „mit ihm könnte ich es mir vorstellen.“

Micah war ein lustiger Typ, er nahm alles sehr locker und brachte sein Umfeld immer zum Lachen. Mit ihm konnte ich einen Abend verbringen, ohne dass daraus mehr werden würde. Davon war ich überzeugt. „Ja, gut, mit ihm würde es gehen“, erklärte ich meiner kichernden Freundin. Und tatsächlich willigte Micah kurz darauf ein, mich zu begleiten.

Nach dem Abiball stand für mich fest, dass ich ihn heiraten wollte.

Wir trafen uns von da an öfters, auch wenn uns bewusst war, dass wir uns bereits an unterschiedlichen Studienorten eingeschrieben hatten. Micah besuchte ein College in Sacramento im Bundesstaat Kalifornien, ich war an einem christlichen College in Dallas, Texas, angemeldet. Vier Monate nach dem Abschlussball beschlossen wir, es trotzdem mit einer Fernbeziehung zu versuchen.

Als die Sonne langsam am Horizont versank, führte Micah mich unter die Golden Gate Bridge. Im Wasser spiegelten sich die Lichter der Stadt. Die Wellen schlugen gegen die riesigen Felsbrocken, die über den Sandstrand verstreut waren. Leichtfüßig sprang Micah auf einen der Felsen, reichte mir die Hand und half mir hinauf.

Ich ahnte, was jetzt geschehen würde. Der Tag war einfach perfekt gewesen. Es nahte der krönende Abschluss.

Tatsächlich kniete Micah sich jetzt auf den Stein, einen Fuß aufgestellt, und griff mit der Hand in seine Tasche. Ich wartete gespannt. In diesem Moment hörten wir ein knirschendes Geräusch, das immer näher zu kommen schien. Da die Sonne schon sank, war es schwer, in der Entfernung irgendetwas zu erkennen. Micah zögerte. Er wollte bei dem, was er gleich sagen würde, nicht unterbrochen werden. Dann bemerkte ich einen Mann, der sich schnell näherte.

Später, wenn wir uns diese Geschichte erzählten, nannten wir ihn einfach *den Nackten.*

Kam er wirklich auf uns zu? Zugegeben, wir waren an

einem FKK-Strand. Aber sah er denn nicht, dass Micah vor mir kniete? Außerdem war es doch kalt. Aber der Nackte beachtete uns überhaupt nicht und rannte weiter direkt auf unseren Felsen zu. Mit ausgestrecktem Arm klatschte er den Stein ab, dann drehte er sich wieder um und rannte den ganzen Weg zurück, den er gekommen war. Sein bloßes Hinterteil wackelte bei jedem Schritt.

So etwas kann einem wirklich nur in San Francisco passieren. Ich liebe diese Stadt!

Der Ring, den Micah mir schließlich überreichte, war traumhaft, er hätte nicht schöner sein können. Ich freute mich so sehr über ihn. Ich liebte den Ring und ich liebte diesen Mann. Ich war verlobt, endlich, verlobt mit dem Mann meiner Träume.

Als wir das nächste Mal unter dieser Brücke standen, feierten wir unseren zehnten Hochzeitstag. Doch welch ein Unterschied zu unserer romantischen Verlobung! Es war der letzte, verzweifelte Versuch, den Scherbenhaufen zu kitten, der von unserer Ehe noch übrig geblieben war.

2

Anfang vom Ende?

Wer sein Leben zu erhalten sucht, wird es verlieren;
wer es aber verliert, wird es bewahren.

Lukas 17,33

Meine Vorfreude war riesig: Ich würde eine Konferenz besuchen! Als leitende Mitarbeiterin und kreativer Kopf im Kinderdienst wurde ich offiziell von der Gemeinde entsandt. Ein ganzes Wochenende frei – weg von zu Hause, ein seltenes Geschenk.

Seit den Geburten meiner drei Jungs war ich nie ohne Familie weg gewesen, schon gar nicht am Wochenende. Denn da ging ich meiner Berufstätigkeit nach. Mit selbst gebackenen Kuchen belieferte ich Hochzeiten, Geburtstage, Taufen und andere Feste, die meist am Wochenende gefeiert wurden.

Was meine Vorfreude noch steigerte, war, dass meine Freundin Crystal mitkommen würde. Neben allen Veranstaltungen würden wir bestimmt noch genügend Zeit zu zweit haben, würden Essen gehen, Schaufensterbummel machen und spät abends im Bett noch reden.

Ob wir einen Fernseher in unserem Zimmer haben würden? Seit einer gefühlten Ewigkeit hatte ich keinen richtigen Film mehr gesehen, immer nur Kinderprogramm. Zwei Abende in Folge würde ich niemanden baden, an keinem Ringkampf teilnehmen, kein Kind ins Bett bringen. Keine Küchenarbeit, keine Wäsche, kein schmutziges Geschirr, keine klebrigen Flecken, die ich vom Fußboden wischen würde. Egal worum es auf der Konferenz gehen würde: Für mich war das wie Urlaub. Endlich frei!

Erst am Abend vor meiner Abreise nahm ich mir Zeit, das Programm anzuschauen. Zugegeben, etwas spät – aber ich hatte schließlich drei Kinder. Da hat man selten Zeit zum Lesen. Auch alles andere kann man damit entschuldigen. Wäscheberge? *Ich habe drei Kinder.* Das Essen ist noch nicht fertig? *Die Kinder …* Sie taugen immer als Alibi. Wer etwas von mir will, muss warten. Die Kinder kommen immer zuerst.

Wer kleine Kinder hat, kennt das. Man fängt tausend Sachen an und bringt nichts zu Ende. Ständig wird man unterbrochen, gebraucht, abgelenkt. Den ganzen Tag ist man beschäftigt und dreht sich doch nur im Kreis. Immerhin, am Ende des Tages geht es allen Kindern gut, sie sind sauber, satt und unversehrt – meistens. Was will man mehr?

Es war ruhig im Haus. Während ich den Konferenzflyer studierte, las ich zum ersten Mal, dass es ein Konzert geben würde. Am letzten Abend trat meine Lieblingsband auf! Sofort rief ich meinen Mann an, um ihm die gute Nachricht zu erzählen. Ich war begeistert und er freute sich mit mir. Schließlich wusste er, dass ich diese Musik in der letzten Zeit rauf und runter gehört hatte.

Eigentlich kannte ich die Band erst seit ein paar Wochen. Ich hatte sie während einer Nachtschicht in der Küche entdeckt; am nächsten Tag hatte ich eine Hochzeit mit Kuchen zu beliefern. Wie so oft stand mein Laptop auch in jener Nacht auf der Arbeitsplatte. Mir tut Musik gut, wenn ich in der Küche arbeite – meinem Computer weniger. Puderzucker und Schokoglasur lassen sich kaum noch von der Tastatur entfernen.

Ich hatte das Lied „Come Thou Fount of Every Blessing" im Kopf und suchte bei YouTube danach. Dabei stieß ich auf eine Band namens „All Sons & Daughters", die auch eine Version dieses Liedes aufgenommen hatte. Ich kannte diese Band nicht und hörte die restliche Nacht alle ihre Lieder, wie sie mir von YouTube vorgeschlagen wurden.

Ihre intensive Art, Gott anzubeten, berührte mich. Immer wieder unterbrach ich in dieser Nacht das Backen, hielt inne und genoss ein paar Augenblicke lang die sanfte Gegenwart meines Schöpfers. Mein Leben war stressig, laut, oft genug chaotisch. Aber diese Musik ließ die ganze Hektik in den Hintergrund treten. Ich spürte meine Sehnsucht nach dem Einen, auf den sich die Lieder bezogen.

Es war, als würde mein Inneres tief aufatmen: *Das tut so gut.* Diese Anbetung weckte Erinnerungen an Zeiten in seiner Nähe. Die Freude, die mich erfüllte, wenn ich ihm nahe war – ich kannte sie. Aber viel zu selten gab ich ihr Raum. Schuldgefühle mischten sich in die Erinnerung – wie beim Gedanken an eine schöne Freundschaft, die man vernachlässigt hat. Ich wünschte, ich wäre treuer, verlässlicher gewesen. Diese Nacht, in der ich Hochzeitstorten herstellte und mich der Anbetung öffnete, wurde zu einer wichtigen Nacht für mich.

Die Lieder ließen mich nicht mehr los. Sie wurden Teil der Playlist, die ich beim Joggen hörte. Oder vielmehr beim Gehen. Ich hatte mit dem Laufen erst kurz davor angefangen und war sehr schnell außer Puste. Als Läuferin machte ich keine besonders gute Figur, aber ich hörte dabei diese Musik und sie berührte mich ganz tief.

Dann war es so weit. Crystal fuhr morgens mit ihrer Familienkutsche bei uns vor und gemeinsam machten wir uns auf den Weg. Eine Stunde später waren wir schon am Ziel, in Columbus. Auf der Konferenz besuchten wir Workshops, zogen von Stand zu Stand und sammelten Infos und Werbegeschenke. Wir ließen uns mit Schlapphüten und übergroßen Brillen fotografieren und verbrauchten genüsslich das Budget, das wir fürs Essen vorgesehen hatten.

Dann nahte der letzte Abend und meine Erwartung stieg. Ich würde jede Sekunde davon auskosten. Immerhin hatte Gott mir vor gar nicht langer Zeit, nachts in meiner Küche, schon Appetit gemacht. Er hatte mich daran erinnert, wie gern ich in seiner Nähe war. Nun freute ich mich auf das Zusammensein mit dem Freund, für den ich zuletzt nur so selten Zeit gehabt hatte.

Für mich war es kein Zufall, dass an diesem Abend „All Sons & Daughters" spielten, die ich gerade erst entdeckt hatte. Nein, ich wollte mir gerne vorstellen, dass Gott das extra für mich so organisiert hatte, weil er mir besonders nahe kommen wollte. Zu Hause verbrachte ich die Gottesdienste immer im Kinderbereich der Gemeinde. Doch heute war ich ohne Kinder da und bereit, Gott zu begegnen.

Aus unserer Gemeinde war ein ganzes Team gekommen, mit dem ich nun zusammensaß. Die anderen hatten die Plätze ausgesucht, ganz hinten im Raum, in maximaler Entfernung von der Bühne und in kaltes Licht getaucht.

Wie einladend sah dagegen der vordere Bereich aus. Dort war es dunkel, alle Leute standen. Ich wollte vorne sein, mich unauffällig unter die Leute vor der Bühne mischen. Das war mein Abend mit Gott, heute würde ich ihm begegnen. Dabei wollte ich mich nicht beobachtet fühlen.

Als die Musik begann, stand ich auf. Unwiderstehlich zog es mich nach vorne. So bat ich Crystal, auf meine Tasche aufzupassen, entschuldigte mich und zwängte mich aus der Reihe, in den Gang, nach vorne.

Je näher ich der Bühne kam, desto ergriffener war ich. Mein Verstand war wie ausgeschaltet, als ich auf Höhe der fünften oder sechsten Reihe irgendwo in einem Seitengang auf die Knie sank und zu weinen begann. Es war kein vornehmes, zurückhaltendes Weinen. Ich brach in lautes, unkontrolliertes Schluchzen aus, meine Schultern zuckten, die Nase lief.

Was ist denn mit mir los? Ich wusste es selbst nicht. Das Konzert war schön, aber so dramatisch auch wieder nicht. Normalerweise kniete ich mich in Gottesdiensten auch nicht hin, zumindest in den letzten paar Jahren war das nicht mehr vorgekommen. Irgendwann gesellte sich eine Frau zu mir, legte ihre Hand auf meinen Rücken, tätschelte mich mitfühlend und betete: „O Herr, du weißt, was diese Frau gerade durchmacht …"

Schon klar, mein Verhalten war ungewöhnlich. Im Stillen dachte ich: *Natürlich, sie muss ja denken, dass ich gerade eine Katastrophe erlebe, wenn sie mich so sieht. Aber ich mache gar nichts durch. Alles, was mich erfüllt, ist diese Sehnsucht nach Jesus. Das kann die Frau ja nicht ahnen. Lieb von ihr, aber gar nicht nötig …*

Was ich nicht wissen konnte: Alles war schon für den vernichtenden Schlag vorbereitet, der wenige Stunden später gegen mich ausgeführt werden würde. Das Urteil war gefällt und ich steuerte unaufhaltsam der Katastrophe entgegen. Aber auch Jesus hatte seinen Part vorbereitet. Ich hatte um eine tiefere Verbindung mit ihm gebeten und genau dahinein würde er mich schon bald führen.

Im Nachhinein tröstete mich der Gedanke, dass er damals schon gewusst hatte, was mir bevorstand. Ehe alles losging, zog er mich in seine Nähe. Er stärkte mich und hielt mich eng umschlungen. Bei allem, was dann kam, war er an meiner Seite.

Es war der 14. Oktober. Ein Datum, das ich nie vergessen werde. Erst am Vortag war ich von der Konferenz zurückgekommen. Gegen Abend war ich joggen gewesen, auch wenn meine Art von Laufen diesen Namen noch nicht verdiente. Immerhin war ich vor Erschöpfung nicht im Vorgarten des Nachbarn zusammengebrochen. Nein, ganz im Gegenteil: Allmählich wurde ich besser. Darauf war ich ziemlich stolz.

Die Kinder waren im Bett, ich war vom Laufen zurück und wollte gerade in die Dusche steigen. Da kam Micah. Er benahm sich irgendwie seltsam. Zuerst meinte er, wir müssten reden, dann unterbrach er sich: „Ach egal, dusch erst mal in Ruhe." Ich finde, das widerspricht den Grundregeln des fairen menschlichen Umgangs miteinander. Wenn jemand so eine Andeutung macht, dann muss ich wissen, warum es geht. Aber das sagte ich nicht, sondern reagierte bewusst unkompliziert, verschob das Duschen auf später und setzte mich zu ihm.

Unsere Beziehung lief gut, dachte ich. Natürlich war unsere Ehe nicht perfekt. Aber wer führt schon eine perfekte Ehe? Doch als Micah dann zu reden begann, traute ich meinen Ohren nicht. Zuerst lachte ich und war mir sicher, dass er sich einen Spaß mit mir erlaubte. Dann weinte ich. Micah erklärte allen Ernstes, dass er nicht mehr mit mir verheiratet sein wollte. Während er redete, verschwand mein geliebter Mann vor meinen Augen. An seine Stelle trat ein Fremder, böse und kalt, berechnend und gefährlich. Er hatte das geplant. Es war eine Falle.

Er sei nicht glücklich, sprach Micah weiter. Er fände mich nicht attraktiv, schon seit Jahren nicht. Er liebe mich nicht. Er wolle nicht mehr mit mir zusammen sein und am liebsten überhaupt keine Zeit mehr mit mir verbringen. Mit einem eisigen Blick sah er mich an. Ich wollte doch, dass er glücklich war, oder? Vermutlich ginge es mir genauso wie ihm, nicht wahr? Seine Worte drangen an meine Ohren, aber begreifen konnte ich sie nicht.

Auch in den folgenden Tagen wiederholte Micah immer wieder, wie wenig ich ihm bedeutete. Ich kam mir vor wie ein ausgesetzter junger Hund, der immer wieder zu seinem Herrchen zurückkommt, weil er nicht glauben kann, dass er dazu fähig ist, ihn davonzujagen. Doch der Mann tritt ihn und befördert ihn immer wieder hinaus. Er soll endlich abhauen und im Wald verschwinden.

Micahs Worte brachen mir das Herz. Damit hatte ich nicht im Entferntesten gerechnet. Bittere Gedanken stiegen in mir auf. Wie dumm war ich gewesen, wie blind! Hatte ich wirklich geglaubt, glücklich verheiratet zu sein? Gestern noch? Was für eine Selbsttäuschung!

Tatsächlich hatte ich mir über unsere Ehe nie Gedanken gemacht. Es gab in meinen Augen auch keinen Grund dazu. Natürlich blieben Wünsche offen und über die Jahre war manches normal geworden, was ich mir ursprünglich anders gewünscht hatte. Ja, Micah wirkte manchmal abweisend, aber das war eben seine Art, dachte ich. Er war nicht so der romantische Typ.

Schließlich hatte Micah eine schwere Kindheit gehabt. Wahrscheinlich fiel es ihm deshalb grundsätzlich nicht leicht, tiefe, innige Beziehungen aufzubauen. Wirklich zärtlich war er nie gewesen, aber ich dachte, so sei er eben. Auf keinen Fall wollte ich, dass er mir etwas vorspielen müsste.

Micah sollte sich so verhalten dürfen, wie ihm zumute war. Damit hatte ich mir sein Verhalten erklärt, wenn es mir kühl erschienen war. Aber nie hatte ich das Gefühl gehabt, nicht von ihm geliebt zu werden. Entsprechend unvorbereitet trafen mich seine Worte jetzt.

Ich hatte mit diesem Mann mein Leben geteilt, ich hatte ihm die Treue gelobt, er war der Vater meiner Kinder. Wie konnte er jetzt sagen: „Ich liebe dich nicht"? Wie ein Messer schnitt mir dieser Satz ins Herz. „Ich finde dich nicht attraktiv." Das Messer drang noch tiefer ein. „Es war von Anfang an ein Fehler, dich zu heiraten." Er drehte das Messer in der Wunde.

Unter Tränen erinnerte ich Micah an unseren zehnten Hochzeitstag, der nächsten Monat anstand. Entsetzt hörte ich seine Antwort: „Ja, ich weiß. Zehn Jahre meines Lebens habe ich deinetwegen verloren. Das reicht. Ich will nicht noch mehr Zeit mit einer Frau verschwenden, für die ich nichts empfinde." Mir war, als würde ich sterben. Micah hatte mit seinen Worten die Frau ausgelöscht, die ich bis dahin gewesen war. Mein bisheriges Leben existierte nicht mehr.

Selbst in den schlimmsten Albträumen hätte ich mir so etwas nicht vorstellen können. Micah beteuerte, dass es keine andere Frau in seinem Leben gab. Stattdessen wiederholte er ständig, dass er mit mir nicht glücklich sei. Ich konnte doch nicht sein Unglück wollen, oder? Unendlich dumm kam ich mir vor und starrte ihn ratlos an.

Also war mein ganzes Glück nur Einbildung gewesen. Wie konnte das sein? Ich hätte lieber gehört, dass Micah mich wegen einer anderen verlassen wollte. Das hätte ich besser einordnen können. Aber so – ohne Grund? Er war meiner einfach nur überdrüssig? Wertloser konnte ein Mensch nicht sein. Es fühlte sich entsetzlich an.

Vergeblich mühte sich mein Verstand, meine letzten zehn Jahre neu zu bewerten. Hätte Micah gesagt: „Ich liebe dich *nicht mehr*", dann hätte ich damit besser umgehen können. Aber er sagte: „Ich habe dich *noch nie* geliebt." Unsere Beziehung ging nicht zu Ende, sie hatte noch nie existiert. Micah drehte die Zeit zurück und zog mir den Teppich der letzten zehn Jahre unter den Füßen weg. Alles, was wir gemeinsam erlebt und erreicht hatten, unsere Ehe, unsere Kinder, unser gemeinsamer Dienst in der Gemeinde, alles verlor seine Bedeutung. Als wäre es nie wirklich da gewesen. Alles nur eingebildet, zerplatzt wie eine Seifenblase.

Von einem Moment zum anderen war *alles weg*.

An diesem Abend begann ich zu weinen – und hörte drei Tage lang nicht mehr auf. Zusammengekrümmt lag ich auf dem Sofa, ohne zu essen, ohne zu schlafen, und weinte nur noch.

Diese erste Nacht – so unvergesslich, und doch fällt es mir schwer, mich daran zu erinnern. Ich war innerlich zerbrochen, meine Welt lag in Scherben, ich trauerte um mein unbeschwertes Leben, um meine kleine Familie. Der Gedanke an das Leid der Kinder, die ihren Vater, ihre Eltern verloren, schwang im Hintergrund mit.

Doch mein eigener Schmerz überlagerte alles. Meine Liebe für Micah war nicht weg. Ich wollte ihn umarmen, drücken, küssen – wie ich es gewohnt war, wie ich es immer getan hatte, wenn mir danach zumute war. Das sollte nie wieder möglich sein? Angst ergriff mich.

Ein Leben ohne Micahs Nähe, ohne seine Zuneigung – unvorstellbar. Ich musste ihn anfassen, von ihm berührt werden. Er sollte mich umarmen und diese Sätze zurücknehmen. Aber nachdem wir geredet hatten, war er wie verwandelt. Äußerlich sah er immer noch aus wie mein Mann. Aber er war ein anderer. Mein Mann hatte mich verlassen.

Am zweiten Abend, als Micah seine Sachen packte, geriet ich in Panik. Ich verlangte, dass er unserem Ältesten sein Vorhaben selbst erklärte. Josiah war damals acht. Ich hoffte inständig, dass Micah das nicht übers Herz bringen würde. Doch weit gefehlt!

Mechanische Sätze kamen aus seinem Mund: „Deine Mutter und ich haben beschlossen …“ Ich krümmte mich auf dem Sofa zusammen. *Was tust du da? Hast du den Verstand verloren? Unseren Kinder ist nie in den Sinn gekommen, dass Mama oder Papa weggehen könnten. Diese Option gibt es in ihrer Welt nicht. Und lass mich aus dem Spiel! Mama hat ganz sicher nichts davon beschlossen! Du, du allein …* In mir schrie es, während ich wie gelähmt war vor Entsetzen. Sterben konnte nicht schlimmer sein.

Direkt danach ging Micah joggen. Es war mir unmöglich, das ganze Leben von mir und den Kindern innerhalb von vierundzwanzig Stunden neu zu organisieren. So bat ich ihn, als er vom Joggen zurückkam, diese eine Nacht noch im Haus zu bleiben. Ich musste zuerst überlegen, wie es ohne ihn weitergehen würde.

Ohne Übertreibung, in diesen ersten Tagen wollte ich sterben. Wären die Kinder nicht gewesen, ich hätte mich für immer unter meiner Decke verkrochen und wäre nie wieder aufgestanden. Bis dahin hatte ich nie etwas Traumatisches erlebt. Nie hatte mir jemand das Herz gebrochen. Es traf mich unvorbereitet und ich wusste nicht mehr weiter.

In der ersten Nacht, als ich wach lag und die Gedanken sich in meinem Kopf jagten, war da nur Traurigkeit. Fassungslosigkeit. Entsetzen. *Was soll ich tun? Wie kann ich ohne Micah leben? Das Haus ist viel zu groß, so leer. Ohne ihn will ich hier nicht bleiben. Muss Josiah dann die Schule wechseln? Wohin sollen wir gehen?*

Was soll ich bloß tun?

3

Gott redet

Was für immer bleibt, sind Glaube, Hoffnung und Liebe, diese drei. Aber am größten von ihnen ist die Liebe.

1. Korinther 13,13

In der ersten Nacht, zwischen Tränen und Fassungslosigkeit über Micahs Worte, wandte ich mich verzweifelt an Gott: „Bitte gib mir irgendeinen Halt. Etwas, an das ich denken kann. Ein Wort, einen Satz, ein Bild. Diese Gedanken machen mich wahnsinnig. Ich will ruhig werden und schlafen." Schon bald würde es Zeit sein, die Kinder zu wecken. Ohne Schlaf war der nächste Tag eine Qual. Wenn Gott mir irgendetwas geben würde, auf das ich mich konzentrieren könnte, vielleicht würde ich dann einschlafen. „Bitte, Gott, gib mir etwas, *irgendetwas.*"

Dann gab Gott mir drei Worte.

Halte durch. Hoffe.

Sofort dachte ich an 1. Korinther 13, das Hohelied der Liebe. Von alleine hätte ich in dieser Situation ganz sicher nicht daran gedacht. Das war viel zu klischeehaft, viel zu abgedroschen. Auf wie vielen Hochzeiten wurde das gelesen? Viel zu oft wurden diese Sätze bemüht. Ich war im christlichen Umfeld aufgewachsen. Sonntagmorgens. Sonntagabends. Mittwochabends. Wann auch immer die Kirchentüren offen waren, meine Familie war stets zur Stelle. Wir Kinder nahmen an Kinderbibelwochen teil. Wer viele Bibelverse auswendig gelernt hatte, bekam einen Preis. Ich kannte dieses Kapitel. Diese Definition von Liebe war uralt. Zu einfach, zu banal für meine Situation.

Immerhin, ich hatte etwas, worüber ich nachdenken konnte, das mich von meiner Verzweiflung ablenkte. Schnell schlug ich *Halte durch* nach. „Durchhalten" oder „erdulden" steht für „geduldiges Leiden". *Aha.* Das könnte ich schaffen. Geduldig leiden traue ich mir zu. Auch wenn es nicht gerade angenehm klingt. Vor allem weiß ich aus der Bibel, dass für Gott auch schnell mal Jahrzehnte ins Land gehen können. So lange musste sein Volk geduldig durchhalten und durch die Wüste wandern. Auf jeden Fall hatte ich damit eine klare Anweisung. Wenn es das ist, was Gott von mir will, dann weiß ich, was ich tun muss. Das hilft. Ich werde abwarten und durchhalten.

Beim Hoffen könnte es etwas schwieriger werden. *Hoffen.* Hoffnung ist der *Glaube, dass etwas zu einem erwünschten Ausgang kommen wird.* Doch auf den Ausgang unserer Geschichte kann ich keinen Einfluss nehmen. Micahs Entschluss stand fest. Er wollte mit mir nichts mehr zu tun haben. Ich bin der kleine Hund, mit einem brutalen Tritt vor die Tür gesetzt. Erst allmählich wird es mir bewusst. Micah hat mich entsorgt, er hat sich meiner entledigt. „Ich verlasse dich", hatte er gesagt, „weil ich dich nicht liebe."

Da soll ich hoffen? Worauf? Es wird sich nie erfüllen. Solange ich hoffe, bleibe ich verletzlich. Besser wäre es, mich zu verschließen, mein Herz zu schützen, Micah gegenüber unempfindlich zu sein. Nur so kann ich weiterleben. Eine Wunde muss heilen, sich verschließen. Man sollte sie nicht klaffend offen lassen.

Hoffnung. In meiner hoffnungslosen Situation eine riskante Haltung. Dennoch versprach ich Gott: *Ich will es versuchen.* Immerhin, ich musste ja nur diese beiden Dinge versuchen, *durchhalten und hoffen.* Machbar, vielleicht.

Erstaunlich, was da schon in der ersten Nacht geschah. Ich bemerkte es selbst erst allmählich, weil ich so von Traurigkeit erfüllt war. Mir war nur wichtig, eine Orientierung zu bekommen. Ich musste wissen, was ich tun und wie ich mich verhalten sollte. Diese drei Worte wurden mir zu einem Halt, an den ich mich klammerte, ohne das eigentliche Wunder überhaupt zu bemerken: Gott hatte zu mir gesprochen. Gott redete. Unbeschreiblich! Noch erstaunlicher: *Ich konnte ihn hören!* Das war in meinem ganzen erwachsenen Christenleben noch nicht oft der Fall gewesen.

Im Normalfall traf ich Entscheidungen und packte Sachen an, bevor ich Gott um seine Meinung dazu bat. Natürlich kannte ich auch Leute, die Gott ihre Fragen vorlegten und seine Antworten hörten. Aber bei mir was das nicht so gewesen. Zumindest bisher. Es änderte sich in jener Nacht, ohne dass mir das selbst auffiel. Während der folgenden Tage, die ich in tiefer Verzweiflung erlebte, klammerte ich mich an diesen drei Worten fest. Sie waren mein einziger Rettungsring im sturmgepeitschten Meer meiner Gefühle. Von da an hörte ich Gott. Er sagte mir, was ich tun sollte, und blieb immer, zuverlässig, erreichbar für mich.

Während dieser ersten Nacht beschloss ich, Micah mit einer Liebe zu lieben, die unabhängig von allen Gefühlen war. Wie dramatisch Gefühle sich ändern können, erlebte ich ja gerade. Doch Liebe ist anders. Sie hält durch.

Ich sollte Micah weiterlieben, ohne mich an dem zu orientieren, was ich von ihm bekam. Denn das war brutal –

gebrochene Versprechen, schroffe und verletzende Worte, dazu eine Ablehnung, die sogar rückwirkend galt. Jedes Mal, wenn dieser raue Wind mir wieder entgegenschlug, nahm Gott mich zur Seite und lenkte meinen Blick zurück auf 1. Korinther 13. *Da steht alles. Halte dich daran.*

Dieser Bibelabschnitt beschreibt Gottes Art von Liebe. *Genau so* sollte ich auch lieben. Mit Gefühlen hatte das nichts zu tun. Diese Sätze waren wie Handlungsanweisungen. Hier konnte ich immer wieder nachschauen, was ich als Nächstes tun sollte. Wort für Wort studierte ich diesen kurzen Text, immer wieder überlegend, was er in meinem Fall bedeutete.

„Liebe ist geduldig, Liebe ist freundlich. Sie kennt keinen Neid, sie spielt sich nicht auf, sie ist nicht eingebildet. Sie verhält sich nicht taktlos, sie sucht nicht den eigenen Vorteil, sie verliert nicht die Beherrschung, sie trägt keinem etwas nach. Sie freut sich nicht, wenn Unrecht geschieht, aber wo die Wahrheit siegt, freut sie sich mit. Alles erträgt sie, in jeder Lage glaubt sie, immer hofft sie, allem hält sie stand. Die Liebe vergeht niemals" (1. Korinther 13,4-8).

Immer wieder ging ich diese Sätze in Gedanken durch. Liebe ist *nicht* neidisch. Nicht unhöflich. Sie lässt sich *nicht* provozieren. Über falsches Verhalten freut sie sich nicht, aber sie freut sich, wenn Wahres gesagt wird. Sie *gibt Schutz,* erträgt *alles, glaubt* alles, *steht* alles *durch.* Liebe versagt niemals. Liebe. Scheitert. Nicht.

Meine extreme Situation half mir zu erkennen, wie radikal und herausfordernd dieser Bibeltext war. Um besser zu verstehen, was Gott mir sagen wollte, las ich ihn in allen verfügbaren Übersetzungen. In der Amplified Bible klang es etwa so: „Liebe (Gottes Liebe in uns) besteht nicht auf ihrem eigenen Recht oder ihren eigenen Vorstellungen, denn sie verfolgt nicht ihre eigenen Interessen. Sie ist nicht empfindlich oder wehleidig oder nachtragend. Sie führt nicht Buch über das Unrecht, das man ihr zufügt (sie kümmert sich nicht um das Unrecht, das sie erleidet) … Liebe hält allem und jedem stand, egal was geschieht. Sie ist immer bereit, von jedem nur das Beste zu denken, unter allen Umständen gibt sie niemals die Hoffnung auf und sie erträgt alles (ohne dabei schwach zu werden) … Liebe versagt niemals (sie lässt nie nach, sie veraltet nie, sie erlöscht niemals)" (1. Korinther 13,5+7-8, freie Übertragung der Amplified Bible).

Unvorstellbar schön, diese Liebe. Perfekt. Geht das überhaupt? Nun, wenn Gott uns das aufträgt, dann muss es möglich sein, so zu lieben. Es ist sein Wort, er hat es so aufschreiben lassen. Und er sprach diese Worte in mein Herz. Ich klammerte mich daran. Schließlich wollte ich meinen Mann zurückhaben. Das war der Weg, den Gott mir zeigte, den sollte ich gehen. Ich sah keinen anderen.

Bald war mir klar, dass dieses Hohelied der Liebe viel mehr war als nur schöne Worte, mehr als Poesie.

4

Scherbenhaufen

Eines frühen Abends stand David auf,
nachdem er sich eine Weile ausgeruht hatte,
und ging auf dem flachen Dach seines Palasts spazieren.
Da fiel sein Blick auf eine Frau,
die im Hof eines Nachbarhauses ein Bad nahm.
Sie war sehr schön. David wollte unbedingt wissen,
wer sie war, und schickte einen Diener los,
der es herausfinden sollte. Man berichtete ihm:
„Die Frau heißt Batseba."

2. Samuel 11,2-3

Es war auf den Tag genau zwei Wochen nach dem 14. Oktober, an dem Micah mir zum ersten Mal erklärte, dass er sich scheiden lassen wollte.

Micah, der im Schichtdienst arbeitete, hatte heute frei, trotzdem war ich erst lange nach ihm ins Bett gegangen. Ich wollte müde genug sein, um dann auch wirklich schlafen zu können. Gegen drei Uhr wachte ich plötzlich auf. Alles war ganz ruhig. Ich wusste nicht, was mich geweckt hatte. Da ich nicht mehr einschlafen konnte, stand ich auf und ging ins Wohnzimmer. Dort brannte Licht. Micah saß auf dem Sofa und empfing mich mit ein paar belanglosen, nicht unfreundlichen Sätzen. Schon allein dafür hatte es sich gelohnt, wach zu werden, dachte ich und setzte mich zu ihm. In den letzten zwei Wochen war Micah nur selten zu einem Gespräch aufgelegt gewesen.

Das war die Gelegenheit, auf die ich gewartet hatte. Falls bei Micah doch eine andere Frau im Spiel war, wollte ich ihm zeigen, dass ich verständnisvoll reagieren würde. Ich wollte ihm das Gefühl nehmen, am Scheitern unserer Ehe allein schuld zu sein. Auch ich hatte mich einmal in einen anderen Mann verliebt. Es war in den ersten Jahren unserer Ehe, ich arbeitete in einem Krankenhaus. Dort begegnete ich Evan. Wir hatten nie ein Wort gewechselt, aber wir sahen uns damals oft.

Die ganze Angelegenheit war extrem peinlich gewesen. Jedes Mal wenn Evan auftauchte, stieg mir das Blut in den Kopf. Ich wollte ganz normal bleiben und lächelte ihn nur flüchtig an. Aber sobald er mein Lächeln erwiderte, fing ich an zu kichern wie ein Schulmädchen. Ich konnte nichts dagegen tun. Unter seinem freundlichen Blick verwandelte ich mich in eine formlose Masse und verlor jede Kontrolle über mich selbst. Wenn ich ihn nur von Weitem sah, wurde ich starr vor Schreck, weil ich schon wusste, dass es gleich wieder losgehen würde. Meine Kollegin, die meistens an meiner Seite war, wenn wir die langen Gänge durchschritten und Evan begegneten, hatte ihren Spaß. Das machte alles nur noch schlimmer.

Evan konnte das alles nicht entgangen sein. Immer wenn wir uns begegneten, reagierte ich heftig auf ihn. Aber er lächelte nur und sagte nie etwas. In jener Nacht erzählte ich Micah von ihm. Natürlich erwähnte ich auch, dass daraus nie etwas geworden war und Evan weder damals noch heute in meinen Träumen herumgeisterte. Aber Micah sollte wissen, dass er auf mein Verständnis zählen konnte, falls er sich zu einer anderen Frau hingezogen fühlte.

Da ich selbst nicht vollkommen war, durfte ich auch die Unvollkommenheit anderer nicht verurteilen. Allerdings war es damals für mich keine Option, diese Gefühle auszuleben. Auch mit meinen verrückten, verliebten Gedanken verfuhr ich damals so, wie ich es bei Paulus gelesen hatte: „Alles menschliche Denken nehmen wir gefangen und unterstellen es Christus, dem es gehorchen muss" (2. Korinther 10,5; Hfa). Trotzdem kannte ich das Gefühl, in einen anderen Mann verliebt zu sein, und ich konnte nur froh sein, dass Evan nicht aktiv versucht hatte, meine Bekanntschaft zu machen.

Das alles erzählte ich Micah, mitten in der Nacht. Anschließend eröffnete er mir, dass er eine andere hatte. Ich wusste nicht, was ich fühlen sollte. Allein die Worte klangen so hässlich, dass mir von ihrem Klang direkt übel wurde. Doch die Übelkeit ließ bald wieder nach und ein unerklärlicher Frieden umgab mich.

Ich spürte Micahs lauernden Blick. Würde ich auch jetzt noch diesen absurden Handlungsanweisungen aus 1. Korinther 13 folgen, von denen ich ihm bereits erzählt hatte? *Liebe ist geduldig,* erinnerte ich mich. *Ich will geduldig sein,* sagte ich mir selbst. *Liebe ist freundlich,* kam mir als Nächstes in den Sinn. Also, *sei freundlich!*

Dennoch konnte ich nicht verhindern, dass meine Gedanken zu der Frage zurückwanderten, wie es so weit hatte kommen können. War für Micah alles, was er noch vor ein paar Jahren in unserer kalifornischen Gemeinde als Jugendpastor weitergegeben hatte, plötzlich nichts mehr wert? War er nicht mit ganz anderen Überzeugungen in die Ehe gestartet? Wer hatte ihm so den Sinn verdreht, sein Denken verändert? Ja, er hatte sich seit unserem Umzug nicht mehr so in die Gemeinde investiert und sich aus vielem herausgehalten – aber das konnte doch nicht bedeuten, dass er ohne schlechtes Gewissen eine Affäre führte, oder?

Bleib bei dem, was Gott dir gesagt hat, ermahnte ich mich selbst. Ich ging den Bibeltext in Gedanken weiter durch, bis ich zur Hoffnung kam. *Liebe hofft alles.* Vorsichtig berührte ich Micahs Schulter. „Das muss trotzdem nicht das Ende für unsere Ehe sein", sagte ich, „wir können auch das wieder hinkriegen." Hoffnung ganz praktisch, laut ausgesprochen.

Tatsächlich hielt ich weiter daran fest, den Bibeltext aus 1. Korinther 13 wie eine Checkliste zu benutzen, um Gottes Maßstab an mein Verhalten anzulegen. Ohne diese Liste wäre ich durchgedreht. Was hätte es gebracht, auszurasten und wie eine Furie zu reagieren? Ich hätte Micah schon in den zurückliegenden zwei Wochen, als ich noch gar nichts von seiner Freundin wusste, nur aus dem Haus gejagt. Aber weil Gott mir mit seiner Liebesdefinition jeweils die richtige Reaktion zeigte, blieb ich nachsichtig und beherrscht. Die Folge war, dass Micah immer noch nicht ausgezogen war.

Am nächsten Tag ging ich wieder joggen. Unglaublich, wen ich da traf: meinen früheren Krankenhauskollegen Evan! Er hatte mich schon von Weitem erkannt und wartete mit seinem breiten Lächeln auf mich. Es war Jahre her, seit wir uns zuletzt gesehen hatten. Und auch damals, als wir im gleichen Haus gearbeitet hatten, hatten wir nie auch nur ein Wort miteinander gewechselt. Doch heute, unmittelbar nachdem mir mein Mann von seiner Affäre erzählt hatte, stand dieser Mann plötzlich auf meiner Joggingstrecke, um mit mir zu reden.

Das nächtliche Gespräch mit Micah hatte mich schwer mitgenommen, der Gedanke an die andere Frau tat weh. Evan plauderte mit mir, als ob wir alte Kumpels seien. Einige Minuten standen wir so zusammen. Es stellte sich heraus, dass unsere Jungs im gleichen Sportverein waren, und er hatte eine Frage in Bezug auf die Mannschaftskleidung, die er für seinen Sohn bestellen musste. Also tauschten wir Telefonnummern aus. *Echt jetzt?*

Wer behaupten will, das sei alles nur Zufall gewesen und es gäbe keinen Widersacher, dem möchte ich heftig widersprechen! Ich beendete das Gespräch mit Evan, lief zu meinem Auto zurück, ließ mich hineinfallen und lachte laut auf. *Ernsthaft? Ein bisschen offensichtlich, diese Falle, oder?* Ein paar düstere Gestalten aus der unsichtbaren Welt schienen gerade Überstunden zu machen, um meine Ehe vollends zu zerstören.

Seit dem Beginn unserer Ehekrise hatte ich Micahs Tante Jan ins Vertrauen gezogen und ihr vieles erzählt. Sie hatte mich schon vor knapp zwei Wochen gewarnt, als ich ihr von meiner Liebesstrategie erzählt hatte. Es sei damit zu rechnen, dass gerade jetzt ein Mann in mein Leben treten würde. Sie warnte mich damals schon, dass ich meinen besonderen Umgang mit Micah nicht durchhalten würde, wenn ich mich auf den Kontakt zu einem anderen Mann einließe, der mir Trost und Aufmerksamkeit schenken würde.

Damals hatte ich nur gelacht. Die Vorstellung war zu abwegig. Aber nun wusste ich, wie recht sie hatte. Während der zehn Ehejahre hatte es nur einen einzigen Mann gegeben, der mich jemals interessiert hätte, außer Micah. Und ausgerechnet dieser wartete heute am Wegesrand auf mich und bat um meine Telefonnummer. Unfassbar!

Zwar durchschaute ich die Masche, aber eine Versuchung war das Ganze doch. Mein Mann hatte mir erst vor ein paar Stunden wieder erklärt, dass er nichts für mich empfand. Ob die Geschichte mit der anderen Frau beendet war oder noch lief, wusste ich nicht. Mein Selbstwertgefühl war am Boden.

Und da kommt der Mann, den ich so unglaublich attraktiv fand, und signalisiert sein Interesse an mir. Auch wenn wir nur ein bisschen telefonieren und uns gelegentlich am Spielfeldrand unterhalten würden, auch das würde meiner Seele schon unendlich guttun. Ein kleiner Flirt war sehr verlockend. Das wäre ja noch kein Ehebruch, oder? *Immerhin werde ich noch als Frau wahrgenommen ... für andere bin ich immer noch attraktiv ... Ich will wieder spüren, dass ich begehrenswert bin ... ich habe ein Recht darauf, glücklich zu sein.* Diese Gedanken konnten mich blitzschnell mit sich fortreißen. Sie stürmten bereits in diese Richtung.

Wie kann man solche Fallen von „offenen Türen" unterscheiden? Mein Mann hatte die Ehe gebrochen. Die Bibel gab mir grünes Licht für eine Scheidung. Eine neue Beziehung wäre langfristig eigentlich zu rechtfertigen gewesen – wenn nicht Gott zu mir gesprochen hätte. Und seine Anweisung war eindeutig: *Hoffe* und *halte durch.*

Klar, ich hätte mir auch etwas vormachen können. Vielleicht war das gar nicht Gottes Stimme gewesen und ich hatte es mir nur eingebildet. Der Gedanke bot sich mir förmlich an. Aber Gott kannte mein Herz. Ihm konnte ich nichts vormachen. Ich hatte ihn gehört und kannte die Richtung, die ich gehen sollte. Die Versuchung, seine sanfte Stimme trotzdem zu ignorieren und mit dem Kopf durch die Wand zu gehen, war da. Zumindest hätte ich mir gerne einen Plan B offengehalten. Sollte Gottes Weg mit Micah nicht funktionieren, könnte ich ja ...

Micah hatte meine Seele abgrundtief verletzt, mein Selbstbewusstsein war zerstört – wie verlockend war da die Aussicht, den Kontakt mit Evan insgeheim zu genießen und mich auf unsere nächste Begegnung zu freuen.

Doch ich entschloss mich, alles schnell ans Licht zu befördern, und rief Tante Jan noch vom Auto aus an, ehe ich nach Hause aufbrach. Indem ich alles erzählte, verlor die Versuchung ihre Macht über mich. Ein paar Tage später erkundigte sie sich, ob ich noch mit den Gedanken an Evan spielte. Diese Nachfrage war sehr wichtig für mich. Auch dadurch ebbte der Angriff ab, weil er seine Aussicht auf Erfolg verlor.

Ich konzentrierte mich weiter darauf zu hören, was Gott in jeder Situation von mir wollte. Das war mir wichtiger, als mich mit den möglichen Fallen und Versuchungen am Wegesrand zu beschäftigen.

Gottes Auftrag war das Schwierigste, das jemals von mir verlangt worden war: meinen Mann zu lieben.

5

Der Liebesfilter

Lasst uns daher nicht müde werden, das zu tun, was gut und richtig ist. Denn wenn wir nicht aufgeben, werden wir zu der von Gott bestimmten Zeit die Ernte einbringen.

Galater 6,9

Auch wenn ich mir bewusst war, dass Verheiratete Affären haben können, hatte ich mir nie wirklich Sorgen über Untreue in unserer Ehe gemacht. Das Thema Ehebruch kannte ich nur aus Begegnungen mit albernen Frauen, die einander kichernd fragten: „Was würdest du tun, wenn dein Mann …?"

Für mich sah Ehebruch so aus: Ein Partner gerät, absichtlich oder nicht, in eine gefährliche Situation, hat einen schwachen Moment – und „es" passiert. Er oder sie ist am Boden zerstört, fragt sich, wie das geschehen konnte, und bittet den Partner/die Partnerin inständig um Vergebung. Dann hat der betrogene Teil die Wahl zu vergeben oder zu gehen. Auf die Variante, Micah könnte mich betrügen, ohne dass es ihm leidtäte, kam ich gar nicht. Natürlich würde es ihm leidtun, natürlich würde er um Vergebung bitten. *Logisch, oder?* Micah würde darum kämpfen, mein Vertrauen zurückzuerobern. Ihm lag schließlich viel an unserer Ehe.

Doch es war ganz anders. Micah wollte mich nicht mehr. Ihm tat gar nichts leid und er quälte sich auch nicht mit der Frage, wie es nun weitergehen sollte. Seine Entscheidung war klar und stand fest. Die Ehefrau musste gehen, Platz machen für die Neue. Genau so erlebte ich Micah. Ich sollte aus seinem Leben verschwinden. Es war Zeit für etwas Neues – bei ihm. Für mich eine unerträgliche Situation.

In den folgenden Tagen blieb ich eisern dabei, Micah so zu lieben, wie Gott es mir gezeigt hatte. Als ein gemeinsamer Freund, der wusste, was bei uns los war, Micah beim Sport traf, nahm er sich Zeit, mit meinem Mann zu reden. Er bot ihm seine Hilfe an. Doch Micah meinte nur, er würde gerade zwischen zwei Stühlen sitzen und sich überlegen, ob er bei mir bleiben solle oder nicht. Ein anderer Freund berichtete mir, Micah hätte gesagt, er „würde seine Optionen abwägen".

Optionen abwägen? Ob er die gebratenen Nudeln mit Huhn oder mit Rind nehmen soll? Bin ich nur noch eine *Option?* Diese Formulierung quälte mich beharrlich. *Ich. Bin. Deine. Frau! Du hast mir etwas versprochen. Mich lieben und ehren, bis der Tod uns scheidet. Das war ausgemacht. Mein lieber Mann, du hast keine Option, du hast dich festgelegt. Wie kannst du dich jetzt schulterzuckend von mir abwenden und weitergehen?*

Doch ich hielt durch, geduldig hoffend. Immer wieder erklärte Micah, dass er mir nicht versprechen könne, in Zukunft treu zu sein. Eigentlich hatte er ja die ganze Zeit schon gesagt, dass er gehen wollte, aber ich hatte ihn gebeten, uns noch ein bisschen Zeit zu geben. Wir sollten doch zumindest noch versuchen, unsere Ehe zu retten, ehe wir die Scheidung einreichten.

Ob er sich weiter mit der anderen Frau traf, wusste ich nicht.

Dann sagte Micah, es fiele ihm schwer, die Kinder zu verlassen, aber für mich hätte er nichts mehr übrig. Er zog nicht aus, sprach aber davon, dass er gehen wollte. Ich konnte mir nie sicher sein: Würde er morgen ausziehen? Oder übermorgen? Mir blieb nichts anderes übrig, als einen Tag nach dem anderen zu nehmen und weiterzuleben.

Ein halbes Jahr davor hatte Micah seinen Pick-up verkauft, sodass wir jetzt nur noch ein Auto hatten. Da er normalerweise nachts arbeitete, war das kein Problem – solange wir zusammen wohnten. Leider musste ich annehmen, dass er wegen des Autos noch nicht ausgezogen war. Ein schrecklicher Grund, seine Familie nicht zu verlassen. Trotzdem war ich Gott dankbar für diesen Umstand, der uns Zeit verschaffte.

Mein Mann erklärte unsere Ehe für gescheitert, Gott nicht.

In unserem Haus gab es ein altes Luftreinigungssystem, das mit einem Filter arbeitete. Dieser Filter war so konstruiert, dass er für saubere Luft durchlässig war, während Staub, Pollen und Tierhaare hängen blieben.

So ähnlich funktionierte für mich der Text über die Liebe. Er „filterte" meine Reaktionen und mein Verhalten und hielt alles Falsche zurück. Entsprach eine Reaktion der Liebesdefinition aus 1. Korinther 13, dann wurde sie durchgelassen; wenn nicht, hielt ich sie zurück. Schon bald sprach ich ganz bewusst von meinem „Liebesfilter".

Meine möglichen Gefühle, Worte und Antworten sollten immer diesen Filter passieren. Ich wollte Gott gehorchen und mich genau an seinem Wort ausrichten, wörtlich. Immerhin hatte ich ihn um Hilfe gebeten und das war seine Empfehlung für mich gewesen. Also versuchte ich, mich auch daran zu halten.

Wenn mir Sätze auf der Zunge lagen, die nicht *freundlich, geduldig und hoffnungsvoll*, sondern *destruktiv und gemein* waren, dann sprach ich sie nicht aus, egal wie Micah sich mir gegenüber verhielt. Das wurde zu meinem Lebensstil. In Gedanken sagte ich mir ständig diese Liste vor. Micah sagte etwas, ich biss mir auf die Zunge, unterdrückte alle spontanen Regungen und suchte nach einer von Hoffnung getragenen Antwort. In vielen Situationen gab es auch keine passende Reaktion, dann blieb ich einfach still.

Natürlich waren auch Zitate aus der Bibel erlaubt. Davon machte ich reichlich Gebrauch. Ich sagte Bibelverse, wo sie passten, las sie und schrieb sie ab. So erinnerte ich mich selbst immer wieder an die Wahrheit. Ich versuchte nicht, das Chaos, in dem wir uns befanden, zu leugnen oder zu verdrängen. Aber Gott führte mich so, dass ich *hoffen, durchhalten und lieben* konnte.

Micah wartete darauf, dass ich irgendwann wieder wie ein normaler Mensch reagieren würde, so wie früher auch. Aber früher war ich in Eigenregie unterwegs gewesen, nun hatte mir Gott seinen Filter vorgeschaltet.

Ich ließ keine eifersüchtigen Gefühle hochkommen und Wut durfte mich nicht mit sich fortreißen. Gott half mir, Micahs bösen Worte nicht zu erwidern und mich auf seinen scharfen Ton nicht einzulassen. Neid, Zorn und verletzende Worte hielt der Filter zurück. Auch im Gespräch mit anderen zog ich nicht über Micah her, sprach nicht schlecht über ihn und ließ nichts auf ihn kommen. Liebe *beschützt* den anderen. Aus demselben Grund konnte ich auch die Scheidungspapiere nicht unterschreiben. *Liebe gibt niemals auf. Liebe hält durch. Liebe vergeht niemals.* Also stellte ich kein Ultimatum und verlangte keine bestimmten Schritte von Micah, das passte nicht zur Geduld. Micah war im Moment noch nicht in der Lage, seine Rolle als Ehemann auszufüllen. Also wartete ich geduldig.

Das klingt vielleicht wie ein enges Korsett, aber mir schenkte dieser Liebesfilter große innere Freiheit.

Ich möchte das noch ein bisschen näher erklären. Es war nicht so, dass Gott einmal zu mir gesprochen hätte und von da an war ich von unerschütterlichem Glauben erfüllt. Nein, ich sehnte mich ständig nach Gottes Nähe, weil er mich tröstete und mir half, eine schwierige Situation nach der anderen durchzustehen. Mir ging es wie König Saul: „Immer wenn der böse Geist über Saul herfiel, griff David zur Laute und begann zu spielen. Und immer wieder brachte die Musik Saul Erleichterung. Er fühlte sich besser, und der böse Geist ließ ihn in Ruhe" (1. Samuel 16,23).

Ich suchte Gottes Nähe, weil ich dort Erleichterung fand und zur Ruhe kam. Wenn ich ihm nahe war, dann trat das Gefühlschaos, dem ich ausgesetzt war, in den Hintergrund. Deshalb strich ich viele Aktivitäten und Verabredungen und nutzte jede Gelegenheit, um in Gottes Gegenwart zu sein. Nicht nur einmal täglich, sondern ständig. Und immer erwartete er mich.

Während ich litt und nicht wusste, wie mein Leben weitergehen würde, geschah etwas Erstaunliches. Ich veränderte mich. Eigentlich war das gar nicht so überraschend. Wer viel Zeit mit Gott verbringt, wird automatisch verändert.

Gottes Stimme ist so freundlich und liebevoll, dass man ihr gerne gehorcht. Micahs Worte waren vernichtend. Aber es gelang ihnen nicht, mich zu zerstören, weil Gott andere Worte zu mir sprach.

Ich war schon lange gläubig, aber dieses Leben im ständigen Kontakt mit Gott hatte ich bis dahin nicht gekannt. In Psalm 25,10 heißt es: „Der Herr führt alle in seiner Gnade und Treue, die sich an seinen Bund halten und sich richten nach dem, was er in seinem Wort bezeugt." Es war unbeschreiblich schön, Gottes Gnade und Treue kennenzulernen und von ihm geführt zu werden. Auch Psalm 34,9 berührte mich: „Erfahrt es selbst und seht mit eigenen Augen, dass der Herr gütig ist! Glücklich zu preisen ist, wer bei ihm Zuflucht sucht."

Eigentlich kannte ich diesen Satz seit meiner Kindheit, aber erst jetzt begann ich zu begreifen, was es heißt, dass Gott gütig ist und man bei ihm Zuflucht finden kann. Viele sagten mir damals, dass ich in einer Illusion leben würde. Eigentlich hätte ich niedergeschlagen, wütend und verzweifelt sein müssen. Stattdessen hatte ich bei Gott Zuflucht gefunden. Natürlich hätte ich gerne auf das Chaos mit Micah verzichtet, aber ich war gleichzeitig sehr dankbar für die Erfahrung, mich bei Gott bergen zu können.

Ich war erfüllt von übernatürlicher Hoffnung. Gottes Nähe beruhigte mich und heilte mein Herz. Aus Dankbarkeit wollte ich unbedingt alles tun, was Gott mir sagte. Gott gab mir die nötige Kraft, um meinen Mann ertragen und lieben zu können. Micah war durch mein Verhalten frustriert und irritiert. Ich meinte, auch bei ihm eine Veränderung feststellen zu können. Aber vielleicht war es auch nur meine irrationale Hoffnung, die erste Anzeichen von Veränderung bei Micah wahrnehmen wollte.

Auf jeden Fall zog er nicht aus. Auch wenn er immer wieder beteuerte, dass er nur um der Kinder willen noch da war – für mich war das ein Sieg. Gott hatte mich beauftragt, um ihn zu kämpfen: „Verlasse ihn nicht, gib nicht auf.“ Das war Gottes Anweisung für mich.

Zunächst fiel mir das nicht schwer. Schließlich wollte ich meinen Mann behalten. Doch während die Tage langsam vergingen und Micahs Herz immer härter wurde, verstand ich, dass es hier nicht nur um unsere Ehe ging. Es ging um Micah als Person. Wenn ich den Kampf um ihn aufgeben würde, dann würde er ungebremst abstürzen.

Micah stellte meinen Liebesfilter wirklich auf die Probe. Er suchte nach einer Möglichkeit, mir zu entkommen, wie ein gefangener Löwe, der nach einem Schlupfloch sucht. Irgendwann musste ich doch einknicken und ihn davonjagen. Dann würde er endlich gehen können. Ich vermutete, dass hier der Grund lag, warum er überhaupt noch da war. Würde ich die Nerven verlieren und ihn auffordern zu gehen, dann würde er sich weniger schuldig fühlen. Damit wäre die Trennung auf gegenseitigen Wunsch erfolgt. Aber da konnte er lange warten! Ich würde ihn niemals bitten zu gehen. Diese Entscheidung musste er ganz alleine tragen.

Das versicherte ich ihm auch immer wieder während dieser ganzen, entsetzlichen Zeit. Ich würde nicht in die Scheidung einwilligen und ihn niemals auffordern zu gehen. Das hier war *sein* Zuhause. Wir waren *seine* Familie. „Ich bin deine Frau“, erklärte ich wiederholt. „Egal was du machst, ich bleibe deine Frau. Ich gehöre zu dir, weil ich es dir versprochen habe.“ In guten wie in schlechten Tagen. Wir erlebten gerade sehr schlechte Tage. Aber mein Versprechen galt.

Außerdem war ich *geistlich für ihn verantwortlich* wie niemand sonst. Wer würde um seine Seele kämpfen, wenn ich aufgeben würde? Wenn er seine Frau verlassen und seine Kinder nur noch jedes zweite Wochenende sehen würde, dann wäre das für ihn keine Befreiung, es würde auch ihn zerstören. Das wäre nicht mehr er selbst. Und das Gras wäre auf der anderen Seite auch nicht grüner. Wenn er seine Erfüllung nicht bei Gott suchte, würde er leer bleiben. Für mich bestand kein Zweifel daran, dass Micah in Gefahr war, sein Leben zu zerstören. Ein teuflischer Plan.

Micah zog nicht aus, betonte jedoch die ganze Zeit, dass unsere Beziehung zu Ende war. Im Normalfall ignorierte er mich. Versuchte ich, ihn zu umarmen oder auf die Wange zu küssen, wich er mir aus, als ob er sich vor mir ekelte. Niemals erwiderte er eine Umarmung. Trotzdem gab ich ihm immer wieder ein schnelles Küsschen und sagte ihm, dass ich ihn liebte. Er reagierte mit Abscheu. Tag für Tag erlebte ich nichts als Ablehnung.

Micah war im Begriff, für immer zu gehen. Aber ab und zu war er auch unsicher und bedauerte, dass unsere Ehe nicht funktioniert hatte. Das waren meine kleinen hoffnungsvollen Momente, aber es blieben Ausnahmen. Meistens war alles einfach nur schrecklich. Wenn ich mit Micah reden wollte, beschimpfte und verfluchte er mich, schrie mich an, warf die Tür ins Schloss und stürmte davon. Das war damals die Regel. Aber Gott war da, immer. Er flüsterte mir ins Herz: „Höre auf mich, achte nur auf das, was *ich* dir sage, höre nicht auf ihn."

In Hebräer 11,1 steht: „Was ist denn der Glaube? Er ist ein Rechnen mit der Erfüllung dessen, worauf man hofft, ein Überzeugtsein von der Wirklichkeit unsichtbarer Dinge." *Der Glaube hält das für wahr, was mit den Sinnesorganen nicht wahrnehmbar ist.* Welch ein schöner Gedanke! Meine Situation wurde von meinen Sinnesorganen vollkommen anders erlebt als von meinem Geist. Meine Ohren *hörten* Micahs ablehnende Worte. Ich *sah,* wie er vor mir zurückwich. Ich *fühlte* seine Kälte. Das war meine sinnlich wahrnehmbare Realität, das waren die „Fakten". Aber Gott zeigte mir eine andere Realität. Daran hielt ich fest.

Eine Person riet mir, Micah in die Wüste zu schicken. „Soll er doch sehen, ob er ohne dich und die Kinder glücklicher ist", meinte sie in bester Absicht. Aber das war für mich undenkbar. Es ergab auch keinen Sinn. Micah sehnte sich nach dem Leben ohne mich. Würde ich aufgeben, dann wäre unsere Ehe für immer vorbei. Zwar war ich die Einzige, die noch an unserer Beziehung festhielt, aber immerhin – ich hielt fest.

Oft war ich sehr zermürbt von der Ablehnung, die ich Tag für Tag erfuhr. Aber wenn ich mir dann vorstellte, dass meine Kraft vielleicht nicht reichen könnte und ich aufgeben würde, dann bekam ich schreckliche Angst. Ich betete, dass Gott mir helfen würde, durchzuhalten und ihm gehorsam zu bleiben. Und ich hoffte.

Micah schwankte zwischen Mitleid mit mir, als würde ich die Tatsachen nicht kapieren oder nicht wahrhaben wollen, und Wut auf mich, weil ich ihn nicht ohne schlechtes Gewissen in sein heiß ersehntes neues Leben entließ. Ich weiß noch genau, wie ich ihm eines Tages in die Augen sah und erklärte: „Micah, ich bin nicht blöd. Ich weiß, was du willst, und du sagst es deutlich genug. Aber Gott redet auch und ihm vertraue ich mehr als dir. Für mich zählt, was *er* sagt."

Wieder einmal erklärte ich, dass ich ihn liebte, weil Gott das von mir wollte. *Super Sache.* Lieben ist so einfach, wenn man zurückgeliebt wird. Aber das hier war wirklich schwer. Ich fühlte mich ständig von Micah beobachtet. Irgendwann müsste ich doch in der Realität ankommen, schien er zu denken. Wie lange konnte ein Mensch so etwas durchhalten? Früher oder später würden meine Kräfte erlahmen, ich würde aus meiner liebevollen Rolle fallen und einfach nur wütend sein. Ich würde endlich merken, wie sehr ich ihn hasste, für alles. Das war Micahs Hoffnung, darauf wartete er.

An manchen Tagen schaffte ich es nur knapp durchzuhalten, bis Micah zur Arbeit ging. Kaum schloss sich die Tür hinter ihm, brach ich zusammen und machte Gott heftige Vorwürfe: „Was hast du mir gesagt? Ich soll warten, hoffen, durchhalten? Was soll das bringen? Ich bin doch nur eine Option für ihn.“ Immer wieder musste ich mich zwischen Micah und Gott entscheiden. Wem hörte ich zu? Wem schenkte ich mein Vertrauen? Ich rang mit mir, aber ich wählte Gott.

Ich hatte keine andere Wahl. Micah konnte ich nicht mehr vertrauen. Selbst wenn das Wunder geschehen und er seine Meinung über mich ändern würde – der Schaden, den er jetzt schon angerichtet hatte, war zu groß. Er hatte mich als Person extrem angegriffen und unsere Ehe zerstört. Sollte Gott unsere Ehe wiederherstellen wollen, dann würde er in meinem Herzen sehr, sehr viel wieder in Ordnung bringen müssen.

Gott war meine einzige Hoffnung. Nur er konnte verhindern, dass ich unter dieser massiven Ablehnung nicht innerlich zerbrach. Ich sehnte mich nach Liebe – und fand sie bei Gott. Je weniger ich meinem Mann vertrauen konnte, desto mehr verließ ich mich auf Gott.

Während mein Vertrauen in andere Menschen grundsätzlich ins Wanken geriet, bewies mir Gott Tag für Tag, wie zuverlässig er war. Er ließ mich nicht los, er hielt Wort, er enttäuschte mich nie – er liebte mich über alles. Mit ihm zusammen konnte ich diesen Liebesfilter anwenden. Es war verrückt, so zu lieben! Doch Gott hatte mir nicht nur diesen Weg gezeigt, der jeder Vernunft widersprach; er gab mir auch die Fähigkeit, ihn zu gehen.

Gott stabilisierte mein Inneres und ließ mein Vertrauen in ihn täglich zunehmen. Er zeigte mir meine Identität in ihm und den Wert, den ich in seinen Augen hatte. Inzwischen war ich mir sicher, dass ich Gott immer gehorchen wollte, egal wie meine Geschichte mit Micah ausgehen würde. Weil Gott mich so lieb hatte, wollte ich ihm Freude machen, und er war absolut treu.

Auch unseren Kindern gegenüber war Gott treu. Ich war ihm so dankbar, dass auch unsere drei wunderbaren Jungs diese Zeit in seinem Schutz erleben durften.

6

Für die Kinder

Es wurden auch Kinder zu Jesus gebracht;
er sollte sie segnen.
Aber die Jünger wiesen sie barsch ab.
Als Jesus das sah, war er ungehalten.
„Lasst die Kinder zu mir kommen!",
sagte er zu seinen Jüngern.
„Hindert sie nicht daran!
Denn gerade für solche wie sie ist das Reich Gottes.
Ich sage euch: Wer das Reich Gottes nicht
wie ein Kind annimmt, wird nicht hineinkommen."

Markus 10,13-15

Dieser 14. Oktober, an dem Micah erklärte, dass er mich verlassen und heute noch ausziehen würde, war der schlimmste Abend meines Lebens. Er verließ ja nicht nur mich, sondern auch unsere drei Jungs.

Josiah war erst acht Jahre alt. Er war ein kluges Köpfchen und die Schule fiel ihm leicht. Fünf Jahre lang war er

Einzelkind gewesen, das hatte ihn selbstständig gemacht. Gabriel, unser sanftes Sandwichkind, war gerade vier geworden. Judah mit seinen knapp zwei Jahren war ein sehr aktives Kind und hatte ständig neuen Blödsinn im Kopf. Die beiden Kleinen waren schon im Bett. Sie würden noch nichts von dem verstehen, was Micah mir an diesem Tag eröffnet hatte. Aber Josiah war alt genug, um zu bemerken, dass sich etwas verändert hatte. Er sah meine Traurigkeit und war beunruhigt. Mit ihm mussten wir offen reden.

Ich hatte Micah aufgefordert, unserem ältesten Sohn selbst mitzuteilen, was er beschlossen hatte. Am nächsten Tag tat er es dann ja auch. Was ich dabei erlebte, glich einem Horrorfilm. Micah war ganz darauf fixiert, noch an diesem Abend das Haus zu verlassen. Seine Sachen hatte er schon gepackt. Entsprechend sachlich, knapp und kühl waren seine Formulierungen. Josiah verstand einfach nicht, was Micah ihm sagen wollte.

Ich war Zeuge einer Szene, die mir extrem irreal erschien, zu brutal, um wahr zu sein. Diese ganze traumatische Situation endete damit, dass Josiah sich Micah in den Weg stellte. Mit seinem kleinen Körper verbarrikadierte er die Tür und schrie hysterisch: „Warum? Papa! Sag bitte, warum?" Unser Sohn war außer sich und hörte nicht auf zu schreien. Mir zerriss es das Herz.

Schließlich ging Micah joggen. Josiah und ich blieben zurück. Wir setzten uns zusammen aufs Sofa und ich versuchte, mit ihm zu reden. Ich suchte nach Worten, nach logischen Erklärungen – ich hätte mir die Mühe sparen können. Damit war mein Kind nicht zu beruhigen. Also schwieg ich verzweifelt. Ich spürte ja denselben Schmerz, dieselbe Trostlosigkeit wie er.

Was dann geschah, konnte nur von Gott gekommen sein. Mit einem Mal war ich in der Lage, dem Achtjährigen die Zusammenhänge kindgerecht zu erklären. Die Wahrheit ließ sich plötzlich in Worte fassen.

„Kannst du dich noch daran erinnern, was wir im Kindergottesdienst vom Widersacher gelernt haben – dass es ihn echt gibt und er die Menschen austricksen will?"

„Ja", nickte Josiah.

„Ich glaube, der Teufel versucht gerade, Papa auszutricksen. Was kann man denn machen, wenn er das versucht?"

„Beten?", fragte er unsicher.

„Ja, genau", nickte ich ernst. „Ich werde für Papa beten und vielleicht willst du das auch machen. Wir können auch unsere Freunde in der Gemeinde bitten, uns beim Beten für Papa zu helfen. Meinst du, Gott wird das hören, wenn so viele Leute beten?"

„Ja, wird er, glaube ich ...", kam die zögerliche Antwort.

Ich nickte. „Na klar, er wird uns hören."

Im Prinzip hatte ich meinem Achtjährigen damit die Hoffnung gegeben: „Vielleicht wird Papa uns doch nicht verlassen!" Und das, obwohl Micah gerade eben erst das Gegenteil erklärt hatte und fest entschlossen war zu gehen. Trotzdem verabredete ich mit meinem Sohn: „Wir werden das alles Gott geben und er wird sich darum kümmern."

Dann fragte Josiah mich, woher ich wusste, dass der Teufel versuchte, Papa auszutricksen.

Meine Antwort war: „Weil Papa denkt, dass er mich nicht mehr lieb hätte. Aber ich weiß, dass das nicht stimmt."

Josiah sah mich fragend an.

„Weißt du, warum das nicht stimmen kann?"

„Warum?"

Ich schlug ihm auf die Schenkel, als ob er das doch längst wissen müsste. „Weil ich einfach spitze bin! Er muss mich doch lieb haben!" Dabei grinste ich ihn schelmisch an.

Der Abend, der so traumatisch begonnen hatte, war wie verwandelt. Die Hoffnungslosigkeit war verschwunden. Josiah lächelte erst zögerlich, dann lachten wir zusammen. Es war mir gelungen, ihm zu versichern, dass alles gut werden würde. Damit stellte ich meinen Glauben unter Beweis, ohne dass mir das bewusst gewesen war. So ein kleiner Krümel Glauben war in Gottes Augen viel – genug für ein Wunder.

Das Schlimmste, das ich mir damals vorstellen konnte, war, dass Josiah nicht nur seinen Vater, sondern auch sein Vertrauen in Gott verlieren könnte. Jetzt war Gott am Zug, um Josiahs kostbaren, kindlichen Glauben nicht zu enttäuschen. Ich war das Risiko eingegangen und Gott hatte es gehört. Es war mutig, vielleicht auch vermessen von mir, so zu reden, aber ich glaube, ich habe damit Gottes Herz berührt. Nachdem ich Josiah wenig später ins Bad geschickt hatte, betete ich: „Ich weiß nicht, ob ich mich zu weit vorgewagt habe. Aber du musst jetzt eingreifen. Ich habe Josiah gerade gesagt, dass du dich um uns kümmern wirst. Jetzt liegt es an dir.“ Alles lag in seiner Hand.

Dieser Abend mit Josiah war alles andere als leicht, aber genau da ist sein Glauben gewachsen. Er lernte, dass es den Teufel wirklich gibt, dass er tatsächlich Leute austricksen und zerstören kann. Aber er lernte auch, dass es Gott gibt und dass Gott stärker ist. Wenn wir ein Problem haben, können wir damit zu Gott gehen und beten. Wir können ihm vertrauen. Er kann auch schwierige Dinge in Ordnung bringen und er ist zuverlässig und treu. Jesus hat gesagt, dass sein Reich *für die Kinder ist* – also ist es gut, wenn Kinder schon von klein auf lernen, im Glauben zu leben.

Ich weiß, viele Kinder erleben Leid, das sich nicht an einem Abend wieder auflösen lässt. Vor Kurzem musste ich mit ansehen, wie die Ehe meiner Freundin zerbrach. Einer meiner Söhne und ihr Sohn sind enge Freunde. Ihr Mann hatte schon lange eine heimliche Beziehung mit einer anderen Frau. Meine Freundin fand es heraus und die beiden machten eine Ehetherapie.

Der Mann behauptete dann, die Beziehung beendet zu haben, aber ein paar Monate später stellte sich das Gegenteil heraus. Er wollte die andere Frau nicht aufgeben, sondern schlug meiner Freundin eine Dreiecksbeziehung vor. Das war für sie natürlich keine Option. Eine harte Zeit begann. Schließlich nahm meine Freundin die beiden Kinder und zog aus dem gemeinsamen Haus aus, in eine kleine Wohnung. Vor allem eines ihrer Kinder litt sehr darunter, dass seine kleine Welt zerstört worden war.

Niemals würde ich auf den Gedanken kommen, dass diese Beziehung nicht gerettet werden konnte, weil meine Freundin zu wenig Glauben hatte. Alles, was ich hier erzähle, ist ausschließlich *meine Geschichte.* Es ist mir sehr wichtig, das zu betonen. *Mir* hatte Gott gesagt, dass ich durchhalten und an meiner Ehe festhalten sollte. Bei meiner Freundin sah der Gehorsam Gott gegenüber jedoch ganz anders aus. In ihrem Fall war es richtig, dass ihre Ehe gelöst wurde.

Ich bin deshalb überzeugt: Niemand sollte von seiner eigenen Erfahrung auf andere schließen. So wichtig und ernst das Eheversprechen ist: Es bedeutet nicht, dass alle Frauen unter allen Umständen bei ihren Männern bleiben sollen. Es gibt Situationen, in denen Gott eine Scheidung nicht nur erlaubt, sondern auch persönlich den Weg aus der Ehe heraus ebnet. Eine Scheidung kann neue Hoffnung und Lebensfreude freisetzen. Einige der Menschen, die mir besonders wichtig sind, sind geschieden. Gott hat auf den Scherben ihres Lebens etwas Schönes, Neues aufgebaut. Gott segnet auch zweite und dritte Ehen.

Obwohl Gott uns unterschiedliche Wege führte, kamen meine Freundin und ich zum selben Ergebnis: Gott ist treu, absolut. Er sorgte nicht nur für uns, sondern hatte auch unsere Kinder im Blick. Unabhängig davon, wie die Ehe der Eltern sich entwickelt, Gott kümmert sich um die Kinder; ihr Wohlergehen ist Chefsache bei Gott. Darauf kann man sich absolut verlassen.

Meine Freundin und ich baten Gott um Frieden, Wiederherstellung und Heilung für unsere Kinder. Er selbst sollte sich der verstörten Kinderseelen annehmen. Der Gott, der das ganze Universum geschaffen hat und erhält, ist in der Lage, auch für unsere Kleinen zu sorgen.

7

Spiegelglas

„Jetzt sehen wir alles nur wie in einem Spiegel
und wie in rätselhaften Bildern; dann aber werden wir
Gott von Angesicht zu Angesicht sehen.
Wenn ich jetzt etwas erkenne,
erkenne ich immer nur einen Teil des Ganzen;
dann aber werde ich alles so kennen,
wie Gott mich jetzt schon kennt."

1. Korinther 13,12

Ich bin noch nie in Handschellen oder hinter Gittern gewesen. Aber die Tage, die auf den 14. Oktober folgten, erlebte ich wie Gefangenschaft. Ich war gelähmt vor Entsetzen, als wäre ich ohne Anklage verhaftet und in eine Einzelzelle gesteckt worden, unerwartet und grundlos. Graue Wände umgaben mich, ich wurde gegen meinen Willen festgehalten und litt. Immer wieder begehrte ich auf, trat gegen die Tür und schrie. Niemand erklärte mir, was ich verbrochen hatte. Die Menschen, die ich besonders lieb hatte, waren mit mir zusammen unter Verdacht geraten. Niemand konnte mir helfen. Hilflos saß ich in dieser Zelle. Ob ich jemals wieder zu meiner Familie zurückkehren konnte? Ob ich ihnen helfen konnte, selbst aus der Gefahrenzone zu kommen?

Eingeschüchtert und voller Angst spürte ich mein aufgeregtes Herz und die kalte Einsamkeit. Alles war so irreal, nur mein gebrochenes Herz, das war echt. Welche Hoffnungslosigkeit!

Dann fand ich die Kraft, meine Zelle näher zu untersuchen, und bemerkte, dass eine Wand aus Spiegelglas bestand. Der Spiegel war trüb, doch im düsteren Licht sah ich genug, um über mich selbst erschrocken zu sein. Die verschwommene Reflexion zeigte ein fahles, eingefallenes Gesicht mit tief liegenden, vom Weinen geschwollenen Augen.

Endlich wurde aufgeschlossen. Aber weder Freunde noch Anwälte standen in der Tür, sondern eher ein Team von Inquisitoren. Ich wurde befragt und über meine Lage informiert. *Sie werden Ihre Familie nie wiedersehen. Sie sind vollkommen auf sich gestellt, hilflos und ohne Unterstützung. Ihnen fehlt die Kraft, um diese Situation zu bestehen.* Die Funktion der Vernehmung war einzig, mich zu zerschmettern, auszulöschen. Tag und Nacht setzte sich das fort. Mir wurde klar, dass ich meine Zelle, wenn überhaupt, nur als gebrochene Person würde verlassen können.

Drei graue Wände und eine matte Spiegelwand waren alles, was ich sah. Doch dieses Spiegelglas wurde mir zur Rettung. Wenn die Verhöre aufhörten, kroch ich zu dem Spiegel, berührte ihn, versuchte hindurchzusehen. Eine Ahnung beschlich mich: War meine Seite der Wand nur ein Teil der Wirklichkeit? Gab es auf der anderen Seite eine Realität, die ich nicht sehen konnte?

Meine Augen starrten auf den Spiegel – trüb, verkratzt und unscharf –, hindurchsehen ging nicht. Und doch war mir, als könnte ich noch etwas anderes erkennen. Ich war nicht allein. Es gab noch eine andere Realität, die mit den Augen nicht zu erfassen war. Ja, Gott war auf der anderen Seite des Spiegels. Ich sah ihn nicht, aber er sah mich.

Dann hörte ich seine leise Stimme: „Steh auf!" Tatsächlich: Ich wurde beobachtet, aber das war nicht unangenehm, es tröstete mich. Mein Leben war bedeutsam, weil jemand mich sah. Gott sah freundlich auf mich, also war ich nicht hilflos. Ja, meine Seele ging durchs Feuer, ich wurde geprüft und geläutert, es war unklar, wie diese Situation sich entwickeln würde – aber zerstören konnte sie mich nicht.

Allmählich entdeckte ich eine Kraft, die aus meiner Schwachheit kam. Die Befragungen und Einschüchterungen fanden weiterhin täglich statt, aber nun wusste ich, dass sie mich stärker machten. Trotzdem war ich immer noch in diesem Raum, umgeben von drei grauen Wänden und einer Wand aus Spiegelglas.

Spiegelglas hat eine bestimmte Funktion: Von einer Seite aus kann man hindurchsehen, von der anderen Seite nicht. Die Person im Verhörraum sieht nicht, was draußen ist. Auf der anderen Seite des Spiegels sind Leute unterwegs, reden, essen, leben, nur durch eine Wand von der gefangenen Person getrennt. Wer im Verhörraum sitzt, sieht davon nichts. Trotzdem sind die anderen da.

Es kann schwer sein, auf dieser Erde zu leben, umgeben von Herausforderungen, mit gebrochenem Herzen, gelähmt, wie in einer Zelle gefangen, Verhören ausgesetzt. Wir glauben, was wir sehen, und das ist manchmal sehr begrenzt: beengend, frustrierend, oft genug quälend. Der Blick in die andere Welt ist versperrt – sie existiert hinter der Wand, hinter dem Spiegelglas.

Diese andere, geistliche Welt ist bunt und schön. Sie besteht aus betenden Menschen, denen Gott antwortet. Mein Bewusstsein für diese andere Realität nahm ständig zu.

Die vordergründige Realität war eine Katastrophe. Tag für Tag starrte ich in ihr hässliches Gesicht. Zu dieser Realität gehörte Micah, der mir zum Feind geworden war, samt seinen Plänen, mich zu verlassen und unsere Familie zu zerstören.

Die zweite Realität sah ich, wenn überhaupt, immer nur bruchstückhaft. Auf der anderen Seite des Spiegels war Gott mit seiner Zusage, dass die Liebe siegen wird. Mein Alltag stand im Gegensatz zu Gottes Realität, aber ich hoffte und glaubte, dass es eines Tages zur Übereinstimmung zwischen den beiden Welten kommen würde. War dafür der Glauben da? Zog er die jenseitige Realität ins Sichtbare hinein?

Während bei mir der Kampf tobte, schrieb meine Freundin Kristyn mir eine Mail: „Würdest du anders kämpfen, wenn du schon wüsstest, wie es ausgehen wird? Würdest du dich stärker fühlen, wenn du den Sieg schon in der Tasche hättest? Würdest du dann eher durchhalten? Entschlossener weitermachen? Der Kampf um Micahs Seele ist schon entschieden." Sie schloss mit der schlichten Aufforderung: „Bleib standhaft."

Am Tag davor hatte ich Micah in einigen Punkten zur Rede gestellt. Er lebte immer noch in unserem Haus und hatte auch zugesagt, an unserer Beziehung zu arbeiten – aber nichts geschah. Er war mir gegenüber kalt, ging mir aus dem Weg, hatte nie Zeit und ließ auch keine körperliche Nähe zu.

Mir blieb nichts anderes übrig, als ihn direkt anzusprechen. Hielt er noch an seinem Plan fest, zu der anderen Frau zu gehen? Irgendwie hatte ich das Gefühl, dass er viel an sie dachte. Eine andere Erklärung für sein Verhalten sah ich nicht. Und ja, er gab mir recht. Ohne Bedauern, ohne sich zu entschuldigen schleuderte er mir die Fakten ins Gesicht. Nur aus Pflichtgefühl lebte er noch hier in diesem Haus, bei mir.

Aha.

Das war meine vordergründige Realität. Es tut heute noch weh, daran zu denken, es aufzuschreiben. Aber ich möchte schonungslos erzählen, wie meine Lebenswirklichkeit damals war. Im Rückblick und von außen betrachtet, vergisst man sonst zu leicht, dass es nicht nach Happy End aussah. Vor mir stand ein unüberwindlicher Berg, der Gottes Willen zu verhindern schien. Wie sollte mein bisschen Lieben hier jemals etwas bewirken?

Viele Menschen sind in dieser Situation. Ihre Realität sieht hoffnungslos, ausweglos aus. Sie stecken fest, eine bessere Zukunft ist nicht vorstellbar. Da resignieren viele und geben auf. Wer sich ausschließlich auf das stützt, was seine Sinne oder andere Leute ihm sagen, verliert den Mut. Aber Gott ist *auf der anderen Seite der Wand.* Er spricht zu uns, oft sehr ausdauernd.

Immer wieder drängte Gott mich, an dem festzuhalten, was er mir gesagt hatte. Er hatte die andere Wirklichkeit längst für mich vorbereitet, ich konnte sie nur noch nicht sehen. Schon bald würde er diesen Berg zur Seite schieben. Von daher war mir klar: *Ich durfte nicht aufgeben.* Gottes Realität war *kurz vor dem Durchbruch.* Meine sichtbare Welt *musste* mit dem göttlichen Plan in Übereinstimmung kommen. Gottes Worte waren ergangen und es gab keine Kraft im Universum, die ein von Gott gesprochenes Wort zurückhalten konnte.

Immerhin war durch göttliches Sprechen alles in Existenz gekommen: „Noch war die Erde leer und ungestaltet, von tiefen Fluten bedeckt. Finsternis herrschte, aber über dem Wasser schwebte der Geist Gottes. *Da sprach Gott:* ‚Licht soll entstehen!', und sogleich strahlte Licht auf" (1. Mose 1,2-3; Hervorhebung durch die Autorin). Das ganze Kapitel ist eine Aneinanderreihung von Ereignissen, die jeweils geschahen, nachdem Gott gesprochen hatte. Wenn wir uns bewusst machen, welche Kraft sich durch Gottes gesprochenes Wort entfalten kann, dann fällt uns das Glauben nicht mehr so schwer.

Gott hatte zu mir gesprochen, leise, aber deutlich. Ich sollte hoffen und durchhalten. Gott trieb keine Spielchen mit mir. Wenn er sagte, ich solle durchhalten, dann ging er davon aus, dass meine Ehe zu retten war.

Um mich täglich daran zu erinnern, schrieb ich es auf unseren Badezimmerspiegel: *Glaube versetzt Berge.* Damit bezog ich mich auf Matthäus 17,20: „Wenn euer Glaube nur so groß ist wie ein Senfkorn, könnt ihr zu diesem Berg sagen: ‚Rücke von hier nach dort!', und es wird geschehen. Nichts wird euch dann unmöglich sein." Da Micah nicht auszog, hatte auch er diese Worte vor Augen. Aber vor allem sah ich selbst sie ständig neben meinem Spiegelbild. Das hatte Gott mir versprochen und ich hatte eines gelernt, seit ich in meinem Verhörraum saß: Was Gott sagt, ist immer gut.

Darauf kann ich mich verlassen, darin ruhe ich. Ich warte geduldig auf die Erfüllung. Es ist mir nicht wichtig, etwas davon sehen zu können. Was Gott sagt, ist zuverlässiger als alles, was meine Sinne wahrnehmen. Die Welt hinter der Wand *existiert,* geistlich und unsichtbar. Dort entspringt unsere Kraft. Wir müssen durch das Spiegelglas hindurchsehen, die Finger dagegen legen, die Nase daran platt drücken. Betend Gott suchen. Er ist auf der anderen Seite und wartet auf unser Bitten. Wenn wir bitten, kann er uns alles geben, was wir brauchen.

Wenn ich an diesen Verhörraum denke und die Einschüchterungen, die dort stattfinden, bewegt mich das sehr. Ich weiß, dass viele, die dieses Buch lesen, dort sind. Sie kämpfen und wissen nicht, ob sie dem vertrauen sollen, was ihre Augen sehen. Für sie alle schreibe ich. Das ist meine Motivation.

Ich bin so froh, dass ich nicht aufgegeben habe, damals, als ich nichts als graue Wände sah.

8
Entsetzliche Gleichgültigkeit

Ich achte auf die Menschen, die in Not sind.
Ja, ich kümmere mich um die Verzweifelten
und um alle, die voll Ehrfurcht auf meine Worte hören.

Jesaja 66,2

Anfang November gab ich Micah meinen Ehering zurück. Gott hatte mir gesagt, dass ich hoffen und durchhalten sollte, aber Micahs Verhalten war schwer zu ertragen. Während ich all meine Kräfte mobilisierte, um unsere Beziehung zu retten, schien er rein gar nichts dafür zu tun. Eines Abends wollte ich kurz mit ihm reden, bevor ich joggen ging. Er ignorierte mich komplett. Wütend und frustriert zog ich meinen Ring aus und drückte ihn in Micahs Hand.

„Ich warte, bis du mir eines Tages diesen Ring wieder geben willst", sagte ich. „Aber im Moment liegt dir ja nichts daran, unsere Ehe zu retten. Du siehst nicht so aus, als ob du gerne hier wärst oder irgendetwas klären oder verbessern wollen würdest. Alleine kann ich das nicht. Es reicht nicht, wenn nur ich mit dir zusammen sein will. Für eine Beziehung braucht es zwei. Ich würde diesen Ring gerne tragen. Aber im Moment ist der Ring bedeutungslos. Du hast unsere Ehe gebrochen! Wenn du die Ehe fortsetzen willst, dann musst du das sagen, mich darum bitten!" Damit drehte ich mich um und stürmte aus dem Haus. *Was hatte ich getan?*

In den ersten, besonders schweren Tagen hörte ich ständig das Lied „Brokenness aside" von All Sons & Daughters. Das Lied spricht von unserer Untreue Gott gegenüber, der unser zerbrochenes Leben in seinen Händen hält und es, trotz allem, in etwas Schönes verwandelt.

Wie naheliegend wäre es gewesen, alle Probleme Micah zuzuschreiben. Immerhin hatte er die Ehe gebrochen. Aber es wäre nicht richtig gewesen. Während ich immer wieder dieses Lied hörte, wurde mir bewusst, wie viel *ich selbst* zu unserem Problem beigetragen hatte. Es lag auch an meiner Sünde. Ich war nicht unschuldig und ich durfte keine Steine werfen.

Eines Abends klagte ich meinem Tagebuch mein Leid. Micahs Verhalten war einfach nicht auszuhalten. Er hatte Football geschaut, laut und engagiert die Spielszenen kommentiert, sich dazwischen mit seinem Smartphone beschäftigt. Es schien ihm überhaupt nichts auszumachen, dass unsere Beziehung am Ende war, er verhielt sich wie immer. Das tat so weh.

Da saß dieser Mann auf unserem Sofa und seine Welt schien in Ordnung zu sein. Vor zehn Jahren stand er mit mir vor dem Altar und versprach mir lebenslange Treue. Nun schien ich ihm komplett egal zu sein. Ich schrieb in mein Tagebuch: „Ich sehe bei ihm nur diese entsetzliche Gleichgültigkeit." Micah vergoss nicht eine Träne darüber, dass unsere Ehe nach zehn Jahren gescheitert war. Das alles schien ihn nicht zu berühren.

Doch wenige Tage später erkannte ich, dass es Gott mit mir ähnlich ging – und zwar schon seit *Jahren.* „Wie hast du das ausgedrückt?", schien Gott mich zu fragen. „Entsetzliche Gleichgültigkeit?"

Ich ahnte, dass Gott mir sagte: „Du hast dich entschieden, mir nachzufolgen, mir zu dienen und mich zu lieben. Dein ganzes Leben hast du mir geweiht. Du wolltest meine Ehre vermehren, leidenschaftlich für mich leben und dir Zeit für meine Dinge nehmen. Aber in den letzten Jahren war davon nicht mehr viel übrig. Du hast viel Zeit für Vergängliches verbraucht, wenig Zeit für meine Themen. Eigentlich bist du mir gegenüber auch ziemlich gleichgültig geworden, ähnlich wie Micah dir gegenüber."

Ich erschrak. Hatte Gott recht? Während ich unter Micahs Untreue litt, verhielt ich mich Gott gegenüber auch nicht besser? Auch ich hatte meine Versprechen gebrochen, meinen Bund mit Gott gebrochen. Ich hatte gesündigt, genau wie Micah.

Früher war ich leidenschaftlich für Gott unterwegs gewesen. Doch davon hatte ich mich inzwischen, als über Dreißigjährige, meilenweit entfernt. Nach den Maßstäben der Welt war ich okay, ich führte ein bürgerliches Leben und hielt die Gesetze ein. Aber in Bezug auf Gottes Reich war mein Dasein belanglos geworden.

Ich erinnere mich noch gut an eine bestimmte Nacht, als Micah und ich noch zusammen waren. Es war zwei oder drei Uhr morgens und ich war noch auf, weil ich die Mad-Men-Serie anschaute. Mir war klar, dass mir der Schlaf am nächsten Tag fehlen würde, aber ich wollte nicht ins Bett. Diese Filme waren eine wunderbare Ablenkung. Schnell genug würde der nächste Tag kommen, mit all seiner vorhersehbaren Langeweile. Mein Leben war eintönig geworden und eine leichte Depression raubte mir die Freude. Zugenommen hatte ich auch, deshalb trug ich den alten Schlafanzug meines Mannes. Meine Haare waren zerzaust, das

Make-up verschmiert, das ganze Haus war unaufgeräumt. Es war mir alles egal. Ich war innerlich leer und saß in einem Loch voller Selbstmitleid – obwohl ich damals wirklich noch keinen Grund dafür hatte.

Da kam Micah ins Wohnzimmer. Er arbeitete im Schichtdienst und hatte bis jetzt geschlafen. Ich war froh, dass er endlich aufstand, nicht weil ich ihn sehen wollte, sondern weil ich jetzt ins Bett gehen konnte, allein. Ohne ihn zu begrüßen, ohne zu fragen, wie es ihm geht, schlurfte ich an ihm vorbei. Ich überließ ihm den verwahrlosten Haushalt und die Verantwortung für die Kinder. Ohne Worte erklärte ich: *Jetzt bist du zuständig, ich bin weg.*

Micahs Gesichtsausdruck werde ich nie vergessen. Ja, er wünschte mir eine gute Nacht, aber sein Blick beschämte mich. Meine Faulheit war blanker Egoismus. Micah war enttäuscht von mir. Nicht so sehr, weil ich jetzt ins Bett ging, sondern weil ich alles schleifen ließ. Die Leidenschaft war weg. Ich schlich an einem Spiegel vorbei und kann mich noch genau erinnern, wie ich erschrak. *Krass,* dachte ich und starrte in mein leeres Gesicht. Aber schnell war das Gefühl vergessen.

Ich weiß nicht mehr, wie alles begann, aber ich hatte schon lange resigniert. Inzwischen war mir alles egal. Als kleines Mädchen hatte ich Jesus mein Herz geöffnet, als Teenie, auch als Studentin war ich missionarisch aktiv. Aber seit ich um die dreißig war, fehlte mir die Leidenschaft in jedem Bereich. Ich hatte gar nicht mehr die Absicht, etwas aus meinem Leben zu machen. Nein, ich schaute nur noch Mad Men. Das war's so ungefähr.

Na ja, das klingt jetzt nicht besonders gravierend. Ich war auch immer noch ein „anständiger" Mensch, kümmerte mich um meine Kinder und arbeitete ehrenamtlich in der Gemeinde mit. Aber diese Bequemlichkeit und Gleichgültigkeit, die sich bei mir eingeschlichen hatten, bestimmten mich immer mehr. Offenbarung 3,15 spricht auch davon: „Ich weiß, wie du lebst und was du tust; ich weiß, dass du weder kalt noch warm bist. Wenn du doch das eine oder das andere wärst!" Wenn man in dem Kapitel weiterliest, erkennt man, dass dieses Lausein große Auswirkungen hat und Gott keine Freude macht.

Gott sah bei mir dieselbe „entsetzliche Gleichgültigkeit", die Micah jetzt mir gegenüber bewies. Es war nicht gerade schön, mir dessen bewusst zu werden; aber auf jeden Fall half es mir, mich weniger mit dem Verhalten von Micah zu beschäftigen, sondern mehr über mich selbst nachzudenken. Ich kam aus dem Selbstmitleid heraus und bedauerte, mich so weit von meinem Gott entfernt zu haben. Es wäre heuchlerisch gewesen, noch weiter unter Micahs Untreue zu leiden. Meine eigene Untreue war schlimmer. Sie richtete sich gegen Gott.

Wenn Gott mir nicht diesen Blick auf mich selbst geschenkt hätte, wäre ich sicher im Selbstmitleid untergegangen. Micah blieb mir gegenüber kalt. Ich hätte mich weiterhin in der Opferrolle gesuhlt. Doch nun ging es um meine eigene Veränderung. Ein Pastor drückte es einmal so aus: „Gott kann nur heilen, was er zuvor freigelegt hat."

Gott richtete seinen Scheinwerfer auf Bereiche, in denen ich nicht nur ihm gegenüber nachlässig war, sondern die auch Gift für unsere Ehe waren. Ich war nicht an allem schuld, aber ich musste für meinen Teil die Verantwortung übernehmen. Damit war ich bis auf Weiteres beschäftigt.

Natürlich sah mein Versäumnis anders aus als Micahs Verhalten, aber das machte es nicht weniger schlimm.

Ich hätte Micah gerne von dem Lied „Brokenness Aside" erzählt und ihm erklärt, was ich damit verband. Er sollte nicht denken, dass ich ihn für sein abweisendes Verhalten hasste, während ich eher mit meinen eigenen Fehlern beschäftigt war. Einmal, als er an mir vorbeiging, versuchte ich es: „Micah, übrigens, ich denke nicht mehr so viel über das nach, was ich bei dir gerne anders hätte. Ich bin eher damit beschäftigt, was Gott mir über mich selbst zeigt und was er gerne bei mir anders hätte. Das reicht mir schon." Ich sah ihn nur von hinten, als ich das sagte.

Wie immer ging er weiter und ignorierte mich. Ich wusste nicht einmal, ob er mich gehört hatte, geschweige denn, was er dachte. Erst viel später erzählte er mir, dass meine Worte ihn ziemlich getroffen hatten. Bis dahin bestanden unsere Dialoge meist aus Vorwürfen und Rechtfertigungen. Aber seit Gott mit mir über meine Fehler sprach, reagierte ich anders. Wenn Micah mit einem nachvollziehbaren Vorwurf kam, sah ich ihn betroffen an. „Stimmt", nickte ich dann beschämt, „du hast recht. Ich bin genau so, wie du es sagst. Es tut mir leid." Das meinte ich dann auch und es tat mir wirklich leid.

Was ich bis dahin von mir gedacht hatte, war überholt. Die Person, die ich früher gewesen war, existierte nicht mehr. Ich war eine andere. Es gab ein Leben von früher und es gab ein Heute. Früher hatte ich gleichförmig und abgestumpft gelebt. Ich hatte existiert, aber ohne Leidenschaft, ohne Abenteuerlust, ohne ernsthaftes Suchen nach Gott. Das war vorbei. Ich war auch davor gläubig gewesen und Gott hatte mich auch damals schon lieb; trotzdem sehnte ich mich jetzt nach einem neuen Leben, nach echter Wiedergeburt. Zu viel Lebenszeit hatte ich schon vertan, hatte mich mit der Lauheit arrangiert und absichtlich nicht darüber nachgedacht, dass etwas nicht in Ordnung sein könnte.

Mitten in den schrecklichsten Lebensumständen leuchtete die Gnade auf, riss mich aus meinem Schlaf und schickte mich auf die Reise – auf die Suche nach Gott. Also machte ich mich auf den Weg. Doch Entschlossenheit und Energie kamen von ihm. Gott erfüllte mich mit Liebe und zog mich zu sich.

Erst jetzt bemerkte ich, dass ich davor wie schlafwandelnd unterwegs gewesen war. Gott kam mir nahe, er richtete den Scheinwerfer auf mich und machte alles lebendig. Altbekannte Bibelverse sprachen mich wieder an. Seine Gegenwart erfüllte mein Wohnzimmer, ich konnte ihn fühlen. Als ich jeden Halt verloren hatte, da kam er und überraschte mich mit Treue, Gnade und Vergebung. Während ich ihm vertraute, gewann ich an Stabilität. So veränderte er mich.

Durch diese Verwandlung fühlte ich mich plötzlich wie in den Flitterwochen, in zweifacher Weise. Die Leidenschaft für meinen Schöpfer-Gott war zurück. Ihm wollte ich wieder gehören, für ihn leben, ganze Tage in seiner Gegenwart verbringen. Gleichzeitig war ich neu verliebt in meinen Mann. Diese Liebe war immer noch einseitig, aber sie wurde stärker, selbstlos und vollkommen, ganz anders als früher. Es war unglaublich, unbeschreiblich, überwältigend. Gottes Liebe erfüllte mich so, dass mich nichts mehr aufhalten konnte. Mit dieser Liebe in mir war alles möglich.

Staunend beobachtete ich die Kraft, die in mir wirksam war. Nur durch sie konnte ich mein Verhalten an dem Liebesfilter ausrichten. Diese Kraft schenkte mir Frieden und Zuversicht. Am meisten verblüffte mich, wie sehr ich Micah lieben konnte! Selbst in unseren besten Zeiten hatte ich ihn nie so tief geliebt. Ich liebte Micah mit großer Entschlossenheit und war gleichzeitig selbst überwältigt vom Strom dieser Liebe. Mir war, als würde Gott mich an seiner Liebe für Micah teilhaben lassen – an der Liebe, die der Schöpfer für jeden seiner Menschen empfand. Bis heute erfüllt mich diese Liebe mit Ehrfurcht und Dankbarkeit.

Wer sein Ego dem Tod überlässt, um Jesu willen, der wird auch wieder auferstehen, als neuer Mensch. „Ich bin mit Christus gekreuzigt. Nicht mehr ich bin es, der lebt, nein, Christus lebt in mir. Und solange ich noch dieses irdische Leben habe, lebe ich im Glauben an den Sohn Gottes, der mir seine Liebe erwiesen und sich selbst für mich hingegeben hat“ (Galater 2,19-20).

Als meine eigenen Möglichkeiten komplett ausgeschöpft waren und ich nicht mehr weiterwusste, kam Gott. Nicht nur die widrigen Umstände, auch das Erkennen meiner erschlafften Leidenschaft war nötig, um mich in die Demut zu führen. Endlich war ich an dem Ort, wo Gottes Hilfe mich erreichen konnte. „Nahe ist der Herr denen, die ein gebrochenes Herz haben“ (Psalm 34,19). Den Trost, der in diesem Satz steckte, erlebte ich erst mit gebrochenem Herzen.

Lange hatte ich Gottes Nähe nicht gekannt. Doch nachdem ich einmal diesen Zugang zu Gott gefunden hatte, wollte ich ihn gegen nichts mehr eintauschen. Auch tausend ungetrübte Ehejahre mit Micah waren nichts, verglichen mit Gottes Gegenwart. Erst als es mir richtig schlecht ging, entdeckte ich diesen übernatürlichen Trost. Natürlich – ich hatte Gott auch vorher schon gekannt. Aber welche Kraft sein Trost entfalten und wie er in einem Menschen alles verändern kann – das wusste ich nicht.

Nichts ist mir seither kostbarer als diese Momente, die ich in inniger Vertrautheit mit meinem Schöpfer-Gott verbringen kann.

9

Brotkrumen

Und kommt ihr vom richtigen Weg ab, so hört ihr hinter euch eine Stimme: „Halt, dies ist der Weg, den ihr einschlagen sollt!"

Jesaja 30,21

Gott blieb treu an meiner Seite, von einer Situation zur nächsten. Wenn mir alles zu viel wurde, wenn ich mich hilflos und allein fühlte, schickte er mir kleine Zeichen seiner Liebe. Sie waren wie Brotkrumen am steinigen Wegesrand. So versicherte er mir immer wieder, dass ich noch auf dem richtigen Weg war. *Hier geht's lang, geh einfach weiter,* schien er mir zu sagen. Auf vielfältige Weise ermutigte er mich. Das gab mir Sicherheit: Ich hatte ihn richtig verstanden, er hatte wirklich zu mir geredet, nun sollte ich tun, was er mir gezeigt hatte.

Die ersten Brotkrumen dieser Art schickte Gott mir, zwei Wochen nachdem Micah mir seine Trennungsabsichten mitgeteilt hatte, in Form einer SMS. Den Tag werde ich nie vergessen. Ich arbeitete immer noch als Kuchenlieferantin. Eine Freundin hatte zum Erntedankfest Cupcakes bestellt und meine Küche war erfüllt von Kürbis- und Apfelgeruch.

Am Abend zuvor hatte Micah mir von seiner Beziehung zu der anderen Frau erzählt. Während ich in meiner Küche stand und arbeitete, überlegte ich, was das in Bezug auf meinen Liebesfilter bedeuten könnte. Ich hatte mich schon ein bisschen daran gewöhnt, meine Reaktionen danach auszurichten. Aber jetzt hatten Micahs Worte eine tiefe, frische Wunde in mein Herz gerissen. Mir war klar, dass es nun noch wichtiger war, mein Denken und Reden mit 1. Korinther 13 in Übereinstimmung zu bringen. Nur so konnte ich die Gefühle der Panik, Verzweiflung und Niedergeschlagenheit zurückdrängen.

Während ich Cupcakes backte, schwankte ich zwischen dem Wunsch, Gott weiter zu vertrauen, und dem Gefühl, den Boden unter den Füßen zu verlieren. Immer wieder schwappte das Selbstmitleid über mich hinweg und die Versuchung war groß, dem nachzugeben. Doch mir war klar: Damit würde sich die Zerstörung fortsetzen und Gott würde seine Zusagen nicht erfüllen können. In meiner Seele tobte ein Kampf, Minute für Minute kämpfte ich mich durch diesen schier endlos langen Tag.

Als Micah zum ersten Mal von Trennung gesprochen hatte, stand für mich sofort fest, dass unsere Verwandten von mir nichts darüber erfahren würden. Mir war, als sagte Gott, dass ich nur ihm alleine vertrauen solle, ohne andere Menschen zu Hilfe zu holen. Und mir lag nichts daran, zusätzliche Hindernisse für Micah zu errichten, für den Fall, dass das Wunder eintreten würde. Ich wollte es Micah leicht machen, seine Meinung über mich und unsere Ehe zu ändern. Wenn erst alle Verwandten von seiner Affäre wussten, würde es für ihn viel schwerer werden umzukehren. Außerdem wollte ich Micah schützen. Selbst wenn alle ihm verzeihen würden, vergessen konnte man so etwas nicht.

Trotzdem nahm ich kurze Zeit später das Telefon zur Hand. Wenigstens meiner Mutter wollte ich mein Herz ausschütten. *Ich schaffe das alleine nicht,* dachte ich, *ich muss mit jemandem reden.* Doch dann legte ich das Telefon wieder weg. Nein, ich würde Gott gehorchen und ihm allein vertrauen.

Statt zu telefonieren, betete ich. Vor Gott sprach ich alles aus. Ich war so frustriert, so verletzt. Wie sollte mein Leben weitergehen? Was würde aus unserer Familie werden? Ich wollte meinen Mann nicht verlieren. Gab es keine Hoffnung für uns? Es schien sehr irreal, weiter auf ein Wunder zu hoffen. Micah hatte sich innerlich von mir gelöst. Er wollte mich nicht mehr.

Ein Klingeln unterbrach meine Gedanken. Tante Jan schickte mir einen Screenshot. Sie hatte gerade in ihrem Andachtsbuch einen Text gelesen, den sie mir jetzt abfotografiert hatte. Oben stand das heutige Datum: 30. Oktober. Ich las:

> **Die schwerste Lektion**
>
> Worauf soll ich denn nun meine Hoffnung setzen, Herr? Mein Warten und Hoffen gilt allein dir! Befreie mich von all meiner Schuld, gib mich nicht dem Gespött von Dummköpfen preis! (Psalm 39,8-9)
>
> Warte ab! Große Freude ist dem vorbehalten, der ruhig bleiben kann, weil er weiß, dass alles gut werden wird. Warten ist die schwerste Lektion. Also warte.
>
> Wie gerne würde ich sagen: „Es tut mir leid, dass ich dir, wenn auch nur für kurze Zeit, eine so schwere Last auflegen muss."
>
> Aber wisse: Sobald du alles in meine Hände legst und auf jede andere Hilfe verzichtest, fange ich an, dir einen Ausweg zu schaffen. Der Weg, den ich dir bahne, führt schneller in die Freiheit als alles, was Menschen versuchen können.
>
> Es gibt noch so vieles, das du lernen musst – um in Zukunft nicht zu scheitern. Aber der Freund, der mit dir zu-

sammen dein Versagen, deine ehrgeizigen Ziele und lange gehegten Träume begräbt, ist auf ewig dein Freund.

Nutze die Zeit des Wartens, um deine Freundschaft mit mir zu vertiefen und mich besser kennenzulernen.[1]

Mir war, als stünde Gott bei mir in der Küche und ich las seinen Brief, den er mir persönlich überreicht hatte. Die Botschaft kam im richtigen Moment und die Formulierungen hätten nicht treffender sein können. Ich hatte ja davor schon gehört, dass ich warten und nicht aufgeben sollte. Nun wurde mir das bestätigt. Neuer Mut erfasste mich: Nein, ich würde nicht aufgeben. Immer wieder las ich mir diesen Text durch, auch in den folgenden Tagen und Wochen, sodass ich ihn irgendwann auswendig konnte.

Der Gott, der Himmel und Erde geschaffen hatte, kannte meine Not. Er wusste um meinen Schmerz. Wie heilsam war das! Gott selbst sicherte mir schnellstmögliche Hilfe zu – wie erstaunlich! Der Herr, dem die himmlischen Heere unterstellt waren, dachte über meine Lage nach. Er arbeitete an einer Lösung für meine Situation. Unfassbar.

Die Formulierung, ich solle „auf jede andere Hilfe verzichten", bestätigte mich darin, auch weiterhin niemanden ins Vertrauen zu ziehen. Nur von Gott selbst wollte ich mich leiten und halten lassen. Würde ich anfangen, den Menschen von unserer Krise zu erzählen, dann würde mich wahrscheinlich eine Welle der Empörung, des Mitgefühls und der guten Ratschläge mit sich fortreißen. Stattdessen wollte Gott mir zeigen, dass seine Hilfe genügte. In seinen Augen war es nicht selbstverständlich, dass ich ausschließlich ihm vertraute, und er freute sich über meine unsicheren Versuche, ihm zu gehorchen. Ich staunte sehr.

Und dann dieser Satz: „Der Freund, der mit dir zusammen dein Versagen, deine ehrgeizigen Ziele und lange gehegten Träume begräbt, ist auf ewig dein Freund." Natürlich ging es hier um Jesus, er selbst war dieser Freund. Aber ich deutete es auch auf meinen Mann. Über viele Jahre war Micah mein bester Freund gewesen. Traurig beobachtete ich, wie er unsere gemeinsamen Lebensträume, Pläne und Ziele aufgab und jede Leidenschaft für uns verlor. Wir standen am Grab unserer Ehe und er hatte nicht einmal den Wunsch, sie wiederzubeleben. Er hatte kein Verlangen nach mir und er hatte auch nicht mehr den Wunsch, für Gott zu leben.

Ich hatte meinen besten Freund verloren.

Aber in diesem Text hieß es, er sei auf ewig mein Freund. Durfte ich das auf Micah anwenden? Würde Micah zu mir zurückkommen? Für eine dauerhafte, ewige Freundschaft? Wenn ja, dann würden wir, geläutert durch die gegenwärtige, schwere Zeit, sicher ein starkes Team werden. Bis jetzt wusste ich nur, dass ich hoffen und durchhalten sollte. Gott gebrauchte mich, um Micah zu zeigen, wie lieb er ihn hatte, so viel wusste ich. Aber ob das eine Änderung bewirken und unsere Ehe retten würde, dazu hatte Gott mir bisher nichts gesagt.

Doch während ich diesen Text las, setzte bei mir zum ersten Mal das Empfinden ein, dass Micah am Ende des Weges mein „Freund für immer" sein könnte. Ich ahnte, dass dies Gottes Reden war. Also würde ich warten, mich in der Nähe meines fürsorglichen Schöpfers aufhalten und die Zeit nutzen, um Gott besser kennenzulernen.

Es waren die ersten Brotkrumen dieser Art, das erste kleine Zeichen der Bestätigung. Ich sank auf den kalten Küchenboden und schluchzte. War es möglich? Hatte der Gott, der die Ordnung im Universum organisierte, gerade durch diesen Text *zu mir* gesprochen? Kümmerte er sich wirklich um mein Ergehen? Für mich war mein Schmerz ein riesiger Berg; aber was war er im Vergleich zu dem großen Gott, der die ganze Erde samt allen Menschen im Blick hatte? Trotzdem – an diesem Tag war er in meine Küche gekommen, hatte mir einen Brief überreicht und mit mir geredet.

Mit diesen wenigen Worten hatte er mir so viel Trost, so viel Heilung geschenkt. Ich ließ meinen Tränen freien Lauf. Wie lange schon hatte ich mich nicht mehr so geliebt gefühlt! Während ich auf den nackten Fliesen kauerte, an einen Küchenschrank gelehnt, hüllte Gottes Gegenwart mich ein. Seine Liebe erfüllte den Raum und ich nahm sie begierig auf. Ich hatte eine Begegnung mit dem Schöpfer der Welt.

Was Micah über mich und unsere Ehe sagte, verletzte mich tief. Ich war richtiggehend traumatisiert davon. Nur eines von vielen Beispielen: Als ein Freund versuchte, Micah daran zu erinnern, wie verliebt er in mich gewesen war, erklärte Micah, mich nie geliebt zu haben. Ihm sei es nur darum gegangen, einem anderen Typen „eins auszuwischen". Wir waren damals Collegestudenten gewesen. Der andere hatte sich um mich bemüht, was Micah als Wettstreit betrachtete, den er gewinnen wollte. Nur deshalb habe er mich geheiratet und es sei von Anfang an „ein Fehler" gewesen.

Unsere Ehe – die Entscheidung für mich – nannte er einen Fehler.

Fast jedes Ehebuch schreibt davon: Oft leidet die Ehe, wenn Kinder kommen. Man ist so mit den Babys beschäftigt und von ihnen fasziniert, dass man den Partner vergisst. Das ist normal. Männer, die von ihren Frauen nicht mehr genug Beachtung finden und die ihrem stressigen Zuhause entfliehen wollen, suchen sich dann eine Geliebte.

Wahrscheinlich traf das auch in unserem Fall zu. Unser verflixtes siebtes Jahr trat zwar erst nach zehn Jahren ein, aber ich hatte den Fehler gemacht, vor dem alle warnen: Ich war zu sehr auf die Kinder fixiert.

Aber Micah beließ es nicht dabei. Mit seinen verletzenden Worten löschte er auch den Anfang unserer Beziehung aus. Damit nahm er mir nicht nur die Zukunft, sondern auch die Vergangenheit – als hätte alles, was ich bisher als Glück erlebt hatte, nie existiert. War alles, was wir jemals gehabt hatten, eine Lüge gewesen? Nur meine Einbildung? All die schönen Erinnerungen – einseitig?

„Ich habe dich nie geliebt" – dieser Satz tat am meisten weh. Wenn Micah mir rückwirkend seine Liebe entzog, was blieb dann noch von meinem Leben? Micah war von seiner Sicht überzeugt, daran gab es keinen Zweifel. Er dachte tatsächlich so. Aber ich war mir nicht sicher, ob wirklich alles nie wahr gewesen war.

Die nächsten Brotkrumen, die Gott mir ein paar Tage später reichte, bestätigten meine Ahnung: Micah machte sich selbst etwas vor. Er war einer bösen Lüge in die Falle gegangen. Zu dieser Zeit redete er so gut wie nie mit mir. Aber eines Tages bat er mich, einen Karton hervorzuholen, in dem er Sachen aus seiner Collegezeit aufbewahrte. Ich suchte danach und entdeckte dabei ein altes schwarzes Tagebuch. Es stammte aus der Zeit, als wir noch nicht verheiratet, aber schon ein Paar waren.

Zehn Jahre lang hatte es unbemerkt auf dem Dachboden gelegen, eingepackt und vergessen – als warte es auf diesen Tag. Während Micah mich mit seinen „Ich habe dich nie geliebt"-Sätzen quälte, fand ich dieses Buch, in das er als sehr verliebter junger Mann geschrieben hatte.

Das Buch begann mit den Worten „Für Shauna". Doch schnell verstand ich, dass es eigentlich ein Gebetstagebuch war. Micah hatte aufgeschrieben, wie schwer ihm die Fernbeziehung fiel, wie sehr er unter unseren langen Trennungsphasen litt. Er bezeichnete mich als „Frau seiner Träume" und staunte, dass Gott ihm jemanden wie mich anvertraute. „Schön" nannte er mich und schrieb darüber, dass er niemals so dumm sein würde, mich wieder gehen zu lassen.

Dann stand da eine Liste von Eigenschaften, die er sich bei seiner zukünftigen Frau wünschte. Der erste Punkte lautete: „Jemand, der weiß, dass Liebe mehr ist als nur ein Gefühl."

Na dann! Wenn das sein wichtigstes Kriterium war, dann hatte ich mich mittlerweile wirklich qualifiziert. Welch eine Bestätigung! Dieses Tagebuch gab mir alles zurück, was Micah mir rückwirkend zu rauben versuchte. Auch wenn er jetzt anders dachte, damals begehrte er mich sehr. Ich war genau die Frau, die er sich von Gott gewünscht hatte.

Das Tagebuch war im Verlauf von zwei Jahren geschrieben worden. Ständig ging es damals um mich. Micah hatte aufrichtig und offen aufgeschrieben, was er dachte und fühlte, und das tat mir unendlich gut. Ohne es zu ahnen, hatte er mir vor über zehn Jahren diesen Liebesbrief geschrieben und mir Einblick in sein Denken und Fühlen gegeben. Dankbar las ich, was ihn damals bewegte. Es *stimmte nicht,* dass er mich damals *nicht geliebt* hatte. Vielleicht stimmte es dann auch nicht, dass er mich heute nicht liebte?

Für mich stand außer Frage: Dieses Tagebuch hatte Gott mir in die Hände gespielt. Er wusste von Anfang an, dass Micah später alles leugnen würde und wie zerstörerisch seine Worte dann für mich sein würden. Wer wollte mir weismachen, dass alles, was ich zu besitzen meinte, nie existiert hatte? Gott selbst sorgte dafür, dass ich ihm vertrauen konnte und an seiner Wahrheit weiter festhielt, ohne mich von Micahs Aussagen irritieren zu lassen.

Die dritten Brotkrumen fand ich in Form eines Liedes. Nachdem ich Micahs Tagebuch gelesen hatte, gab ich es ihm. Ich hoffte, dass die Erinnerung ein Umdenken bewirken könnte. Vielleicht würde die Leidenschaft zurückkehren, die er damals für mich empfunden hatte? Auch seine Sehnsucht nach einem Leben mit Gott könnte vielleicht wieder erwachen. Doch er las nur wenige Seiten und legte das Buch mit dem knappen Kommentar zur Seite, dass es dumm und peinlich sei.

Obwohl es mich zunächst so begeistert hatte, las ich das Buch nur ein einziges Mal. Einerseits war es schön, von Micahs damaliger Liebe zu erfahren. Aber es machte mich auch traurig. Wegpacken wollte ich das Buch nicht, aber zum erneuten Lesen fehlte mir auch die Kraft. Also ließ ich es so liegen, wie Micah es auf die Kommode gelegt hatte, aufgeschlagen an der Stelle, die er zuletzt aufgeblättert hatte. Immer wieder fiel mein Blick auf das Tagebuch. Sollte ich doch wieder darin lesen? Nein, es tat zu weh, ich konnte es nicht.

Tage vergingen. Wieder einmal ging ich an dem aufgeschlagenen Buch vorbei, als mein Blick auf das handgeschriebene Datum oben auf der Seite fiel: 4.11.2002

Das ist ja seltsam, dachte ich, *heute ist auch der 4. November. Vielleicht sollte ich heute darin lesen?* Also sah ich nach, was Micah genau heute vor über zehn Jahren geschrieben hatte. Es waren nur belanglose Dinge. Gerne hätte ich weitergelesen, was am 5.11. kam. Aber ich hielt mich zurück – vielleicht war es richtig, das auf den nächsten Tag zu verlegen?

Am nächsten Morgen erwachte ich mit dem Ohrwurm „Deeply in Love" (Unendlich verliebt). Seltsam, ich hatte jahrelang nicht mehr an das Lied gedacht. Vor zwölf Jahren, als Collegestudentin, hatte ich es zum ersten Mal gehört. Ich nahm mir vor, gelegentlich im Internet nachzuschauen, welche Band das Lied geschrieben hatte, und es wieder einmal anzuhören. Es war ein schönes Anbetungslied und motivierte dazu, Gott zu lieben. Deshalb passte es gut zu meinen gegenwärtigen Erfahrungen.

Dann ging ich erwartungsvoll die Treppe hinunter ins Wohnzimmer, wo das Tagebuch wartete. Gespannt las ich, was unter dem heutigen Datum stand. Aber was ich vorfand, war wieder nur belanglos. Micah schrieb über ein Geschenk, das er mir zu meinem Geburtstag schicken wollte. Er hatte mir eine CD mit Anbetungsliedern zusammengestellt und ein T-Shirt angefertigt, dessen Aufdruck er selbst gestaltet hatte und das etwas mit einem Projekt zu tun hatte, an dem er gerade arbeitete.

Ich war enttäuscht. Da hatte ich wohl zu viel erwartet. Wahrscheinlich war es einfach nur Zufall, dass das Tagebuch gerade am 4. und 5. November aufgeschlagen war. Was suchte ich denn überhaupt? Als ob irgendwo in dem Buch stehen würde, dass alles wieder gut werden würde.

Meine Erwartung war mir peinlich und ich wandte mich schnell meinem Alltag zu. Die beiden Jüngsten, die noch nicht schulpflichtig, sondern bei mir zu Hause waren, sollten nicht bemerken, dass ihre Mama traurig war. Sie hatten keine Ahnung, was mit unserer Familie los war. Auch wenn ich mich nur zu gern in Selbstmitleid gebadet hätte, ich riss mich zusammen und ging meinen Aufgaben nach.

Später an diesem Vormittag packte ich die Kinder ins Auto, um zu einem weiter entfernten Termin zu fahren. Bevor ich den Motor startete, griff ich nach dem Kabel, das mein Handy mit dem Autoradio verband, damit wir unterwegs Lobpreis hören konnten. Aber nun entdeckte ich, dass das Kabel defekt war. Auch das noch! Wie sollte ich jetzt ohne Musik all den deprimierenden Gedanken und Gefühlen widerstehen?

Fast panisch öffnete ich das Fach zwischen den Autositzen und suchte nach einer geeigneten CD. Ganz unten lag eine CD ohne Hülle, alt und zerkratzt. Ich zog sie unter den anderen CDs heraus und staunte nicht schlecht. Mit einem wasserfesten Stift war quer über die CD etwas geschrieben worden. Ich bekam eine Gänsehaut.

Für meinen Schatz zum Geburtstag!

Ungläubig starrte ich auf Micahs Handschrift. Es war kaum eine Stunde vergangen, seit ich gelesen hatte, wie Micah vor über zehn Jahren dieses Geschenk für mich eingepackt und zur Post gebracht hatte. Diese Lieder waren von meinem Mann für mich zusammengestellt worden. Nun hielt ich diese CD in meiner Hand. Wie war sie in mein Auto gekommen? Wie lange lag sie schon da? Ich konnte mich nicht an sie erinnern. Gespannt schob ich sie in den CD-Player und in bester Klangqualität ertönte das erste Lied: „Deeply in Love".

Das waren drei Stärkungen, die ich auf meinem Weg fand und als Zeichen der Bestätigung von Gott empfing. Ich sollte nicht aufhören, Micah zu lieben – und meine Ehe war noch nicht endgültig gescheitert. So verstand ich diese kleinen Botschaften, die für mich von großer Bedeutung waren. Sie weckten neue Hoffnung in mir – mitten in einer ziemlich hoffnungslosen Zeit. In mir wuchs die Erwartung, dass Gott mir Micah zum zweiten Mal als Ehepartner schenken würde.

Erleichtert dachte ich über die kleinen Zeichen nach, die neue Zuversicht in mir geweckt hatten. Gott streute Brotkrumen auf den Weg. Für mich. *Gott.* Der Ewige und Allmächtige, der das Universum in der Hand hält. Voller Ehrfurcht dachte ich über diese Zusammenhänge nach.

Mitten in meiner Katastrophe waren Dinge aufgetaucht, die ich anfassen, lesen und hören, an denen ich mich festhalten konnte. Wie konnte Gott einem Menschen so nahe kommen, so fürsorglich, so besorgt sein um mein Wohlergehen?

Während ich mit den Kindern zu unserem Termin fuhr, hielt ich das Lenkrad fest und schaute staunend durch die Windschutzscheibe. Der Himmel. Die Bäume. Die Berge, alles hatte Gott geschaffen. Ich betrachtete das alles, während ich mein Lied hörte, das Lied, das Gott mir an diesem Tag gegeben hatte. Wie das alles gekommen war: der Ohrwurm am Morgen, das am passenden Datum aufgeschlagene Tagebuch, ein kaputtes Kabel, die lange Autofahrt zu diesem Termin. Ich hatte viel Zeit, dieses Lied zu hören. Wie erstaunlich, *genau an diesem Tag* vor so vielen Jahren hatte Micah über diese CD geschrieben, die jetzt in meinem Auto lief. War das Zufall? Oder von langer Hand geplant?

Jedenfalls war es genau, was ich brauchte. Zuletzt war die Verzweiflung immer größer geworden, ich bewegte mich am Abgrund zur Panik. War Gott wirklich an meinem Kleinkram interessiert? Hatte er das alles für mich so eingefädelt, vor Jahren schon, als dieses Tagebuch geschrieben wurde?

Drei Mal hatte er mehrere Faktoren zeitgleich arrangiert, um mir diese Blüten der Hoffnung im perfekten Moment zukommen zu lassen. Wenn er es drei Mal getan hatte, dann tat er es vielleicht auch öfters? Hatte ich es vielleicht manchmal auch übersehen, wenn Gott mir Zeichen seiner Liebe ausgestreut hatte? Wie oft hatte er schon kleine Geschenke für mich vorbereitet, rechtzeitige Hilfe arrangiert? Vielleicht war ich so mit meinen alltäglichen Sorgen und Aufgaben beschäftigt, dass ich die Zeichen seiner Liebe meistens übersehen hatte?

Als ich begann, dieses Kapitel zu schreiben, erinnerte ich mich an das Märchen von *Hänsel und Gretel*. Ich stellte mir die beiden Kinder in dem dunklen Wald vor, die verzweifelt darauf achteten, nicht vom Weg abzukommen. Die Geschwister markierten ihren Weg mit kleinen Brotstückchen, damit sie am Ende wieder nach Hause finden würden (was bei ihnen allerdings nicht half, da Vögel das Brot aufpickten).

Auch ich brauchte ständig Gedächtnisstützen, Brotkrumen, um nicht von meinem Weg abzukommen. Es fiel mir nicht leicht, mit den vielen Verletzungen umzugehen und meinem Mann gegenüber trotzdem liebevoll und offen zu bleiben. Weil Gott es so wollte, hatte ich mich dazu entschieden, mein Verhalten mit dem Liebesfilter aus 1. Korinther 13 abzugleichen. Aber gefühlsmäßig hätte ich mich ganz anders verhalten. Tag für Tag rang ich darum, Micah zu lieben. Deshalb waren diese Liebeszeichen von Gott so wichtig für mich. Sie sagten mir, dass ich auf dem richtigen Weg war und weitergehen sollte.

Das waren meine Gedanken, als ich anfing, dieses Kapitel zu schreiben. Aber als ich es später wieder durchlas, kam mir noch etwas anderes in den Sinn. Es gibt noch eine andere Brot-Geschichte, die eigentlich viel besser zu meiner Geschichte passt.

Ich meine die Geschichte vom Volk Israel in der Wüste. Während ihrer langen Wanderung versorgte Gott sie mit Brot, das vom Himmel fiel, Tag für Tag. Sie nannten es Manna und es wurde zu ihrer täglichen Speise. Das Brot vom Himmel gab ihnen die Kraft, alle körperlichen Strapazen des langen Weges durchzustehen.

Immer wieder hört man Leute sagen: „Warum tut Gott heute nicht mehr solche Wunder wie früher zur Zeit der Bibel?" Manche sagen auch: „Schade, dass Gott heute kein Manna mehr regnen lässt." Könnte es sein, dass Gott heute nicht weniger Wunder tut als früher, aber dass uns der Blick dafür fehlt? Oder wir sehen seine Wunder zwar, aber sie sind uns zu klein und wir beschweren uns über Gottes mangelnde Versorgung? Das hat das Volk Israel damals auch schon so gemacht.

> Doch das Jammern nahm kein Ende. Unter den Israeliten waren viele Fremde, die sich dem Volk angeschlossen hatten, als es Ägypten verließ. Sie forderten nun besseres Essen, und schon fingen auch die Israeliten wieder an zu klagen: „Niemand gibt uns Fleisch zu essen! In Ägypten war das anders! Da bekamen wir umsonst so viel Fisch, wie wir wollten, da gab es Gurken, Melonen, Lauch, Zwiebeln und Knoblauch. Aber hier haben wir nichts außer jeden Tag dieses Manna. Darauf ist uns der Appetit gründlich vergangen!" (4. Mose 11,4-6).

Ich war froh, dass Gott mir nicht nur meine kleinen Wunder gab, sondern mir auch half, sie zu sehen und ihm dafür dankbar zu sein. Während meiner Wüstenwanderung versorgte Gott mich mit allem, was ich brauchte. Ich bekam wirklich immer alles, was nötig war, übernatürlich.

Die Wüste war für mich das Verhalten meines Mannes, den ich zu lieben versuchte, obwohl er eine Affäre hatte und mich nicht mehr wollte. Anders als die Israeliten war ich nicht körperlich gefordert, aber auch für mich ging es um alles, mein ganzes Leben stand auf dem Spiel. Genau wie die Israeliten hatte ich Gott gehört und war nun herausgefordert, ihm zu gehorchen.

Ich weiß nicht, ob ich es geschafft hätte, weiterhin liebevoll mit Micah umzugehen, wenn ich ihm wirklich geglaubt hätte, dass unsere ganze Beziehung von seiner Seite her immer nur vorgetäuscht gewesen war. Aber das Tagebuch tauchte im richtigen Moment auf. Ich bin mir auch nicht sicher, ob ich mich langfristig an den Liebesfilter hätte halten können, wenn ich nicht durch die SMS Hoffnung für eine gemeinsame Zukunft mit Micah hätte schöpfen können.

Viele Christen erleben in scheinbar ausweglosen Lagen, wie Gott sie ermutigt: Geh weiter, halte durch, ich bin mit dir. Ob das eine Wüstenwanderung ist oder ob man verletzt und abgelehnt wird, Gott weiß es und er versorgt uns mit allem, was wir brauchen. Als ich keinen anderen Halt mehr hatte und ganz auf Gott angewiesen war, da schenkte er mir Manna vom Himmel, Brotkrumen, ohne die ich nicht hätte weitergehen können.

Natürlich, man kann solche Begebenheiten auch als „Zufall" deklarieren. Wahrscheinlich halten wir sehr vieles, was von Gott kommt, für Zufall. Aber was mich betrifft, kann ich nur sagen: Als mein Weg mir zu schwer wurde, bekam ich übernatürliches Brot vom Himmel. Es stärkte mich und ich konnte weitergehen. So hat Gott mein Leben erhalten.

10

Aaron und Hur

Mit der Zeit wurden Mose die Arme schwer.
Da holten Aaron und Hur einen großen Stein,
auf den er sich setzen konnte; sie selbst stellten sich links
und rechts neben ihn und stützten seine Arme,
bis die Sonne unterging.

2. Mose 17,12

Zusätzlich zu den Zeichen seiner Bestätigung und Ermutigung stellte Gott mir auch zwei Mitkämpferinnen zur Seite. Wenn ich daran denke, wie sie mir und unserer Familie damals halfen, dann erinnert mich das an eine Geschichte aus dem Alten Testament. Als Mose müde wurde, standen Aaron und Hur neben ihm und stützten ihn.

Die Geschichte wird in 2. Mose 17 erzählt: Israel wurde vom Volk der Amalekiter angegriffen. Unter der Führung von Josua zogen die israelischen Männer in den Krieg. Gleichzeitig stiegen Mose, Aaron und Hur auf einen Hügel in der Nähe. Solange Mose die Arme erhoben hatte, gewannen die Israeliten. Wurden Moses Arme schwer und er ließ sie sinken, gewannen die Amalekiter. Also stützten Aaron und Hur seine Arme und Israel gewann die Schlacht.

Ich hatte nur wenigen Menschen von unseren Problemen erzählt. Meinen Angehörigen gegenüber deutete ich gar nichts an. Sie hätten sich sofort alle auf meine Seite gestellt. Es ist ja grundsätzlich richtig, wenn Eltern zu ihren Kindern halten, ich würde das später sicher nicht anders machen. Wer will schon mit ansehen, wie sein Kind leidet? Meine Lieben wären wahrscheinlich gleich mit dem Möbelwagen vorgefahren, wenn ich ihnen erzählt hätte, was bei uns lief.

Also schwieg ich und ging allein meinen Weg. Ich konzentrierte mich ganz darauf, das zu tun, was ich von Gott wahrnahm. Aber es fiel mir sehr schwer, Micah mit der Liebe zu lieben, die in 1. Korinther 13 beschrieben wird. Sein Verhalten tat mir so weh, dass es fast unmöglich war, ihm liebevoll zu begegnen. Nie zuvor hatte ich auch nur annähernd etwas so Schwieriges versucht.

Es würde keinem helfen, wenn Micah von anderen für sein Verhalten angegriffen würde. Vielmehr brauchten wir Menschen, denen er vertraute und die ihm gute Ratgeber waren. Also überlegte ich mir, dass ich grundsätzlich vielleicht ein paar Leute ins Vertrauen ziehen könnte, die Micah mindestens so lieb hatten wie mich.

Die erste Person, der ich mich dann anvertraute, war Micahs Tante Jan. Darüber hinaus wandte ich mich an Micahs Halbschwester Shannon. Sie sollten wissen, dass Micah im Begriff war, seine Familie zu verlassen. Zu der Zeit war ich absolut ratlos, alle meine Versuche, Micahs Herz zu erreichen, scheiterten, und ich hatte keinen Grund mehr, irgendetwas zu hoffen. Also dachte ich, die beiden Verwandten Micahs sollten zumindest wissen, dass ich bald nicht mehr Teil ihrer Familie sein würde.

Micah achtete seine Tante Jan und seine Schwester Shannon sehr und ich hoffte, dass er auf sie hören würde, wenn sie mit ihm redeten. Dabei erwartete ich insgesamt aber nicht allzu viel. Vielleicht würden Jan und Shannon versuchen, Micah ins Gewissen zu reden. Sie würden sich wundern, dass unsere scheinbar so glückliche, zehnjährige Ehe nun zu Ende ging, würden mir Hilfe anbieten und mich ein bisschen trösten. Dann würde unsere Geschichte wieder von anderen Ereignissen ihres Lebens überlagert werden und in den Hintergrund treten.

Dachte ich – aber es kam ganz anders. Jan und Shannon wurden meine wichtigsten Mitstreiterinnen. Sie waren wie Aaron und Hur für mich. Kaum hatten sie gehört, was Micah mir gesagt und was ich von Gott gehört hatte, da waren sie an meiner Seite und stützten mich. Wie dankbar bin ich Gott, dass er mir zwei so starke Unterstützerinnen gab. All das Gute, das sich später entwickelte, hat mit diesen beiden Frauen zu tun, die mir von Anfang bis Ende beistanden.

Wie selbstverständlich erkundigten sich Jan und Shannon regelmäßig, wie es mir ging. Wenn sie allein zu Hause für mich beteten, empfingen sie von Gott Worte der Ermutigung für mich. Sie hatten meine Not zu ihrer eigenen gemacht und standen rund um die Uhr für mich ein. Wenn ich sie brauchte, strichen sie ihre eigenen Termine und eilten zu mir.

Aber nur selten musste ich Jan und Shannon wirklich um Hilfe bitten. Oft genug riefen sie mich genau im richtigen Moment an. Sie konnten nicht wissen, wann ich was brauchte, aber sie ließen sich von Gott leiten. Wenn ich zum Beispiel gerade gegen Zweifel kämpfte, dann dauerte es nicht lange, bis eine von ihnen sich bei mir meldete und mir eine Bibelstelle gegen Zweifel weitergab, die Gott ihr im Gebet gezeigt hatte. Das passierte so oft: Wenn es mir nicht gut ging, kam eine Nachricht von Jan oder Shannon. Ich konnte mich wirklich darauf verlassen, Gott sorgte zuverlässig für mich. Er achtete darauf, dass meine Last nicht zu schwer wurde und ich immer alles hatte, was ich für den nächsten Schritt brauchte.

Eines Tages las ich 1. Korinther 12,26: „Wenn ein Teil des Körpers leidet, leiden alle anderen mit, und wenn ein Teil geehrt wird, ist das auch für alle anderen ein Anlass zur Freude."

Wie das praktisch aussehen kann, hatte ich bis dahin nicht gewusst. Letztlich ist doch jeder mit sich selbst beschäftigt. Wir haben keine Zeit für andere und haben den Kopf auch nicht frei, um über die Probleme anderer nachzudenken.

Umso mehr wunderte ich mich über meine Unterstützer „Aaron und Hur", die langfristig an meiner Seite blieben. Wie dankbar war ich Gott dafür. Jan und Shannon hatten sich Gott zur Verfügung gestellt, bereit, von ihm gebraucht zu werden. Daraufhin hatte er ihnen unsere Not aufs Herz gelegt. Mein Kampf wurde zu ihrem Kampf, sie investierten sich mit ihrer ganzen Kraft. Tatsächlich gingen Jan und Shannon so weit, meinen Angelegenheiten Vorrang vor ihren eigenen Aufgaben zu geben.

Sie konnten mich wirklich trösten und meine Not lindern, was viel mehr war, als mir nur beizustehen. Natürlich war es Gott, der mein Herz heilte – wer sonst hätte das tun können? Aber getröstet wurde ich oft durch die beiden Frauen. Jan und Shannon ermutigten mich und erinnerten mich an alles, was mir wieder Grund zur Hoffnung gab. Ohne sie wäre ich wahrscheinlich untergegangen.

Daraus habe ich einiges gelernt. So wie Jan und Shannon meine Last trugen und meine Seele trösteten, so kann das jeder für andere tun. Das gilt auch und gerade dann, wenn die Situation des anderen so schwierig ist, dass es keine menschliche Hilfe gibt.

Wir brauchen andere Menschen, andere brauchen uns. Manchmal ist es aber gar nicht so leicht, seine Hilfsbedürftigkeit einzugestehen. Viele würden sich wünschen, dass es in ihrem Leben auch solche Personen gäbe wie die beiden Frauen, die für mich da waren. Aber manchmal steht uns auch unser Stolz im Weg. Da wären Menschen, die sich gerne unter unsere Last stellen würden, aber wir lassen es nicht zu. Wer gibt schon gerne zu, dass er seine Aufgaben nicht alleine schaffen kann?

Mir fiel es schon immer schwer, andere um Hilfe zu bitten. Ich rede nicht gerne über mein Versagen, lieber präsentiere ich meine Erfolge und meine Stärken. Ja, ich bin stolz und es fiel mir nicht leicht, über unsere Situation zu sprechen. Aber irgendwann ging es mir so schlecht, dass ich meine Verzweiflung, mein Versagen, auch Micahs Verhalten mir gegenüber offen zugab. Mir war es zuletzt komplett egal, wie ich auf andere wirkte. Alles, was ich brauchte, war Hilfe. Nur deshalb konnte ich diese Form der Unterstützung erfahren. Bis dahin hatte ich gar nicht geahnt, dass es so etwas überhaupt gibt.

Mein Aaron und mein Hur beschönigten nichts, trotzdem gaben sie ihre Hoffnung für meine Situation nie auf. Wenn ich in Selbstmitleid versank, bestätigten sie mich nicht darin. Sie waren einfühlsam, aber sie bestärkten mich nicht in den falschen Gefühlen. Ununterbrochen ermutigten sie mich, an dem festzuhalten, was Gott mir gesagt hatte, unabhängig von der Entwicklung unserer Situation. Sie erinnerten mich daran, dass ich keinen Einfluss auf Micahs Entscheidungen hatte, aber mein eigenes Verhalten, das war meine Verantwortung. Wenn sie mich an Sätze aus der Bibel erinnerten, nahm mein Glauben wieder zu und mein Geist wurde gestärkt.

War ich am Boden zerstört, dann waren sie es auch. Wenn ich weinte, weinten sie mit mir. Hatte ich keinen Appetit, dann konnten sie auch nichts essen. Immer wieder legten sie mir die Hände auf und beteten für mich. Gemeinsam glaubten und beteten wir für meinen Mann und meine Familie. Wenn ich davon sprach, was ich von Gott gehört hatte, dann glaubten sie mir das und halfen mir, daran festzuhalten.

Ging es mir schlecht, kam Shannon zu uns, machte Essen und brachte die Kinder ins Bett. Oft blieb sie danach die halbe Nacht lang mit mir wach, auch wenn sie am nächsten Morgen wieder früh zur Arbeit musste. Manchmal hatte sie nach so einem Einsatz bei uns nicht mehr als zwei Stunden Schlaf.

Ich erinnere mich an einen Abend, als ich besonders verzweifelt war. Ich hatte wieder etwas Hoffnung für unsere Ehe aufgebaut. Aber dann hatte mir Micah einmal mehr erklärt, dass er mit der anderen Frau zusammenleben wolle, nicht mit mir. Ich war so fertig. Shannon hatte an dem Tag eine kieferchirurgische Behandlung gehabt, ihr Gesicht war geschwollen, sie hatte Schmerzen, in ihrem Mund sammelte sich ständig das Blut und sie konnte kaum sprechen. Trotzdem redete sie in dieser Nacht stundenlang mit mir.

Tante Jan kam regelmäßig zu uns zum Putzen. Sie sagte, sie wolle alles aus dem Weg räumen, was uns zusätzlich belasten könnte. Wenn sie da war, betete sie mit mir und massierte gleichzeitig meinen Rücken, meine Stirn und meine Füße. Sie brachte mir kleine Geschenke, kochte mir Tee und las mit mir die Bibel. Eine wunderbare Ruhe ging von ihr aus, die ich heute noch spüre, wenn ich an sie denke.

Durch Jan und Shannon erlebte ich, was es bedeutet, wenn Christen füreinander einstehen. Ihre Freundschaft zu mir war vollkommen selbstlos, ich gab ihnen nichts zurück. Aber ihre Liebe zu Gott floss nach außen und verwandelte sich in Barmherzigkeit für mich. Welch eine Ehre, so beschenkt zu werden!

Mir war es wichtig, diesen beiden Personen ein eigenes Kapitel zu widmen. Ohne sie hätte ich es nicht geschafft. Obwohl Gott zu mir redete, ich ihn hörte und mich über seine Ermutigungen freute, wären meine Arme irgendwann doch schwer geworden. Ich werde nicht vergessen, was ich durch Jan und Shannon erlebt habe. So will ich auch für andere sein.

Die beiden Frauen leben in enger Verbindung mit Gott und wollten ein Segen sein. Ich begann mich zu fragen, ob Gott mich auch schon so hätte gebrauchen wollen? Oder war ich immer so mit mir selbst beschäftigt gewesen, dass ich das Leid der Menschen in meiner Umgebung gar nicht bemerkt hatte?

Gott hatte Micah sehr lieb. Es lag ihm viel daran, Micahs Herz zu erreichen und ihm seine Freundlichkeit zu zeigen. Gott hätte viele Möglichkeiten gehabt, sich Micah zu offenbaren. Aber er tat es durch Menschen, durch mich und durch andere. Das ist Gottes Art.

11

Wüstenwanderung

Alles, was die Schrift sagt und was doch schon vor langer Zeit niedergeschrieben wurde, sagt sie unseretwegen. Wir sind es, die daraus lernen sollen; wir sollen durch ihre Aussagen ermutigt werden, damit wir unbeirrbar durchhalten, bis sich unsere Hoffnung erfüllt.

Römer 15,4

Ab Ende Oktober begleitete ich Shannon mittwochabends zur Bibelstunde in ihrer Gemeinde. Es war in diesen Tagen, als ich erfuhr, dass Micah eine Freundin hatte. Ich war sehr verzweifelt und sehnte mich nach Gottes Zusagen. Gleichzeitig war ich auch froh, aus dem Haus zu kommen. Die Atmosphäre zu Hause war frostig. Es war mein erster Besuch in dieser Gemeinde und ich hatte mich kaum hingesetzt, da wurde der erste Bibelvers an die Wand geworfen.

> Ich sah mir alles noch einmal genau an, dann sagte ich zu den führenden Männern und zum übrigen Volk: „Habt keine Angst vor ihnen! Vertraut dem Herrn, denn er ist groß und mächtig. Kämpft für eure Brüder und Söhne, für eure Töchter und Frauen und für eure Häuser!" (Nehemia 4,8).

Aus einem Lautsprecher ertönte die Stimme von Beth Moore, einer bekannten Bibellehrerin, deren Videopredigt wir uns an diesem Abend ansahen: „Ich weiß, hier steht, die Männer sollen für ihre Frauen kämpfen. Aber das gilt auch für uns Frauen. Deshalb verändere ich jetzt den Vers: Ihr Frauen, kämpft für eure Ehemänner!"[2]

Okay, Gott, ich höre!

Dann erzählte uns Beth Moore von einem Stein namens Eben-Eser. Erst vor ein paar Wochen hatte ich diesen Namen zum ersten Mal gehört. „All Sons & Daughters" sangen ein altes Lied, „Come Thou Fount of Every Blessing" (Komm, du Quelle jeden Segens), in dem dieser Begriff auch vorkommt. Schon als Kind hatte ich das Lied gemocht und der Text berührte mich immer noch. Als ich es dann in der neuen Fassung hörte, blieb ich an dieser Zeile hängen: „Here I raise my Ebenezer, hither by thy help I come." (Hier errichte ich mein Eben-Eser, durch deine Hilfe bin ich bis hierher gekommen.)

Ich wusste nicht, was Eben-Eser bedeutete, und suchte nach einer Erklärung. In 1. Samuel 7,7-13 fand ich die Geschichte, auf die in dem Lied angespielt wird:

> Die Philister ... riefen schnell das ganze Heer zusammen und rückten gegen Israel aus. Als die Israeliten in Mizpa davon hörten, packte sie die Angst. „Bete doch, Samuel!", baten sie eindringlich. „Hör nicht auf, den Herrn, unseren Gott, anzuflehen und ihn zu bitten, dass er uns vor den Philistern rettet!" Da nahm Samuel ein Lamm und verbrannte es vollständig als Opfer für den Herrn. Dabei rief er zu ihm um Hilfe für Israel, und der Herr erhörte sein Gebet. Wäh-

rend Samuel das Opfer darbrachte, waren die Philister schon nahe an Israel herangerückt und wollten den Kampf beginnen. Doch plötzlich versetzte der Herr die Philister mit einem lauten Donner in Angst und Schrecken. Und so schlugen die Israeliten sie in die Flucht und verfolgten sie von Mizpa bis hinter Bet-Kar. Die Philister erlitten eine große Niederlage. Nach diesem Sieg stellte Samuel zwischen Mizpa und Schen einen großen Stein als Denkmal auf. „Bis hierher hat der Herr geholfen!", sagte er und nannte den Stein Eben-Eser („Stein der Hilfe").

Erstaunlich, dass gerade die Geschichte von diesem Stein, mit dem ich mich erst vor Kurzem beschäftigt hatte, das Thema der Bibelstunde war. Ob Gott mir damit etwas sagen wollte? In dieser Phase meines Lebens schien nichts zufällig zu sein, überall erkannte ich Gottes Handschrift, seine Zeichen der Ermutigung. Und tatsächlich wurde Eben-Eser für mich in den kommenden Tagen und Wochen ein wichtiges Symbol.

Inzwischen sprach Beth Moore weiter. Sie fasste die Geschichte vom Auszug aus Ägypten und der Wüstenwanderung Israels kurz zusammen. Durch Mose hatte Gott die Israeliten aus der Sklaverei in Ägypten befreit und durch die Wüste geführt, bis sie schließlich, nach vierzig Jahren und vielen Herausforderungen und Wundern, endlich an der Grenze des verheißenen Landes angekommen waren. Nur der Jordan trennte sie noch von dem Land, das Gott ihnen geben wollte. Dann geschah Folgendes:

Das Volk brach seine Zelte ab und war bereit, den Fluss zu überqueren. Vor ihnen gingen die Priester mit der Bundeslade. Der Jordan war wie jedes Jahr zur Erntezeit über die Ufer getreten. Als nun die Träger der Bundeslade das Wasser berührten, staute es sich. Es stand wie ein Wall sehr weit flussaufwärts in der Nähe des Ortes Adam, der bei Zaretan liegt. Das Wasser unterhalb des Walles lief zum Toten Meer

> hin ab. So konnte das Volk durch das Flussbett gehen. Vor ihnen lag die Stadt Jericho. Die Priester mit der Bundeslade des Herrn standen auf festem Grund mitten im Jordan, und die Israeliten zogen trockenen Fußes an ihnen vorüber ans andere Ufer (Josua 3,14-17).

Damit hatte Gott seinem Volk zum zweiten Mal einen Weg durchs Wasser gebahnt. Anschließend erhielt Josua, der inzwischen der Nachfolger des verstorbenen Mose geworden war, von Gott einen Auftrag. Zwölf Vertreter des Volkes sollten zwölf Steine aus der Mitte des Flussbettes mitnehmen.

> Josua rief die zwölf Männer und wies sie an: „Geht zurück in den Jordan, bis an die Stelle, wo die Priester mit der Bundeslade des Herrn, eures Gottes, stehen. Jeder von euch soll sich dort einen großen Stein auf die Schulter laden, damit wir zwölf Steine haben, für jeden Stamm Israels einen. Aus ihnen soll ein Denkmal gebaut werden. Wenn euch eure Kinder später einmal fragen, was diese Steine bedeuten, dann erklärt ihnen: ‚Als man die Bundeslade durch den Jordan trug, staute sich sein Wasser, und wir konnten trockenen Fußes hinüberziehen. Daran soll dieses Denkmal die Israeliten zu allen Zeiten erinnern'" (Josua 4,4-7).

Beth Moore sprach dann von diesem Wegabschnitt zwischen Ägypten, dem Ort der Sklaverei, der hinter ihnen lag, und Kanaan, dem Land der Zukunft. Sie waren dazwischen, an einem Platz, den Beth Moore als den „Ort der Krise" bezeichnete.

Ach so! Damit war klar, was das mit mir zu tun hatte. Natürlich war meine Situation nicht vergleichbar mit den Herausforderungen dieses Volkes, aber das Prinzip ließ sich auch auf mich anwenden. Ich konnte nicht mehr zurück in das Leben, das ich einst hatte, und ich war auch noch nicht in meinem neuen Lebensabschnitt angekommen. Für diese gegenwärtige Zeit forderte Gott mich auf, Gedenksteine zu errichten. Sie sollten mich an alles erinnern, was Gott für mich tat, wie er mich versorgte und mir den Weg bahnte. Die Erfahrungen, die man mit Gott auf dem Weg in das verheißene Land macht, sind wichtig und dürfen nicht vergessen werden. Das galt für die Israeliten damals, es galt ebenso für mich.

Also hielt ich Ausschau nach Erfahrungen, die als Gedenksteine taugten. Tag für Tag kämpfte ich mit der Aufgabe, Micah mit Gottes Liebe zu begegnen, worauf er grundsätzlich negativ reagierte, was mich wiederum verletzte. Gleichzeitig erinnerte mich Gott immer wieder daran, was er mir versprochen hatte: Micahs Beziehung zu mir und zu Gott würde wohl wiederhergestellt werden. So ganz konkret konnte ich mir das nicht vorstellen, ich wusste nicht wirklich, worauf ich hoffte, aber ich hielt durch und wartete, weil Gott mir das aufgetragen hatte.

Als diese zwölf Gedenksteine aufgestellt wurden, war das Volk Israel noch lange nicht am Ziel. Aber die Steine waren Zeichen der Ermutigung: „Bis hierher hat der Herr geholfen – er wird es auch weiter tun." Auch bei mir war Gott dabei, etwas Neues vorzubereiten. Ich war noch nicht am Ziel, sondern wartete darauf und erlebte dabei Gottes Nähe. Auch Israel standen damals noch viele Kämpfe bevor, aber *immerhin,* Gott hatte den Fluss für sie trockengelegt. Das war doch wirklich eine Ermutigung. Er würde auch den Rest tun. *„Bis hierher* hat der Herr geholfen."

So begann ich, bewusst auf die Siege zu achten. Immerhin hatte ich noch nicht aufgegeben und hatte, trotz allem, immer noch die Nase über Wasser. Gott gab mir immer wieder neue Kraft. Ein kleiner Sieg? Stein aufstellen! *Bis hierher hat der Herr geholfen.*

Es war jetzt zweieinhalb Wochen her, seit Micah ausziehen wollte – aber er war immer noch da. Ein Sieg! Stein aufstellen! Dann kamen die Zeichen der Bestätigung von Gott.

Siege! Stein aufstellen! Gott machte mich auf einen ermutigenden Bibelvers aufmerksam? Ich stellte einen Stein der Erinnerung auf und erklärte: *„Bis hierher hat der Herr geholfen!"*

Nein, ich habe keine echten Steine in unser Haus geschleppt. Damit hätten unsere Jungs jede einzelne Fensterscheibe zerschlagen. Ich meine mit „Stein aufstellen", dass ich mir bewusst Zeit nahm, über jeden kleinen Fortschritt nachzudenken, mich daran zu freuen und Gott dafür zu danken. Mir war klar, dass ich nur durch Gottes Hilfe bis hierher gekommen war.

Wie gut es tat, Beth Moore zuzuhören. Sie sprach von den Tagen, an denen uns die Kraft ausgeht. Wir sind manchmal so erschöpft und entmutigt, dass wir uns nicht vorstellen können, auch nur noch einen einzigen Schritt weiterzugehen. Dann können wir zu Jesus gehen und ihn um Hilfe bitten. „Herr, ich komme nicht mehr weiter. Kannst du bitte den Fluss für mich trockenlegen? Sonst stecke ich jetzt hier fest."

Mir half es immer, wenn ich in der Bibel las, Jesus anbetete oder mein Herz vor ihm ausschüttete. Ich verbrachte viel Zeit damit, oft mehrmals täglich oder stündlich, jedes Mal, wenn ich wieder kraftlos wurde. Oft konnte ich nur von einer Stunde zur nächsten leben. So verging Woche um Woche und ich hatte immer noch nicht aufgegeben. Je länger ich diesen Kampf führte, desto entschlossener wurde ich, nicht nachzulassen. *Bis hierher hat der Herr geholfen!*

Eines Abends erzählte ich Micah von meinen Eben-Eser-Steinen. Es war einer der seltenen Augenblicke, in denen Micah sich mir öffnete. Wie lagen nebeneinander im Bett, einander zugewandt, und sahen uns an. Es war fast dunkel, als er sagte: „Ich verstehe nicht, woher du diese Hoffnung nimmst. Wie kannst du es überhaupt noch ertragen, mit mir in einem Zimmer zu sein? Warum kämpfst du um mich? Du weißt nicht, ob ich bei dir bleiben werde; vielleicht bin ich morgen schon weg."

Ich lächelte wie jemand, der ein kleines Geheimnis hat. Dann sprach ich über meine Eben-Eser-Perspektive. „Keine Ahnung, was morgen passieren wird. Aber bis hierher hat der Herr geholfen." So ähnlich hatte es auch Beth Moore ausgedrückt: „Was morgen sein wird, weiß ich nicht, aber heute werden Gott und ich es schaffen."

Was Micah an diesem Abend dachte, wusste ich nicht. Aber ich freute mich. Vor rund drei Wochen hatte er schon seine Taschen gepackt. Sie standen immer noch neben dem Bett, immer noch voll mit seinen Sachen. Seit damals war er mir gegenüber kalt und distanziert, wie *abgetrennt* von mir. Er vermied jeden Blickkontakt und zuckte weg, wenn ich ihn umarmen wollte. Sagte ich etwas zu ihm, fuhr er mich an. Darüber hinaus gab es überhaupt keine Kommunikation zwischen uns. Eigentlich war schon alles gelaufen. Ich hatte meinen Mann längst verloren. Damals konnte ich mir nicht vorstellen, dass wir uns jemals wieder umarmen oder miteinander lachen könnten. Unvorstellbar, dass er mich jemals wieder begehren würde.

Über Wochen hatte er mir nichts als Härte gezeigt. Doch in dieser Nacht sah ich zum ersten Mal einen weichen Schimmer in seinen Augen – als würde er eigentlich gerne nachgeben, Liebe zulassen, Gnade empfangen. Wir konnten über Gott, über Hoffnung und über Gottes Treue sprechen. Objektiv betrachtet war es nichts weiter als eine kurze Unterhaltung. Doch für mich war es, als hätte Gott das Wasser des Jordans geteilt. Plötzlich konnte ich mir vorstellen, trockenen Fußes am anderen Ende anzukommen. Gott konnte ganze feindliche Heere vor mir in die Flucht schlagen. Er war auf meiner Seite, er kämpfte für mich. Ich erlebte eine Eben-Eser-Nacht. *Bis hierher hat der Herr geholfen.*

Am nächsten Morgen würde er mir auch helfen.

Am folgenden Mittwoch war ich wieder beim Bibelabend. Wie letzte Woche sahen wir Beth Moore nur auf der Leinwand. Aber ihre Worte trafen mich wieder und passten genau in meine Situation. Wieder ging es um Josua. In der heutigen Geschichte war das Volk Israel schon dabei, das Land einzunehmen, der Jordan lang hinter ihnen, nun gab es neue Herausforderungen.

> Josua führte seine Truppen noch in der Nacht von Gilgal nach Gibeon. Die Gegner waren von ihrem Angriff völlig überrascht. Der Herr ließ unter den Amoritern heillose Verwirrung ausbrechen, und so konnten die Israeliten ihnen bei Gibeon eine schwere Niederlage zufügen. Sie verfolgten die zurückweichenden Truppen entlang dem Weg, der zum Pass von Bet-Horon hinaufführt, und weiter bis Aseka und Makkeda. Als die Fliehenden Bet-Horon erreichten und von dort ins Tal hinabstiegen, ließ der Herr sie durch ein schweres Hagelunwetter erschlagen. Die Hagelkörner waren so groß wie Kieselsteine und töteten mehr Menschen als die Schwerter der Israeliten. An jenem Tag, als der Herr die Amoriter in die Gewalt der Israeliten gab, hatte Josua laut zum Herrn gebetet. Vor dem ganzen Volk hatte er gerufen: „Sonne, bleib stehen über Gibeon, und Mond über dem Tal Ajalon!" Da waren die Sonne und der Mond stehen geblieben, bis die Israeliten sich an ihren Feinden gerächt hatten. Dieses Ereignis wird auch im „Buch des Rechtschaffenen" beschrieben. Die Sonne stand fast einen Tag lang hoch am Himmel und lief nicht nach Westen. Weder vorher noch nachher hat es je einen Tag gegeben, an dem der Herr so etwas auf die Bitte eines Menschen hin getan hätte. Damals aber tat er es, denn er kämpfte auf der Seite Israels (Josua 10,9-14).

Das Volk Israel war von Feinden umzingelt. In der Nacht hatten sie einen langen Fußmarsch zurücklegen müssen, in schweren Rüstungen und mit Waffen beladen, am nächsten Tag entwickelte sich der Kampf dann in bergigem Gelände, eine Passstraße hinauf. Die Männer waren müde, sie hatten den Krieg weder gewollt noch angezettelt, die Übermacht der Feinde war erdrückend und jeder Einzelne musste davon ausgehen, dass er diesen Tag vielleicht nicht überleben würde. *Aber Gott verwandelte diese ausweglose Situation in einen großen Sieg, um seine Macht zu demonstrieren.*

Was dann geschieht, kennen wir auch aus dem Kampf gegen die Amalekiter, bei dem Mose mit erhobenen Händen auf dem Berg saß. Gott tritt auf den Plan und die Feinde fliehen. Gott kam. Ohne sein Eingreifen wäre sein Volk besiegt worden. Auch den Israeliten war das klar. Mit ihrem Gott zusammen war es leicht, die Feinde in die Flucht zu schlagen. Ohne ihn hatten sie keine Chance.

Micah und ich hatten ein paar Tage hinter uns, die ich für ziemlich gut gehalten hatte. Entsprechend unvorbereitet traf es mich, als er plötzlich wieder von der anderen Frau sprach. Er würde ständig an sie denken und wäre eigentlich lieber bei ihr als bei mir. Entmutigt rief ich an diesem Abend meine Freundin Kim an.

Ich glaubte immer noch, dass das Motto „Halte durch, hoffe“ von Gott war. Ja, ich sollte Micah mit Gottes Liebe umgeben und die Hoffnung nicht aufgeben. Aber mit Micahs Verhalten kam ich einfach nicht klar. Darüber sprach ich mit Kim: „Ich verstehe, *was* Gott mir gesagt hat, aber ich verstehe nicht, *warum* ich das tun soll! Jedes Mal, wenn ich lieb zu Micah bin, provoziere und ärgere ich ihn. Ich erreiche damit das Gegenteil. Das kann doch nicht sein, dass Gott das will!“

Sie half mir, meine Perspektive zu korrigieren. Es sollte mir nicht so sehr darum gehen, Micah mit meiner Liebe zurückzugewinnen. Stattdessen war ich einfach nur gefordert, Gott zu gehorchen. Was ich damit bei Micah auslösen würde, war gar nicht entscheidend. Meine Motivation sollte die Liebe zu Gott, nicht zu Micah sein. Ich tat es für Gott. Aus Gehorsam. Das war alles.

Als ich das Telefon aus der Hand legte, beschloss ich, nicht mehr so viel nachzudenken. Meine Gedanken kreisten viel zu sehr um meinen Liebesfilter und was ich damit bei Micah von Situation zu Situation bewirken würde – oder auch nicht. Es war wohl besser, mich abzulenken und auf andere Gedanken zu kommen. Also nahm ich wahllos ein Buch aus dem Regal und ging in die Badewanne. Es war eine Lektüre von Tante Jan, in der ich vor ein paar Wochen auch schon zu lesen begonnen hatte. Ich schlug das Buch dort auf, wo ich zuletzt aufgehört hatte.

Dann las ich:

> Gott gab Mose den Auftrag, vom Pharao, dem Herrscher Ägyptens, die Freiheit für die Israeliten zu verlangen. Mose gehorchte Gott, aber Pharaos Reaktion war enttäuschend und desillusionierend. Statt Gottes Aufforderung nachzukommen, verdoppelte der Pharao das Arbeitspensum für das versklavte Volk. Mose hatte viele Warum-Fragen an Gott: „Ach, Herr, warum hast du deinem Volk das angetan? Und warum hast du mich überhaupt hierher gesandt?" (2. Mose 5,22). Gott ging nicht auf die Warum-Fragen ein, sondern er zeigte, WER hinter dem Auftrag stand. „Bald wirst du sehen, was ich mit dem Pharao mache! Ich werde ihn dazu zwingen, mein Volk gehen zu lassen. Wenn er meine Macht zu spüren bekommt, wird er sogar froh sein, euch loszuwerden!" (2. Mose 6,1).
>
> So wie Gott sich einst Abraham, Isaak und Jakob offenbarte, so offenbarte er sich jetzt Mose und dem Volk Israel. Mit dramatischen Ereignissen stellte er sich auf die Seite seines Volkes: Wasser wurde zu Blut, Insekten entstanden scharenweise, ein furchtbares Unwetter mit Hagel, Blitz und Donner ging auf das Land nieder, Dunkelheit am Tag,

> dann teilte sich das Rote Meer, Manna fiel vom Himmel und Wasser floss aus dem Felsen. Und das war erst der Anfang.[3]

Als ich jetzt Kim wieder anrief, weinte ich. „Ich glaube, Gott hat mir gerade etwas gezeigt. Was ich zu dir gesagt habe, hat auch Mose zu Gott gesagt. Er hat auch nicht verstanden, warum er zum Pharao gehen soll, weil dadurch alles nur noch schlimmer wurde." Dann erzählte ich Kim, dass Gott bei Mose auf die *Warum*-Frage eine *Wer*-Antwort gegeben hatte. Gott offenbarte sich dem Pharao. Er zeigte allen Menschen, wer er wirklich war. *Genau das* brauchte Micah auch – eine Offenbarung Gottes. Die Begegnung mit Gott selbst. In seinem Herzen. Danach würde es nichts mehr zu diskutieren geben. Dann würde er Gott gehorchen wollen.

Darum ging es eigentlich die ganze Zeit. Gott wollte Micahs Herz – und meinen Gehorsam. Es ging um Gott, nicht um mich. Er war allmächtig, er tat, was er ankündigte. Der Gott, der Pharao zum Umdenken bewegte, war mein Gott.

Aber ich war in diesem Zwischenland. Ich musste warten, abwarten, geduldig sein. Ich hatte meinen Mann verloren und nun wartete ich darauf, dass Gott ihn mir wieder zurückbringen würde. Die Zukunft von mir, meiner Familie und unseren drei kleinen Jungs stand auf dem Spiel. Es war nicht leicht, die Ungewissheit auszuhalten, aber der Gott Abrahams, Isaaks und Jakobs, der Herr der ganzen Welt, würde mir helfen. Er würde mich nicht im Stich lassen.

Warten macht niemandem Spaß. Keiner würde das ehrlich von sich behaupten. Könnten wir die Israeliten fragen, die an der Wüstenwanderung teilgenommen hatten, würden sie uns das bestätigen. Sie klagten und beschwerten sich *ständig* und Gott verlor immer wieder die Geduld mit ihnen.

Meine Wartezeit wurde dadurch erleichtert, dass ich Gottes Nähe wie Manna empfing. Seine Gegenwart war immer wieder fühlbar, real – das war meine Kraft. So lernte ich, ihm zu vertrauen. Wirklich zu vertrauen. Ich lernte, seine Stimme zu hören. Tatsächlich, ich hörte ihn! Ich verliebte mich in meinen Gott und machte mich völlig abhängig von ihm. „Gott, nur du weißt, wie unsere Geschichte weitergehen wird. Ich will mich in dir freuen, egal was passiert. Du bist der Mittelpunkt in meinem Leben." Das betete ich und das erlebte ich auch.

Diese Nähe zu Gott, die ich damals fand, war mir mehr wert als alles andere. Deshalb kann ich auch nicht sagen, dass ich wünschte, unsere Ehekrise hätte nie stattgefunden. Nein, die Not war Voraussetzung für etwas, das mehr wert war als eine glückliche Ehe. Ich war dem allmächtigen Gott begegnet.

Das mag verrückt klingen, aber ich möchte diese abenteuerliche Wegstrecke tatsächlich nicht missen. Gott hat mir die Möglichkeit gegeben, ihm näherzukommen. Ich bin dadurch eine andere Person geworden. Gott hatte Freude daran, mir seine Treue zu demonstrieren. Ganz ehrlich, lieber schleppe ich mich durch dunkle Täler und warte dort auf Gottes Hilfe, als ohne seine Nähe auf die Gipfel von Ruhm und Erfolg zu stürmen.

Die Geschichten von Mose und Josua gaben mir in diesen schweren Wochen viel Halt. Die Erklärung dafür entdeckte ich dann bei Paulus: „Alles, was die Schrift sagt und was doch schon vor langer Zeit niedergeschrieben wurde, sagt sie unseretwegen. Wir sind es, die daraus lernen sollen; wir sollen durch ihre Aussagen ermutigt werden, damit wir unbeirrbar durchhalten, bis sich unsere Hoffnung erfüllt" (Römer 15,4).

Die Geschichten aus dem Alten Testament gaben mir *sehr viel* Hoffnung. Die Israeliten waren auch sehr erschöpft, aber sie gaben nicht auf. Und Gott ließ sie nicht im Stich. Das machte mir Mut. Wenn Gott damals so war, wird er es auch heute noch sein. Gott ist treu.

Auch eine andere Stelle in dem Buch von Tante Jan sprach mich sehr an: „Mit vor Trockenheit aufgesprungenen Lippen und von der Sonne verbrannten Nasen legten die Israeliten Kilometer um Kilometer zurück. Dabei lernten sie das Wesen ihres Gottes kennen."[4]

Was ich erlebte, war meine persönliche Wüstenwanderung. Tag für Tag nichts als Wüste. Die Sonne brannte, ich wanderte und nichts geschah. Meine Seele murrte: *Gott hat mich vergessen. Mein Mann wird niemals zu mir zurückkehren.* Wie lästige Insekten kreisten die Gedanken in meinem Kopf. *Was machst du hier eigentlich? Worauf wartest du noch? Warum tust du dir das an? Die Leute bedauern dich bloß. Gib dich doch nicht selbst auf. Lass Micah endlich gehen!* In meinen Gedanken spielte sich der größte Kampf ab.

Mein Herz war verletzt und tat weh. Aber ich aß jeden Tag Manna und ging weiter, wie beim Volk Israel wurden meine Kleider nicht abgetragen, meine Schuhe gingen nicht kaputt. Gott gab mir von seiner übernatürlichen Kraft. Mit jedem Kilometer, den ich zurücklegte, erkannte ich das Wesen Gottes ein bisschen besser.

Eine Bibelstelle, die in diesen Tagen zu mir sprach, berührt mich auch heute noch: „Er legte euch Entbehrungen auf und ließ euch hungern. Dann gab er euch das Manna zu essen, das weder ihr noch eure Vorfahren kanntet. Er wollte euch damit zeigen, dass der Mensch nicht allein von Brot lebt, sondern vor allem von den Worten des Herrn" (5. Mose 8,3).

Ich saß gerade bei einer Freundin, als ich diese Stelle entdeckte und zu weinen begann. „Diesen Hunger kenne ich", versuchte ich zu erklären. „Das ist diese vollkommene Abhängigkeit von Gott. Ich brauche seine übernatürliche Speise. Ich muss es erleben, dass er gut ist und für mich sorgt." Meine Freundin sah mich ratlos an. *Wovon redest du?,* schien ihr Blick mich zu fragen.

Man muss durstig, müde und erhitzt sein, um zu verstehen, was es heißt, Wasser aus dem Felsen zu trinken. Wer vor der Scheidung steht, weiß, wie verzweifelt sich das Warten auf Gottes Eingreifen anfühlen kann. Es gibt diese ausweglosen Situationen in vielen Ausführungen – sie haben eines gemeinsam: Wenn Gott nicht handelt, ist alles zu Ende. Das meine ich mit der Wüstenwanderung – dem Warten und Hoffen darauf, dass Gott irgendwann die Richtung ändern und einen doch noch in das Land der Verheißung führen wird.

Gott ließ mich durch die Wüste gehen. So viel Demütigung, so viel Ablehnung, ich hätte nie gedacht, dass ich so etwas aushalten könnte. Von meinem Stolz war nichts mehr übrig. Verzweifelt betete ich – und bekam immer nur Manna, Kraft zum Warten.

Es liest sich so leicht: Gott teilte das Meer, er ließ Wasser aus dem Felsen und Brot vom Himmel kommen und vertrieb alle Feinde. Das war damals, das klang nicht so schwer. Aber mein Problem fühlte sich für mich riesengroß an. Der Ausgang war ungewiss. Das war in meinen Augen etwas ganz anderes. Vermutlich wäre es leichter gewesen, Micah gehen zu lassen. Aber Gott sagte: „Halte durch. Hoffe. Liebe. Lerne mich kennen, während du die Situation erträgst.“ Ein unmöglicher Auftrag.

12

Worte haben Macht

Die Zunge hat Macht über Leben und Tod; wer sie gut nutzt, genießt ihre Frucht.

Sprüche 18,21; NEÜ

Ich hatte Tante Jan schon ganz am Anfang von dem Liebesfilter erzählt, der meinen Umgang mit Micah bestimmte. Eines Morgens besuchte sie mich, stellte ihre große Tasche auf unsere Holzdielen und kramte darin. Nach einigem Suchen reichte sie mir ein schönes neues Lipgloss. „Wenn es dir schwerfällt, mit Micah so zu reden, wie es in 1. Korinther 13 steht, dann nimm das“, erklärte sie sachlich. „Der Glanz soll dich daran erinnern, welche Worte über deine Lippen kommen dürfen – und welche nicht.“ Dann ergänzte sie: „Und wenn Micah dich wütend macht – dann steh auf, geh raus und trag in Ruhe deinen Lipgloss auf.“

So banal das auch klingen mochte, es funktionierte. Wie? Der Lipgloss half mir, mich vorher zu entscheiden. In der akuten Situation war es meist zu spät. Die patzige Antwort kam schnell und unüberlegt. Aber während ich den Lipgloss auftrug, traf ich meine Entscheidung – rechtzeitig. Zusätzlich erinnerte mich der Lipgloss auch daran, was vor allem aus meinem Mund kommen *sollte:* Gebet und Anbetung. Erstaunlich, wie sehr mir dieses einfache Mittel half, Gott zu gehorchen. Danke, Tante Jan!

Oft genug war ich wütend und frustriert und hätte Micah wahnsinnig gerne die Meinung gesagt. Dann nahm ich schweigend meinen Lipgloss, und während ich über meine Lippen strich, ging ich in Gedanken meinen Liebesfilter durch. Ein richtig gutes Disziplintraining – wie tägliches Joggen oder eine Diät. Ich musste immer auf der Hut sein, meine spontanen Reaktionen zurückhalten und mich vom Verstand leiten lassen. Gott zu gehorchen hieß für mich, ihm ganz *bewusst und ständig* zu gehorchen, dies zu *planen* und mich darin zu *üben.*

Mir wurde immer deutlicher, dass ich vor allem für Micah beten sollte, statt mit ihm zu reden. Shannon erkundigte sich regelmäßig, was ich von Gott hörte und ob ich es auch umsetzte. Eine Zeit lang antwortete ich ihr jedes Mal: „Ich habe das Gefühl, Gott legt den Finger auf den Mund und sagt *Pssst!* zu mir."

Ich sollte still sein. Alle meine guten Gedanken, meine Weisheit und Erkenntnis sollte ich für mich behalten, um Gott nicht bei der Arbeit zu stören. Das fiel mir schwer, wo ich doch so gerne viele Worte mache. Aber ein Wort von unserem Vater im Himmel konnte mehr bewirken als alle guten Predigten und Bücher der Welt zusammen.

Deshalb müssen Micah und ich heute immer wieder ein bisschen über mein Buch schmunzeln. *Sooo viele Worte!* Vielleicht hatte Gott mir den Auftrag nur gegeben, damit ich eine Weile beschäftigt war. Während ich meinen Mund hielt und schrieb, konnte er ungestört an den Menschen arbeiten.

Gott verlangte in Bezug auf mein Reden und Reagieren große Disziplin von mir. Mühsam versuchte ich, das Richtige zu sagen. Dabei verstand ich immer mehr, welche Macht das gesprochene Wort hat. Worte können Tod und Verderben bringen.

Jakobus hat einiges über die Macht der Worte geschrieben. Symbolisch verwendete er dafür den Begriff „die Zunge".

> Genauso ist es mit der Zunge: Sie ist nur ein kleines Organ unseres Körpers und kann sich doch damit rühmen, große Dinge zu vollbringen. Wie ist es denn beim Feuer? Ein Funke genügt, um einen ganzen Wald in Brand zu setzen! Auch die Zunge ist ein Feuer; sie ist – mehr als alle anderen Teile des Körpers – ein Mikrokosmos unserer unheilvollen Welt. Unser ganzes Wesen wird von ihr vergiftet; sie setzt die gesamte menschliche Existenz in Brand mit einem Feuer, das die Hölle selbst in ihr entzündet. Es gelingt dem Menschen zwar, die unterschiedlichsten Tiere zu zähmen – Raubtiere und Vögel, Reptilien und Fische. Sie alle hat der Mensch gebändigt; doch die Zunge kann kein Mensch bändigen. Sie ist ein ständiger Unruheherd, eine Unheilstifterin, erfüllt von tödlichem Gift. Mit ihr preisen wir den, der unser Herr und Vater ist, und mit ihr verfluchen wir Menschen, die als Ebenbild Gottes geschaffen sind. Aus ein und demselben Mund kommen Segen und Fluch. Das, meine Geschwister, darf nicht sein! (Jakobus 3,5-10).

Als Micah mich Mitte Oktober zum ersten Mal um die Scheidung bat, dachte er, ich würde einwilligen. Er war davon ausgegangen, dass ich für ihn genauso wenig empfinden würde wie er für mich. Mehr noch, Micah dachte sogar, dass ich froh sein würde, wenn er den ersten Schritt Richtung Trennung machen würde. Meine Reaktion überraschte ihn total. Eines Tages erwähnte Micah dann einen Satz von mir, den ich angeblich vor acht Jahren gesagt hatte. „Weißt du das nicht mehr? Du hast gesagt, ich sollte dich verlassen, solange du noch jung bist, damit du wieder einen Partner finden kannst. Ich mache doch nur, was du willst."

So viel Macht hatten meine Worte – selbst die, an die ich mich nicht einmal mehr erinnern kann. Wer weiß schon, was er vor acht Jahren gesagt hat? Ich jedenfalls nicht. Andererseits konnte ich mir gut vorstellen, dass dieser Satz wirklich von mir gekommen war. Wir hatten damals keine leichte Zeit gehabt.

Nach der Hochzeit lebten wir in Kalifornien, bis Micah seinen Job verlor. Um wieder Arbeit zu finden, wollten wir zurück nach Ohio. Ich war mit unserem ersten Kind schwanger, Micah fand keine Arbeit und uns blieb nichts anderes übrig, als bei meinen Eltern Unterschlupf zu suchen. Mir war das peinlich und unangenehm.

Micah hatte viel von seinem Selbstvertrauen verloren. Notgedrungen nahm er verschiedene Jobs an, die alle nicht zu ihm passten. Ich war mit einem Mann verheiratet, der nicht in der Lage war, seine Familie zu ernähren. Bestimmt ließ ich ihn das spüren. Er zog sich zurück und ich war enttäuscht.

Aber es blieb nicht so. Micah konnte sich weiterbilden und schlug eine Laufbahn ein, die ihm Freude machte. Wir wurden wieder finanziell unabhängig und bekamen noch zwei Kinder. Soweit ich das sehen konnte, waren die schwierigen Zeiten vorbei und es ging uns richtig gut, besser als jemals zuvor – bis Micah plötzlich die Scheidung wollte.

Leider bestehen Sätze, die einmal ausgesprochen wurden, weiter, auch wenn Situationen sich ändern. Man kann sie nicht mehr einfangen. Meine Worte waren damals in Micahs Herz gefallen, ruhten lange im Verborgenen, keimten dort und wuchsen schließlich zu einer giftigen Pflanze heran. Von all dem ahnte ich nichts. Meine Worte waren meiner damaligen Verfassung entsprungen. Ich hatte sie achtlos ausgesprochen und bald vergessen. Obwohl ich schon bald nicht mehr so dachte, erntete ich jetzt, was ich damals gesät hatte. Welch eine Lektion!

Damals war ich meinem Mann keine Partnerin. Ich hielt so wenig von ihm, dass ich ihn bereitwillig gegen einen – in meinen Augen – besseren Mann ausgetauscht hätte. Aber nach dieser Zeit hatte ich ihm offensichtlich nie vermittelt, dass meine Einstellung sich verändert hatte. Micah rechnete also nicht damit, dass es mir etwas ausmachen würde, wenn er mich verlassen würde. *Er wusste nicht,* dass ich mir ein Leben ohne ihn nicht vorstellen konnte. Micah ging nicht davon aus, dass ich mich als Teil von ihm empfand und ohne ihn unvollständig wäre. *Wie war es möglich, dass er das nicht wusste?* Hätte ich meinen Mann geliebt, wie ich es vor Gott und ihm versprochen hatte, dann hätte er das gewusst. Ich hatte als Ehefrau versagt.

Das ganze Chaos, in dem wir uns nun befanden, war meine Chance, meinen Fehler wiedergutzumachen. Ich konnte Micah jetzt zeigen, wie viel er mir bedeutete.

Ich begann – zum ersten Mal überhaupt – mit Micah über das zu reden, was ich in meiner Zeit mit Gott erlebte. Blieb ich nachdenklich an einem bestimmten Bibelvers hängen, dann erzählte ich Micah davon. Ich ließ ihn teilhaben an meinen Gedanken, erzählte von meinen Gebeten und von dem, was ich als Antwort von Gott wahrnahm.

Unser halbherziges Christenleben hatte Micah schon lange frustriert, er hatte sich immer nach der echten Kraft des Evangeliums gesehnt. Weil er sie jedoch selbst nicht erlebte, ließ er sich auf Ersatzbefriedigungen ein, die ihn von seinem eigentlichen Sehnen ablenkten. Nun konnte ich ihm erzählen, dass ich seine Unzufriedenheit gut verstand, aber dass ich in letzter Zeit einen neuen Zugang zu Gott gefunden hatte. Vielleicht ging das, was ich zuletzt mit Gott erlebte, in die Richtung dessen, wonach er sich eigentlich auch sehnte.

In einem unserer Gespräche dankte ich Micah auch für seine Ehrlichkeit. Hätte er unsere Ehe nicht aufgekündigt, wäre ich weiterhin eine halbherzige und selbstzufriedene

Christin geblieben. Seine aufrichtige Suche und die Schritte, die er unternommen hatte, waren mein Weckruf. Micah hatte mich aus meinem dumpfen Dämmerzustand gerissen, mich auf die Suche nach Gott geschickt – und Gott hatte sich finden lassen.

Früher hatte ich meine Zeiten mit Gott immer als Privatsache empfunden. Ich redete mit niemandem darüber. Aber während ich mich weiter mit dem Volk Israel in der Wüste beschäftigte, stieß ich auf einen Vers, der meine Einstellung korrigierte: „Bewahrt die Worte im Herzen, die ich euch heute sage! Prägt sie euren Kindern ein! Redet immer und überall davon, ob ihr zu Hause oder unterwegs seid, ob ihr euch schlafen legt oder aufsteht. Schreibt euch diese Worte zur Erinnerung auf ein Band und bindet es um die Hand und die Stirn! Ritzt sie ein in die Pfosten eurer Haustüren und Stadttore!" (5. Mose 6,6-9).

Also begann ich, das umzusetzen – nur den Teil mit der Stirn ließ ich weg! Ich sprach mit Micah, den Kindern und meinen Freunden offen über alles, was ich in der Bibel entdeckte, so wie ich mit ihnen auch über andere Themen redete. Zuerst fühlte sich das ungewohnt an. Aber trotz dieses befremdlichen Gefühls machte ich weiter, bis es zu einem normalen Teil meines Lebens wurde. Einem kraftvollen Teil. Gottes Worte enthalten viel Kraft.

Vielleicht können wir uns nicht vorstellen, wie viel Kraft Gottes Worte haben, weil unsere eigenen Worte manchmal so wenig bewirken oder so wenig Bestand haben. Wie oft brechen wir unsere Versprechen. Wir sagen Dinge, die wir nicht halten können oder nicht halten wollen – oder wir lügen bewusst und haben gar nicht vor, das zu tun, was wir sagen.

Dazu kommen die vielen kleinen Situationen, in denen wir unsere eigenen Worte nicht ernst nehmen. Ich verspreche meinem Kind, dass es nach der Schule Kekse und Milch bekommt. Erwartungsvoll kommt es aus der Schule zurück, öffnet den Kühlschrank – und stellt fest: keine Milch!

Gott passiert so etwas nie. Nur wir Menschen sind so. Wir sind unzuverlässig, Gott nicht. Wenn es um Verlässlichkeit geht, dürfen wir nicht von uns auf Gott schließen. Was Gott sagt, steht felsenfest. Das lernen wir aber nicht im Umgang mit Menschen, sondern nur im Umgang mit Gott und seinem Wort. Die Bibel zeigt uns, wie man Gottes Reden einstufen kann. Seine Worte sind absolut treu und zuverlässig und er tut alles, was er sagt.

Also begann ich, das zu sagen, von dem ich mir sicher war, dass es verlässlich war: Gottes Worte. Egal worum sich unsere Gespräche drehten, ich ließ immer auch Sätze aus der Bibel einfließen. Auch wenn Micah sich innerlich weit von mir entfernt hatte, Gottes Wort war lebendig und in der Lage, sein Herz zu erreichen. „Genauso ist es mit dem Wort, das ich spreche: Es kehrt nicht unverrichteter Dinge zu mir zurück, sondern bewirkt, was ich will, und führt aus, was ich ihm auftrage" (Jesaja 55,11; GNB). Gottes Wort ist wirksam.

Glücklicherweise ist die Wirksamkeit von Gottes Wort unabhängig von der Person, die es ausspricht. Das ist wirklich gut so. Denn in den kommenden Tagen erwies ich mich nicht gerade als jemand, der tut, was er sagt.

13

„Es ist aus"

Und noch etwas, Geschwister:
Richtet eure Gedanken ganz auf die Dinge,
die wahr und achtenswert,
gerecht, rein und unanstößig sind
und allgemeine Zustimmung verdienen;
beschäftigt euch mit dem, was vorbildlich ist
und zu Recht gelobt wird.

Philipper 4,8

Es war inzwischen Mitte November. Als ich wach wurde, hatte ich einen Bibelvers in meinen Gedanken. Wie ein Ohrwurm wurde er immer wieder in meinem Kopf abgespielt. Ich war regelrecht *eingehüllt* in den Wortlaut dieses Textes. Judah, mein Jüngster, hatte nachts geweint. Ich war zu ihm gegangen, hatte ihn in den Arm genommen – und erwachte nun in seinem Bett, wo ich anscheinend die restliche Nacht geschlafen hatte. Über mir war der obere Teil des Stockbettes. Ich starrte den blauen Metallrahmen an und hörte diese Worte: „… die Dinge, die wahr und achtenswert, gerecht, rein und unanstößig sind … beschäftigt euch mit dem, was vorbildlich ist …"

Eigentlich hatte ich heute Morgen etwas anderes vorgehabt. Gestern hatte ich den Namen der anderen Frau herausgefunden. Wir hatten auf Facebook gemeinsame Freunde. Nun war es für mich einfach, mehr über sie herauszufinden und mir ihre Bilder anzuschauen. Ich war merkwürdig ruhig dabei, eiskalt und entschlossen.

Micah gab sich immer noch keine Mühe, irgendetwas für unsere Ehe zu tun. Aber immerhin – er *sagte* zumindest, dass er es versuchen wollte. Und er sagte, er hätte seine Affäre beendet. Ich würde mir die Bilder und Posts dieser Frau anschauen und das Thema dann abhaken. Eigentlich eine absurde Vorstellung – als ob es helfen würde, die andere zu sehen! Aber ich glaubte daran.

War es nicht normal, dass ich mich ein bisschen über sie informieren wollte? Ich wollte wieder auf die Straße gehen können, ohne mich bei jeder Frau, die ich sah, fragen zu müssen, ob sie vielleicht mit meinem Mann geschlafen hatte. Vielleicht war es einfacher, den Gegenspieler zu kennen? Eigentlich waren meine Überlegungen ziemlich unlogisch. Aber für mich ergab das alles Sinn.

Dinge, die wahr und achtenswert, gerecht, rein und unanstößig sind … beschäftigt euch mit dem, was vorbildlich ist. Ich hörte diese Worte, als würden die Glocken sie vom Kirchturm läuten. Während ich neben meinem Jungen im Kinderbett lag, sah ich eine Weggabelung vor mir. Das heimliche Ausspionieren der Geliebten meines Mannes war nicht achtenswert, gerecht, rein und unanstößig. So würde ich die Akte nicht schließen und kein Problem lösen können. Eigentlich wusste ich das genau.

Aber ich wollte etwas anderes. *Mein Mann hat mich betrogen. Ich will zumindest wissen, mit wem.* War ich nicht extrem freundlich mit ihm umgegangen, die ganze Zeit, trotz allem? Im Gegenzug wollte ich mir nun diesen einen, kleinen Wunsch erfüllen. Es *interessierte* mich einfach, mit wem ich es zu tun hatte. Ja, ich hätte rechts abbiegen sollen, aber ich wollte links weitergehen.

Verrückt, wie genau ich mich an diese Minuten erinnere. Selbst wenn meine Argumente richtig gewesen wären – was sie nicht waren –, sie standen im klaren Widerspruch zu dem Satz aus der Bibel, mit dem ich aufgewacht war. Bewusst schob ich die Hand von Jesus von meiner Schulter, die mich seit Beginn dieser Krise geleitet und auf dem richtigen Weg gehalten hatte. Seine Hand war mein *Schutz* gewesen. Ich machte mich davon los, ignorierte seine Worte und setzte meinen Willen durch. Wie konnte ich?! Micah versuchte, entgegen seiner Gefühle, die Beziehung zu der Frau zu beenden. Wir gingen erste Schritte aufeinander zu. Der Fortbestand unserer Ehe stand aber immer noch auf der Kippe. Was sollte es da helfen, wenn ich mehr über die andere wusste?

Es sprach einfach alles dagegen. Später, als ich Shannon zu erklären versuchte, warum ich das gemacht hatte, sah sie mich ungläubig an. „Das hast du wirklich gedacht?" In Zukunft sollte ich sie vielleicht lieber vorher fragen, meinte sie dann kopfschüttelnd, wenn ich wieder einmal versuchen sollte, mit eigener Logik an Dinge heranzugehen. Na ja, eigentlich ging es mir ja auch nicht um die Logik. Ich *wollte* einfach …

Das Ganze nahm dann seinen vorhersehbaren Verlauf. Ich weihte ganz bewusst eine Freundin ein, die selbst einmal betrogen worden war. Wie erwartet, verstand sie mich, ohne mein Tun infrage zu stellen. Praktischerweise hatten sie und Micahs Geliebte auf Facebook auch gemeinsame Freunde. Mit ihrem Passwort und Benutzernamen ging ich dann auf die Seite meiner Gegenspielerin. So weit, so gut.

Dann sah ich ihr Bild. Sie war das hübscheste Wesen, das ich je gesehen hatte. Zumindest fühlte es sich so an, als ich auf ihrer Seite herumstöberte. Hätte ich mir mein

Äußeres aussuchen dürfen, dann hätte ich mir exakt dieses Aussehen gewünscht. Ihre Haare waren mein Traum. Seit ich ein kleines Mädchen war, wünschte ich mir, solche Haare zu haben – eine lange, weiche, sanft gewellte blonde Pracht. Ihr Gesicht war makellos, atemberaubend. Und wie sportlich sie aussah, total durchtrainiert, dazu superstylish zurechtgemacht!

Schlagartig setzte bei mir das Bewusstsein ein: Mein schlimmster Albtraum war wahrgeworden. Ich hatte insgeheim gehofft, irgendetwas an ihr zu entdecken, das sie schlechter machen würde, als ich es war. Irgendeinen Makel oder Schönheitsfehler hätte ich mir gewünscht oder zumindest etwas, das mir das Gefühl gab, ihr überlegen zu sein. Aber davon konnte nun wirklich keine Rede sein!

Mein Herz blieb stehen. Ich stürzte in ein tiefes, tiefes Loch. Übelkeit setzte ein. Im selben Augenblick begann das Kopfkino. Ich sah die beiden zusammen. Meinen Mann und seine Geliebte. Leidenschaftlich. Bis dahin waren meine Gedanken immer irgendwie gebremst, geschützt gewesen. Aber die Augen sind die Fenster der Seele. Meine Fantasie verselbstständigte sich, die Bilder überfluteten mich. *Sie und mein Mann.* Nein. *Nein!* Ich ertrug es nicht. Das konnte niemand von mir verlangen. Ich hasste sie. Ich hasste ihn.

Das war's. Selbst wenn Micah mich wirklich wieder geliebt hätte – was er nicht tat –, ich hätte nie wieder seine Berührung zulassen können. Undenkbar. Dieser Person konnte ich nichts entgegensetzen. Ich würde sie nie wieder loswerden. Selbst wenn Micah und ich wieder zusammenkämen, würde ich doch immer vermuten, dass er an sie dachte, mich mit ihr verglich und sich wünschte, ich wäre sie. Ich konnte nicht mehr seine Frau sein.

Innerhalb weniger Augenblicke verschwand alle Hoffnung, die ich jemals gehegt hatte. Die Kinder durften mich so nicht sehen. Also verließ ich schnell das Haus. Micah war da und konnte sich um die Kinder kümmern. Planlos marschierte ich los, mit Scheckkarte und Handy, für alle Fälle. Weglaufen, alleine sein, mich gehen lassen. Bis jetzt war ich so beherrscht gewesen, in dieser Wolke der Hoffnung und des Vertrauens, gehalten und getragen, von Gott. Jetzt stieg ich aus. Es war alles vorbei.

Es war schon Abend, dunkel und kalt, und es regnete. Weil es außerdem Mittwoch war, fuhr Shannon bei uns zu Hause vor, um mich abzuholen. Als sie mich dort nicht antraf, rief sie mich an, aber ich ging nicht ans Telefon. Für mich war alles aus. *Aus und vorbei.*

Ich stapfte verzweifelt durch den Regen. Tränen strömten mir übers Gesicht. In der Dunkelheit konnte ich kaum etwas erkennen. Dabei geriet ich in eine heruntergekommene Gegend mit wildem Gestrüpp. Zweige schlugen mir ins Gesicht und durchnässten meine Jacke. Ein Hund begann zu bellen und sprang gegen ein verbogenes Gartentor. Erschrocken wich ich zur Seite und trat in eine matschige Pfütze. Der Geruch von Pizza zog an mir vorbei und mir wurde übel. Der Gehweg war uneben und voller Löcher. Ich stolperte vorwärts, im strömenden, kalten Regen.

Bis zuletzt hatte ich mich nach Micahs Umarmung gesehnt, hatte ihn mir zurückgewünscht. Nie hatte ich aufgehört, darauf zu hoffen. Jetzt war in mir alles zerbrochen. Nie wieder würde ich irgendeine zärtliche Berührung von ihm ertragen. Es schmerzte zu sehr. Unsere Beziehung ließ sich nicht mehr kitten.

Wie konnte er mir das nur antun? Wieso verletzte er mich so tief? Der Gedanke, wie freundlich er von allen Seiten behandelt wurde, machte mich jetzt richtig wütend. Ich bin hier das Opfer! Seht ihr das denn nicht? Ich! Er hat alles zerstört! Ich wollte nicht mehr. Bisher hatte ich immer noch gehofft, er würde zu mir zurückkommen. Jetzt nicht mehr. Von jetzt an würde ich immer denken … Diese unerträglichen Gedanken! Unmöglich, weiter Micahs Frau zu sein. Verzweiflung erfasste mich.

Mittlerweile standen Tante Jan und Shannon vor unserer Tür und versuchten, mich zu erreichen. Ich ignorierte alle Nachrichten. Als ich schließlich doch ans Telefon ging, gab ich mich kämpferisch. „Ich weiß schon, was du sagen willst. Ja, ich halte mich nicht mehr an meine Vorsätze. Ja, ich habe aufgegeben. Ja, ich höre nicht auf Gott. Und wenn schon. Es ist vorbei. *Alles dreht sich um Micah,* Hauptsache, er wird geliebt. Ich habe genug davon. Was er mir angetan hat, ist einfach zu viel. Es tut mir leid, aber ich mache nicht mehr mit."

Geduldig ließ Tante Jan mich ausreden. Dann sagte sie ruhig und freundlich: „Wenn du mir sagst, wo du bist, kann ich dich begleiten."

Scham kroch in mir hoch. Ich war selbst aus der Schutzzone herausgetreten, die Gott mir gegeben hatte. Er hatte mich beschützt und hätte es auch weiter getan, aber ich wollte es anders.

Wie gut, dass Tante Jan und Shannon so lange warteten, bis ich nach Hause kam. Als sie mich zuletzt gesehen hatten, war ich noch fest entschlossen gewesen, meinen Teil dazu beizutragen, dass Gott Micah erreichen und unsere Ehe retten könnte. Nun war ich schutzlos und verzweifelt, erschöpft und tropfnass.

Die Haare klebten an meinem Kopf, Wimperntusche war mit den Tränen zusammen über die Wangen geflossen, meine Augen waren geschwollen – und die Scheckkarte hatte ich verloren. Statt in die Bibelstunde zu gehen, hatte ich beschlossen, dass unsere Ehe vorbei war. Mein Zustand war ungefähr der gleiche wie im Oktober, als alles begonnen hatte. Zitternd und erschöpft wankte ich die Stufen hinauf zu unserem Haus.

Shannon hatte die Kinder ins Bett gebracht. Micah war wie immer, er demonstrierte Gleichgültigkeit und Desinteresse. Zum Abschied hatte ich ihn vorhin noch angeschrien, ehe ich die Tür zugeschlagen hatte. Darauf hatte er ja die ganze Zeit gehofft – *ein Zeichen von mir,* dass unsere

Ehe vorbei war und er gehen konnte. Das Einzige, was ihm damals an mir noch gefiel, war meine enge Verbindung mit Gott. Nachdem ich diese nun auch verloren hatte, empfand er nur noch Abscheu und Verachtung für mich. Er hatte an diesem Abend mit Shannon über die andere Frau und seine Absicht gesprochen, bald mit ihr zusammenzuziehen.

Tante Jan hatte Saft und Kekse in der Küche gefunden, die sie auf den Couchtisch stellte. Dann forderte sie Micah und mich auf, Platz zu nehmen. Jeder sollte etwas Positives über den anderen sagen. Micah überlegte lange, aber ihm fiel nichts ein. Ich war an der Reihe. Statt etwas zu sagen, schluchzte ich nur. Nun erklärte Tante Jan: „Falls es in diesem Raum Menschen gibt, die sich lieb haben, können wir jetzt das Abendmahl nehmen."

Es war das schrecklichste Abendmahl meines Lebens. Danach ging Micah zur Arbeit. Er machte keinen Hehl daraus, dass er uns alle für durchgedreht hielt. Mein einziger Wunsch war, auf den Boden sinken und sterben zu dürfen. Auf Tante Jans Aufforderung hin legte ich mich aufs Sofa und sie massierte meine Stirn und meine Füße. Die beiden Frauen ließen mich weinen und hörten meiner Geschichte zu, die ich, von Schluchzern unterbrochen, erzählte. So viel Selbstmitleid! Sie bemühten sich, meine Gedanken wieder zu ordnen, und erinnerten mich daran, dass Gott immer noch alles in der Hand hatte. Mit Bibelversen versuchten sie, mich wieder auf die Spur zu bringen. *Ich musste nur Gott gehorchen. Um alles andere würde er sich kümmern.*

Sie waren nicht gegen mich und widersprachen mir auch nicht, als ich erklärte, dass ich nicht mehr mit Micah zusammenbleiben konnte. Aber sie interessierten sich sehr für den Bibelvers, mit dem ich an diesem Morgen aufgewacht war. Wie immer ermutigten sie mich, auf das zu hören, was Gott mir gesagt hatte. Wenn Gott redet, ist es wichtig, genau hinzuhören – und zu tun, was er sagt. Das war ihr wichtigstes Anliegen in dieser Nacht.

„Dinge, die wahr und achtenswert, gerecht, rein und unanstößig sind … beschäftigt euch mit dem, was vorbildlich ist." Hmmm. Irgendwie musste Gott gewusst haben, was passieren würde. Er wollte mich vor dem Fiasko bewahren, in das ich jetzt geraten war.

Aber Shannon und Tante Jan beruhigten mich. Ich war zwar völlig fertig und hatte das Gefühl, alles, wofür ich mich in den letzten Wochen so angestrengt hatte, vernichtet zu haben. Aber Gott war nicht fertig. Gott wusste von Anfang an, dass dieser Tag kommen würde. Er saß nicht angespannt auf der Stuhlkante und hoffte, dass diese Frau aus Ohio nicht seinen ganzen Plan durcheinanderwerfen würde. Ihm gingen die Ideen nicht aus. Das würde ich schon bald erfahren.

14

Neue Gnade

Die Güte des Herrn hat kein Ende,
sein Erbarmen hört niemals auf,
es ist jeden Morgen neu!
Groß ist deine Treue, o Herr!

Klagelieder 3,22-23

Tante Jan und Shannon verbrachten diese ganze, schreckliche Nacht in unserem Haus. Die Atmosphäre in unserem Wohnzimmer erinnerte an ein Leichenhaus. Wären Außenstehende hereingekommen, hätten sie sicher gedacht, jemand wäre gestorben. Der Raum war voller Traurigkeit. Gegen 4.30 Uhr wurde Judah wach und weinte. Ich ging hoch und legte mich mit ihm zusammen in sein Bett. Mit dem Jungen im Arm schlief ich erschöpft ein. Als ich am nächsten Morgen erwachte – erwartete Gott mich mit neuer Gnade.

Neue Gnade.

Erstaunliche, wunderbare Gnade. Alles, was mich am

vorigen Abend durch den Regen getrieben hatte, war verschwunden. *Ich ertrage das nicht. Micah soll mich nie wieder berühren. Darüber werde ich nie hinwegkommen.* Die ganze Verzweiflung, Hoffnungslosigkeit und Wut – alles war verschwunden. Nicht *irgendwie* in den Hintergrund getreten, nein, völlig weg.

Ich wachte mit einem Lied im Kopf auf, mit neuer Entschlossenheit und mit Freude. Nicht nur Freude über irgendetwas Gutes, sondern *innere Freude* – ein tiefes, ruhiges Gefühl, die Freude, die Gottes Gegenwart mit sich bringt. Ich war nicht besiegt. Gestern Abend, ja, da fühlte ich mich völlig überwältigt, aber heute Morgen war alles anders.

Diese schreckliche Verzweiflung der vergangenen Nacht kam nie wieder. Bis heute nicht.

Es war eigentlich gar nicht möglich, dass ich nach allem, was am Vortag gewesen war, so aufwachen konnte, erfüllt von Freude und dem Entschluss, meinen Mann zu lieben und ihm zu vergeben. Aber es war so. Ich wollte ihn heute besonders liebevoll behandeln und für die hässliche Szene entschädigen, die ich ihm gestern zugemutet hatte. Der Friede, der mich umgab, reichte „weit über alles Verstehen hinaus“ (Philipper 4,7). Auch die stärkste Willensentscheidung der Welt hätte das nicht schaffen können.

Noch vor ein paar Stunden, in Regen und Dunkelheit, wäre ich am liebsten gestorben. Tatsächlich hatte ich solche Gedanken im Kopf. Einen anderen Ausweg sah ich nicht. Aber Gott hatte andere Gedanken: „*Nein.* Komm zu mir, ich habe Leben für dich. Ich schenke dir erfülltes Leben, unabhängig von deinen Umständen, allein durch meine Nähe.“

Ja, bitte!

Ich weiß nicht, wie ich das, was ich an diesem Morgen erlebte, beschreiben oder erklären kann. Vielleicht am ehesten als eine übernatürliche Heilung. Auf jeden Fall ein Wunder. So ähnlich wie in den Geschichten, in denen Jesus

Krüppel, Aussätzige und Blinde heilte. Würde man diese Geheilten fragen, welche Punkte man beachten muss, um geheilt zu werden, was würden sie antworten? Jesus berührte sie und dann waren sie gesund. So ging es mir auch. Ich weiß nicht, wie und warum das Wunder geschehen ist. Jesus hat mich einfach geheilt.

Mit neuer Motivation gehorchte ich Gott und machte den Liebesfilter zur Grundlage meines Lebens. Ich vertraute Gott, sah seine Treue, spürte seine Kraft, die mich veränderte – und mein Glaube wuchs. Ohne dass ich mir das erklären konnte, erwachte ich mit Liebe zu meinem Mann, mit der Bereitschaft, ihm alles zu vergeben und Gott zu vertrauen.

Was ich ein paar Stunden davor erlebt hatte, war die normale menschliche Reaktion auf Verletzungen. Man möchte sich schützen, also bringt man sich in Sicherheit, wird hart und schlägt zurück. So verhindert man, weiter verletzt zu werden. Das ist normal – aber nicht bei Gott. Er hatte mir von Anfang an einen anderen Weg gezeigt, den ich bis dahin auch mit Erfolg gegangen war.

Als ich dann davon abkam, zog Gott sich nicht von mir zurück. Er schützte mich vor mir selbst und gab mir neue Kraft, seinen Weg zu gehen und meinen Mann zu lieben, sodass er unsere Ehe retten und seine Macht und Freundlichkeit offenbaren konnte.

Ich lernte einiges aus dieser schrecklichen Nacht. Wie würde ich mich künftig in einer ähnlichen Situation verhalten? Ganz eindeutig würde ich versuchen, mich nach dem zu richten, was Gott mir sagte. Durch den Vers, den er mir am Morgen gegeben hatte, hatte er mich ja vorgewarnt: „Dinge, die wahr und achtenswert, gerecht, rein und unanstößig sind … beschäftigt euch mit dem.“ In Zukunft würde ich solche Hinweise noch ernster nehmen. Denn solange ich Gott gehorchte, war ich in Sicherheit.

Ein anderer Vers, den ich schon mein ganzes Leben lang

kannte, wurde mir in diesen Stunden lebendig. „Dann wird der Frieden Gottes, der weit über alles Verstehen hinausreicht, über euren Gedanken wachen und euch in eurem Innersten bewahren – euch, die ihr mit Jesus Christus verbunden seid“ (Philipper 4,7). Nachdem ich störrisch meinen eigenen Weg eingeschlagen hatte, wurde mir umso deutlicher bewusst, wie groß der Friede gewesen war, mit dem Gott mich bis dahin eingehüllt hatte.

Diese kleine Kostprobe eines Lebens ohne Gottes Frieden hatte mir völlig gereicht. Nein danke, nie wieder. Wenn ich danach immer mal wieder in Gefahr war, aus Gottes Schutz zu treten, seine Anweisungen zu ignorieren und meine Gedanken nicht zu disziplinieren, erinnerte ich mich an die Verzweiflung jener Nacht.

Wie schön – der Frieden Gottes, der weit über alles Verstehen hinausreicht, wird über euren Gedanken wachen *und* euch in eurem Innersten bewahren.

Über den Gedanken wachen – hier klingt in der englischen Bibelübersetzung „Amplified Version“ der Begriff „stationieren“ an und erinnert an eine Garnison, die an einem sicheren Ort stationiert ist.[5] *Im Innersten bewahren* wird mit „bewachen“ ausgedrückt und meint: „vor Schaden und Gefahr beschützen, wachen, genau beobachten, vorsichtshalber kontrollieren“.[6] Genau so habe ich die Gegenwart Gottes erlebt, die mich auf dieser ganzen Wegstrecke, seit Micah sich von mir trennen wollte, eingehüllt hat. Nachdem ich nun erlebt hatte, wie es war, sich außerhalb dieses Friedens zu bewegen, war ich hoch motiviert, genau auf meine Gedanken zu achten.

Das bedeutete, bewusst nicht über Micahs Geliebte nachzudenken, mir nichts auszumalen oder vorzustellen, Micah nichts zu fragen und nicht zu versuchen, weitere Details über die Frau zu erfahren. Das hätte mich überfordert. Solange das Thema mich so angriff und ich sofort mit Unsicherheit, Eifersucht, Angst, Bitterkeit und Wut reagierte, musste ich mich davor hüten. Ich vertröstete mich selbst auf die Zukunft. Irgendwann würde ich das Ganze vielleicht gelassen sehen können. Dann konnte ich immer noch Fragen stellen.

Doch inzwischen muss ich sagen, dass die Geschichte mich gar nicht mehr wirklich interessiert. Die Details sind mir eigentlich egal und ich will auch gar nicht in der Vergangenheit graben. Warum sollte ich diese Geschichte ergründen wollen? Was ich weiß, hat gereicht, um alles zu vergeben.

An diesem Morgen, als Gott mich ermutigte, mich mit den guten, wohltuenden Themen zu befassen, hatte ich die Wahl. Ich konnte dankbar auf alles Gute blicken – oder mir die Affäre meines Mannes anschauen. Eigentlich war das keine große Sache und auch kein ungewöhnliches Verlangen. Es gibt viele Formulierungen, mit denen man mein Verhalten hätte entschuldigen können. Es war „mein gutes Recht", ich „hatte allen Grund" dazu, es war „mein schwacher Moment" oder auch „eine kleine Unvorsichtigkeit". Aber an den Folgen sah ich, dass es viel mehr war als das. Es war Rebellion gegen Gott. Er hatte mir etwas gesagt und ich hatte es nicht getan. Das ist Ungehorsam. Die Folgen habe ich drastisch genug erlebt.

Ich war Gott so dankbar, dass seine Güte und sein Erbarmen am nächsten Morgen wieder neu da waren. Und dass sein Wort mir weiter Wegweisung schenkte:

> Geschwister, ich bilde mir nicht ein, das Ziel schon erreicht zu haben. Eins aber tue ich: Ich lasse das, was hinter mir liegt, bewusst zurück, konzentriere mich völlig auf das, was vor mir liegt, und laufe mit ganzer Kraft dem Ziel entgegen, um den Siegespreis zu bekommen – den Preis, der in der Teilhabe an der himmlischen Welt besteht, zu der uns Gott durch Jesus Christus berufen hat (Philipper 3,13-14).

15

Überschwängliche Liebe

Es ist mein Gebet, dass Christus aufgrund des Glaubens in euren Herzen wohnt und dass euer Leben in der Liebe verwurzelt und auf das Fundament der Liebe gegründet ist. Das wird euch dazu befähigen, zusammen mit allen anderen, die zu Gottes heiligem Volk gehören, die Liebe Christi in allen ihren Dimensionen zu erfassen – in ihrer Breite, in ihrer Länge, in ihrer Höhe und in ihrer Tiefe. Ja, ich bete darum, dass ihr seine Liebe versteht, die doch weit über alles Verstehen hinausreicht, und dass ihr auf diese Weise mehr und mehr mit der ganzen Fülle des Lebens erfüllt werdet, das bei Gott zu finden ist.

Epheser 3,17-19

Am Morgen nach meiner verzweifelten Nacht verspürte ich den Wunsch, Micah einen Brief zu schreiben. Als ich aufstand, waren Tante Jan und Shannon nicht mehr da. Sie mussten irgendwann gegen Morgen gegangen sein. Nachmittags kam Tante Jan kurz vorbei, um nach mir zu sehen. Da zeigte ich ihr den Brief. Sie sah mich irritiert an. „Wie konntest du heute so einen Brief schreiben?“ Ich erzählte ihr, wie verändert ich an diesem Morgen wach geworden war.

Der Kontrast zu den Gefühlen, die ich nur wenige Stunden davor gehabt hatte, war krass. Es musste etwas Übernatürliches geschehen sein, anders ließ sich das nicht erklären. In der Nacht hatte ich meine *eigenen* Gefühle erlebt, Verzweiflung, Wut, Neid, Hass und Unsicherheit. Die Gefühle am Morgen waren *nicht von mir*. Das Geschehen beeindruckte mich so, dass ich Micah unbedingt davon erzählen wollte. Aber er hatte Nachtschicht gehabt und schlief, als ich aufstand.

Also schloss ich mich im Bad ein und schrieb einen Brief. Dort im Bad kam mir natürlich nicht in den Sinn, dass ich eines Tages unsere Geschichte als Buch veröffentlichen könnte. Ich schrieb nur für Micah, für niemanden sonst. Er sollte wissen, wie lieb ich ihn hatte und dass es immer noch Hoffnung für unsere Ehe gab. Den Wortlaut möchte ich jetzt nicht preisgeben, nur den einen Satz: „Ganz ehrlich, ich sehe dich nicht als Ehebrecher, sondern als meinen Mann.“

Vor ein paar Tagen hatte ich ihn gebeten, bald eine Entscheidung zu treffen. Ich wollte wissen, ob er die Ehe mit mir fortsetzen wollte oder nicht. Seither hatte er sich nicht dazu geäußert. Nach meinem Verhalten am Vorabend musste er annehmen, dass ich mir eine Ehe mit ihm nicht mehr vorstellen konnte. Deshalb war dieser Brief mir so wichtig. Falls er sich für die Trennung entscheiden würde, dann musste ihm klar sein, dass er sich von einer Frau trennte, die ihn von ganzem Herzen liebte und auch weiterhin mit ihm zusammen sein wollte und konnte. Es war seine Entscheidung, aber er sollte sie informiert treffen.

Ich beendete meinen Brief mit dem Satz: „Ich weiß, dass

ich mit dir zusammen weitergehen kann." In mir war kein Hauch von Zweifel oder Bitterkeit. Alles, was ich spürte, war dieser Wunsch, um ihn zu kämpfen. Aus meiner Sicht sah es sehr einfach aus: Ich gab Micah die Gnade weiter, die Gott mir für ihn gab – und dafür würde Gott mir ein Leben an Micahs Seite schenken. Ich hoffte sehr, dass es so kommen würde.

Ich konnte es kaum erwarten, Micah den Brief zu geben. Als er am Nachmittag endlich wach war, legte ich ihm den Brief aufs Bett. Micah las ihn dann wohl auch irgendwann, äußerte sich aber nicht dazu. Schließlich hielt ich es nicht mehr aus und fragte nach. Er meinte nur: „Ja, ganz nett." Ich war so enttäuscht!

Nun war wieder die richtige Reaktion gefragt. Ich realisierte die Enttäuschung, durfte ihr aber nicht zu viel Raum geben. Diese Liebe, die mich für Micah erfüllte, war von Gott. Da war ich mir absolut sicher. Wenn Gott mir Liebe für Micah gab, war das nicht ein Zeichen dafür, dass er am Werk war? Irgendwo im Hintergrund bereitete er etwas vor. Als ich mir das wieder in Erinnerung rief, wich die Enttäuschung und neue Zuversicht erfüllte mich. Gott war am Werk!

Wieder einmal war die erwünschte Reaktion von Micah ausgeblieben, aber wieder einmal erlebte ich Gott. Während der Kampf um meine Ehe weiterhin nicht entschieden war, lernte ich viel über die Art, wie Gott liebt. Meine Liebe für Micah kam von Gott, es war Gottes Liebe, die ich empfing und weitergab, und sie war anders als menschliche Liebe. Sie war übernatürlich, irgendwie verrückt, sie verzehrte und veränderte alles. Diese überwältigende, bedingungslose Liebe, die ich für Micah spürte, ließ mich ahnen, wie groß die Liebe sein muss, mit der Gott mich – und jeden anderen Menschen – liebt.

Nun, ich kann nicht wirklich behaupten, dass ich konstant jeden Menschen so liebe, wie Gott es tut. Das nicht.

Aber Gott gab mir ein kleines bisschen von seiner Liebe, eine Ahnung von der Art, wie er liebt. Seine Liebe zu den Menschen ist grenzenlos, vollkommen, selbstlos, rein und opferbereit.

Schon als Kind sang ich fröhliche Lieder über die große und wunderbare Liebe Gottes. Aber wie soll man sich diese göttliche Liebe vorstellen, wenn man sie als Mensch doch gar nicht haben kann? Menschliche Liebe ist begrenzt, sie ist von den Umständen des Lebens und von Gefühlen abhängig und kann schnell wieder verschwinden. Ein Großteil der menschlichen Liebe beruht auf Pflichtgefühl oder Gewohnheit. Oft genug ist sie leidenschaftslos und kühl. Sie kämpft nicht für den anderen. Doch was ich jetzt von Gott für Micah empfing, war anders. Diese Erfahrung gab mir ein neues Verständnis für das Wesen der Liebe Gottes.

Aus mir selbst heraus hätte ich Micah kaum lieben können. Damals sicher nicht. Und auch nicht so bedingungslos. Ich bin mir absolut sicher, dass es Gottes Liebe in mir war, die ich für Micah spürte. Gott offenbarte mir seine Liebe für mich, indem er mich ein wenig von seiner Liebe für Micah spüren ließ. Durch diesen trüben Spiegel konnte ich mehr ahnen als sehen, wie tief seine Liebe zu uns Menschen ist.

Am nächsten Mittwoch ging ich wieder mit Shannon und ihrem Ehemann John zum Bibelabend. Auf der Heimfahrt wurde mir ganz klar, dass ich Micah vergeben musste. Ausdrücklich und persönlich. Ich konnte es kaum erwarten, bis ich endlich zu Hause war, so sehr drängte es mich innerlich, das zu tun. Kaum war ich im Haus, bat ich ihn, sich zu mir zu setzen.

Dann erklärte ich, dass ich ihm vergeben würde. Ich sprach von Gottes Art, mir zu vergeben, ohne mir später noch Vorhaltungen zu machen. Was Gott vergibt, das ist vergessen, es existiert nicht mehr. Gott löchert mich nicht mit Fragen über meine Sünde, er führt keine langen Gespräche mit mir und er muss auch nicht das ganze Ausmaß der Sünde aus meinem Mund erfahren.

Genauso wollte ich Micah auch vergeben, ohne Fragen zu stellen. Ich sprach davon, wie ich auf meine Gedanken achtete und mir alle Mühe gab, nicht nur nicht über seine Sünde zu reden, sondern auch nicht darüber nachzudenken. Solche Gedanken ließ ich nicht zu. Ich hatte ihm vergeben. Es war vorbei, von Gnade bedeckt. Es existierte nicht mehr.

Natürlich war mir das Konzept des Vergebens nicht neu. Aber nachdem ich zuletzt eine Ahnung davon bekommen hatte, wie grenzenlos und allumfassend Gottes Vergebung ist, wollte ich das jetzt auch so an Micah weitergeben. Früher hatte ich Vergebung eher als eine Form des Entschuldigens gesehen. Das Falsche war da, aber man hielt es dem anderen nicht mehr vor. Doch jetzt hatte ich begriffen, dass Gottes Vergebung weiter geht. Was Gott vergeben hat, *existiert nicht mehr.*

Während ich über Vergebung sprach, saß Micah mir nur schweigend gegenüber. So war das schon die ganze Zeit, seit mittlerweile rund fünf Wochen: Er erwiderte so gut wie nichts auf das, was ich ihm sagte. Keine Ahnung, was er dachte. Aber an diesem Abend ging ich überglücklich ins Bett. Nun passte noch mehr von Gottes Liebe in mein Herz, meine Liebeskapazität erreichte ihren bisherigen Höchststand. Ich war wirklich begeistert und voller Siegessicherheit. Mit meinem Gott zusammen konnte ich wirklich über Mauern springen.

Am nächsten Tag fiel mir plötzlich auf, wie peinlich mein Verhalten am Vortag gewesen war. Es traf mich wie ein Schlag. Ich hatte doch tatsächlich eine entscheidende Kleinigkeit übersehen: Micah hatte mich gar nicht um Vergebung gebeten! Vielleicht wollte er sie ja gar nicht? Bis jetzt hatte er nicht wirklich gesagt, dass die Beziehung mit der anderen Frau tatsächlich beendet sei. Vielleicht tat es ihm auch gar nicht leid? Vielleicht hatte er sich gestern nur über mich gewundert und sich gefragt, wie ich darauf käme, dass er Vergebung von mir wollte? Ich war entsetzt und sehr beschämt. Also marschierte ich wieder zu Micah und korrigierte mich. Voller Angst vor seiner Verachtung erklärte ich, dass ich ihm so vergeben würde, wie ich es gestern gesagt hatte, *falls er das wolle.* Natürlich nur dann.

Vor lauter Eifer, ihn zu lieben, hatte ich vergessen, dass er meine Liebe und Vergebung ja auch wollen musste. Irgendwie hatte ich mir immer nur vorgestellt, wie erleichtert Micah über meine ausgestreckte Hand sein würde. *Wer bekommt für Ehebruch schon so eine umfassende Vergebung seines Partners? Natürlich würde er das wollen, oder? Er wird mich doch wollen?* Jetzt war ich mir nicht mehr sicher. Wie verletzlich ich mich wieder gemacht hatte! Ich hatte meine ganze Vergebungsbereitschaft vor ihm ausgebreitet, auf die Gefahr hin, dass er mich samt meiner Vergebung zurückweisen würde.

Wie auch zuvor lehrte mich diese Erfahrung etwas über Gottes Liebe zu mir. So wie ich Micah liebte, so liebte Gott auch mich, denn ich liebte Micah ja nicht mit meiner eigenen, sondern mit Gottes Liebe. Das wusste ich nun schon. Aber es ging noch weiter. Ich erkannte immer mehr, wie tief und rein Gottes Liebe ist.

Freut er sich so darauf, mir seine Liebe zu schenken, dass er es kaum abwarten kann, dass ich ihn darum bitte? Ja. Wartet er aufgeregt auf mich, bis ich endlich nach Hause komme, um mir zu sagen, dass seine Liebe zu mir sich nicht verändert hat? Ja. Sieht er mein Versagen als gute Gelegenheit, mir seine Hingabe, Loyalität und Vergebungsbereitschaft zu zeigen? Ja. Versucht er mir zu zeigen, dass er mich nie verlassen wird, auch wenn ich ihm untreu werden sollte? Ja.

Wenn dieser Gott, der alles weiß und vor dem nichts verborgen ist, der jedes Geheimnis kennt – *wenn er mich anschaut,* sieht er dann meine Sünden? Nein. Er sieht mich nur als seine Tochter. Erstaunlich.

Ich hatte schon vieles über die Liebe Gottes gehört und gelesen. Aber seit ich diese Liebe in mir spürte, diese *überschwängliche Liebe,* diese Gnade, die so bereitwillig alles wiederherstellte – seitdem war ich tief bewegt. *Mein Gott, liebst du mich wirklich so sehr?* Ich verbrachte einige Tage damit, die Größe der Liebe Gottes auf mich wirken zu lassen.

Vor allem fragte ich mich: *Warum?* Warum unterwarf sich der allmächtige Gott dieser ganzen Mühe, mich und alle Menschen so sehr zu umwerben? Nur damit wir ihm nahe waren? Warum kämpfte ich so sehr um Micah? Ich wollte ihn zurück. Ich vermisste ihn. Ich wollte einfach nur mit ihm zusammen sein. Ich wollte mein ganzes Leben mit ihm verbringen.

Ich kämpfte um Micah. Nicht weil es für mich praktischer war, mit dem Vater meiner Kinder verheiratet zu sein, nicht aus finanziellen Gründen, nicht um der Kinder willen – was viele Leute mir unterstellten –, ich kämpfte um Micah ohne irgendeinen logischen Grund. Es gab keine zugrunde liegende Absicht und es ging auch nicht darum, was Micah für mich tun könnte. Ich wollte ihn einfach nur in meiner Nähe haben. Ich war gern mit ihm zusammen. Er war ein Teil von mir. Ich würde ihn immer vermissen, es würde immer ein Stück von mir fehlen, wenn er mich verlassen würde. Er war mein Mann, mein Freund, mein Gegenüber. Und abgesehen davon war ich überzeugt, dass es auch für ihn besser sein würde, meine Vergebung und Liebe anzunehmen, als sich für den anderen Weg zu entscheiden.

Was ich als Nächstes tat, war nun fast schon Routine. Ich wandte mich Gott zu, verbrachte Zeit in seiner Nähe, ließ seine Liebe auf mich wirken. Egal wie sich Micah entscheiden würde, ob er mich wieder lieben würde oder nicht, Scheidung ja oder nein – ich war fest gegründet in einer Liebe, die mir genügte. Sie würde mich durchtragen, überströmen, vollständig erfüllen. Immer. Gleichzeitig war mir bewusst, dass ich noch nicht einmal ahnen konnte, wie unendlich groß die Liebe Gottes wirklich ist.

„Jetzt sehen wir alles nur wie in einem Spiegel und wie in rätselhaften Bildern; dann aber werden wir Gott von Angesicht zu Angesicht sehen. Wenn ich jetzt etwas erkenne, erkenne ich immer nur einen Teil des Ganzen; dann aber werde ich alles so kennen, wie Gott mich jetzt schon kennt" (1. Korinther 13,12). Auch wenn ich über meine wachsende Liebe zu Micah staunte, so wusste ich doch, dass die Liebe, mit der Jesus mich – jeden Menschen – liebt, unendlich viel größer und stärker sein musste. Ich verstand und sah nur Bruchstücke, ich sah nur unklare Bilder – aber Gott war vollkommen und perfekt. Auf meinen Knien kam ich zur Ruhe und gab mich dieser tiefen Liebe hin.

Dann wieder dachte ich, dass es eigentlich normal sein müsste, seinen Mann zu lieben. Was war denn daran so ungewöhnlich, dass ich Liebe für Micah empfand? Bisher war Liebe für mich eine Theorie gewesen, ich hatte mich gedanklich mit der Liebe Gottes beschäftigt und wusste um seinen Auftrag, den Nächsten und die Feinde zu lieben. Aber ich hatte die Liebe nicht gespürt. Erst jetzt begann ich Liebe zu fühlen und in Bezug auf meine Ehe hat das vieles verändert. Als Jesus auf der Erde war, forderte er seine Leute immer wieder auf zu lieben – nicht nur die Ehepartner und Familien, auch die Nachbarn, weit entfernt lebende Menschen, Bettler, Politiker, Süchtige, Prominente, Flüchtlinge. *Liebt einander.*

„Ich gebe euch ein neues Gebot: Liebt einander! Ihr sollt einander lieben, wie ich euch geliebt habe" (Johannes 13,34). Hatte Jesus das wirklich so gesagt? Mir stockte der Atem. Dann hatte ich ja bisher noch gar nichts verstanden. Sollte ich die anderen wirklich mit dieser Liebe lieben, mit der Jesus mich liebte? Alle Menschen? All das, was ich zuletzt über Liebe gelernt hatte, sollte ich nicht nur bei Micah, sondern grundsätzlich anwenden?

Meinte Gott etwa, dass 1. Korinther 13 für alle Menschen gelten sollte? Geduldig mit denen sein, die mich nerven; wenn ich beleidigt wurde, nicht bitter werden, sondern allen vergeben; freundlich reagieren, wenn Leute mir unrecht taten und gemein zu mir waren? Sollte ich riskieren, andere zu lieben, auch wenn sie mich vielleicht zurückweisen und verletzen würden? Wollte Gott, dass ich mich auch vollkommen fremden Menschen zuwandte? Sollte ich wirklich jeden Menschen als eine von Gott geschaffene Person sehen und lieben?

„Jesus antwortete: ‚Du sollst den Herrn, deinen Gott, lieben von ganzem Herzen, mit ganzer Hingabe und mit deinem ganzen Verstand!'" (Matthäus 22,37). Nur wenn wir uns viel in Gottes Nähe aufhalten und unseren Vater im Himmel von Herzen lieben lernen, werden wir die Fähigkeit bekommen, andere so zu lieben. Nur Jesus kann uns dazu befähigen, so zu lieben, wie er liebt. Wie würde unsere Welt aussehen, wenn die Christen so lieben würden, wie Jesus liebt?

Wirklich, damit haben wir das Potenzial, die Welt zu verändern.

16

Das ist Krieg

Nun noch ein Letztes:
Lasst euch vom Herrn Kraft geben,
lasst euch stärken durch seine gewaltige Macht!
Legt die Rüstung an, die Gott für euch bereithält;
ergreift alle seine Waffen! Damit werdet ihr
in der Lage sein, den heimtückischen Angriffen
des Teufels standzuhalten ... Stellt euch also
entschlossen zum Kampf auf! Bindet den Gürtel
der Wahrheit um eure Hüften, legt den Brustpanzer
der Gerechtigkeit an und tragt an den Füßen
das Schuhwerk der Bereitschaft, das Evangelium
des Friedens zu verbreiten. Zusätzlich zu all dem
ergreift den Schild des Glaubens, mit dem ihr
jeden Brandpfeil unschädlich machen könnt,
den der Böse gegen euch abschießt. Setzt den Helm
der Rettung auf und greift zu dem Schwert,
das der Heilige Geist euch gibt;
dieses Schwert ist das Wort Gottes.

Epheser 6,10-11.14-17

Ich musste neu denken lernen und das war wie Krieg in meinem Inneren. Ja, mit Gottes Hilfe hatte ich mich entschieden, Micah zu lieben und ihm mit Güte zu begegnen, aber es blieb trotzdem ein ständiger Kampf. Tag für Tag gab es Situationen, die mich verunsichern und lähmen wollten. Aber ich achtete darauf, Gottes Schutzzone nicht zu verlassen. Und ich wusste: Jesus ist an meiner Seite. Also kämpfte ich.

„Richtet euch nicht länger nach den Maßstäben dieser Welt, sondern lernt, in einer neuen Weise zu denken" (Römer 12,2). Das wollte ich. „Alles menschliche Denken nehmen wir gefangen und unterstellen es Christus, dem es gehorchen muss" (2. Korinther 10,5; Hfa). Immer wieder schlichen sich Zweifel ein und ich kam ins Wanken. Ständig war ich versucht, in diesem Kampf nachzulassen. Immer wieder musste ich der Versuchung widerstehen, wehmütig in den Erinnerungen an unsere zurückliegenden Jahre zu versinken. Aber das musste nicht sein. Gott will „über euren Gedanken wachen und euch in eurem Innersten bewahren" (Philipper 4,7). Dieses Bewachen und Bewahren ist nötig, weil wir angegriffen sind und unsere Seele Schutz und Verteidigung braucht.

Zunächst erschienen mir die Angriffe von Zweifel und Verunsicherung wie feurige Pfeile, die mich mitten ins Herz trafen. Aber mit dem Schild des Glaubens und dem Schwert des Geistes, dem Wort Gottes, kämpfte ich dagegen an. Ich reagierte auf die zerstörerischen Gedanken mit einem Anbetungslied oder einem Bibelvers. Von Mal zu Mal wurde es leichter, die Gedanken wegzuschicken. Die Angriffe wurden schwächer und ließen allmählich nach. Aber wenn ich nicht auf der Hut war und die falschen Gedanken zuließ, dann wurden sie immer intensiver und es war mühevoll, sie wieder loszuwerden.

Das fiel mir am Anfang wirklich schwer und es gab praktisch keine Atempause. Die falschen Gedanken und Gefühle quälten mich wochenlang und ich war ständig damit beschäftigt, sie abzuwehren und durch Gottes Wahrheit zu ersetzen. Damals dachte ich, das würde nun mein Leben lang so weitergehen. Eine anstrengende Vorstellung.

Zum Beispiel wusste ich, dass Micah dieser anderen Frau oft zufällig begegnete, auf dem Weg zur Arbeit. Sie wohnte dort in der Gegend und hatte ähnliche Arbeitszeiten wie er. Während die Kinder und ich in unseren Betten lagen, war sie unterwegs, genau dort, wo mein Mann auch war. Jedes Mal, wenn Micah zur Arbeit ging, attackierten mich diese Gedanken. Ich kämpfte gegen meine Fantasien an. Ich war mir sicher: Irgendwann würde ich auch noch körperliche Symptome entwickeln und krank werden, wenn dieser Zustand zu lange anhalten würde. Furcht und Sorge waren im Begriff, mein ganzes Denken zu bestimmen. Meine Tage waren überschattet von der Angst, dass Micah am Abend wieder dieser Frau über den Weg laufen könnte. Verhielt ich mich passiv, dann hatte ich gegen die Flut dieser Gefühle keine Chance. Also raffte ich mich auf, nahm meine Bibel und las nach, was Gott über mich dachte.

Damals packte ich auch meine Gitarre wieder aus. Seit der Collegezeit hatte ich sie kaum noch benutzt. Jetzt stand ich mitten in der Nacht auf und sang und spielte, bis Angst und Sorgen wieder auf dem Rückzug waren. Wenn ich lange genug meine Lieder für Gott sang, dann bekam ich wieder Zuversicht. Meine Realität wurde dadurch nicht wirklich besser. Aber dieser übernatürliche Trost und die Hoffnung kehrten wieder zurück. Das Schlimmste, was mir passieren konnte, war die Scheidung von Micah. Aber das Beste, das mir passieren konnte, fand schon statt: Gottes Gegenwart erfüllte mein Wohnzimmer – und mein Herz.

Einerseits war das, was ich in Gottes Nähe fühlte, intensiv; andererseits dauerte es nie lange, bis der nächste Angriff kam. Ich rang um Freude, um Frieden, um Selbstwertgefühl. Die Schönheit der anderen Frau machte mich nicht automatisch hässlich. Trotz der Ablehnung durch Micah war ich auch weiterhin liebenswert.

Auch depressive Verstimmungen wollten mich vereinnahmen. Ich hatte unendlich viele negative Gedanken über mich, meinen Mann und meine Ehe. Mir war klar, dass das alles nicht von Gott war. Gott hatte eine andere Sicht, seine Wahrheit über mich und meine Situation klang ganz anders. Damit wollte ich mich beschäftigen, dem musste ich glauben. Und dann sollte ich entsprechende Taten folgen lassen. Wenn ich behauptete, Gott zu glauben, dann musste ich auch danach leben, oder?

Ich schreibe dies für alle, die in einer ähnlichen Situation sind wie ich damals. Wer jetzt gerade diesen Kampf kämpft und das kennt, was ich hier beschreibe, den möchte ich ermutigen. Es wird nicht immer so bleiben. Zeit heilt keine Wunden, aber Gott heilt sie. Er ist der große Heiler und er kann vollständig heilen. Wenn wir fleißig tun, was er uns zeigt, dann werden wir immer stärker werden.

Es gab eine Phase, in der ich mir nicht vorstellen konnte, dass dieser Krieg in meinen Gedanken jemals aufhören würde. Tatsächlich muss ich auch heute noch aufpassen, welche Gedanken ich zulasse. Als Christen sollen wir immer wachsam sein. Aber was ich heute erlebe, ist nichts im Vergleich zu dem Kampf von damals. Jetzt vergehen oft mehrere Tage am Stück, an denen ich nicht ein einziges Mal an die andere Frau denke. Plötzlich kommt dann wieder ein Gedanke aus dem Nichts, unerwartet und gefährlich, aber es ist nicht mehr schwer, ihn abzuwehren. Ich bin so froh, dass auf die Zeit des Kampfes auch eine Zeit folgte, in der ich den Sieg genießen darf.

Gott war die Quelle meiner Kraft. Aber ohne die Unterstützung der Menschen, die Gott mir zur Seite gestellt hat, hätte ich es nicht geschafft. Ihnen erzählte ich von den Gedanken und Gefühlen, die mich belasteten. Sprach ich diese Dinge aus, dann verloren sie ihre Macht über mich. Allein die Tatsache, dass ich Licht in die dunklen Ecken meines Herzens ließ, half schon. Ist der Dieb erst entlarvt, macht er kehrt und flieht. Hatte ich mein Problem ausgesprochen, beteten wir gemeinsam und meine Mitstreiterinnen traten mit mir in den Kampf gegen alle Lügen und Entmutigungen ein. Wenn mehrere Personen in Einheit zusammen für etwas beten, ist das eine mächtige Waffe in der unsichtbaren Welt. Für mich war es sehr wertvoll, in dieser Auseinandersetzung nicht alleine zu sein.

Davor war ich ganz anders. Ich hielt mich für eine Einzelkämpferin oder, noch schlimmer, für eine Heldin. Niemals hätte ich jemanden um Hilfe gebeten. Aber inzwischen denke ich, dass Gott uns nicht zum Alleinsein geschaffen hat. Mir gab er Tante Jan und Shannon. Wenn ich niedergeschlagen und erschöpft war, wandte ich mich an sie. Mit ihrer Hilfe konnte ich mir den inneren Frieden wieder zurückerobern und sie erinnerten mich daran, was Gott gesagt hatte und was ich tun sollte.

Jeder kleine Sieg und jeder winzige Gehorsamsschritt stärkten meinen Glauben. Aus „feurigen Pfeilen", die mein Herz tief verletzten, wurden „lästige Mücken", die mir höchstens kleine, oberflächliche Stiche zufügten. Je routinierter ich die Angriffe abwehrte, desto weniger konnten sie mir schaden. Die Stiche waren nervig und störend, aber mehr nicht. Doch ohne Gottes Schutz und Hilfe können auch kleine Mücken großen Schaden anrichten und uns und unsere Familien zerstören.

Ich habe inzwischen mit vielen geredet, die durch ähnliche Zeiten gegangen sind. Die meisten wussten genau, was ich meinte, wenn ich von den lästigen Mücken und den

Angriffen auf unsere Gedanken sprach. Manche erzählten mir von dem Frieden, Schutz und Trost, den sie in diesen Phasen bei Gott gefunden hatten; andere berichteten von großer Verzweiflung und destruktivem Verhalten, ähnlich wie ich es in jener Regennacht erlebt hatte.

Meine Freundin Lena musste auch erleben, dass ihr Mann eine Geliebte hatte. Aber er blieb nicht lange in dieser Beziehung, bedauerte seinen Fehler und war bereit, alles zu tun, um seine Ehe zu retten. Doch Lenas Gedanken drehten sich ständig um die andere Frau. Immer wieder wollte sie darüber reden und noch mehr erfahren. Sie beschäftigte sich so lange damit, bis es schließlich zur Scheidung kam.

Ein paar Jahre später heiratete sie Justin, einen Freund von mir, der auch geschieden war. Seine frühere Frau hatte einen Geliebten gehabt. Justin hätte trotzdem gerne an der Ehe festgehalten, aber sie entschied sich für den anderen Mann und ließ sich scheiden. Als Lena und Justin heirateten, hatten beide Kinder aus erster Ehe.

Seit einigen Jahren beobachte ich nun schon, wie sich die Beziehung von Lena und Justin entfaltet, wie alle harmonieren und sich lieben. Die beiden sind ein glückliches Paar und die Kinder verstehen sich. Aber eines Tages bekam ich eine Nachricht von Lena, die mich total überraschte.

Sie schrieb: „Hör nicht auf zu kämpfen! Kämpfe für deine Familie. Gib nicht so schnell auf wie ich damals. Natürlich möchte ich Justin gegen niemanden eintauschen, das meine ich nicht. Wir passen wunderbar zusammen und lieben und ergänzen uns. Aber ich habe den Hass und die Wut auf (ihren vorigen Mann) mit in die Beziehung zu Justin gebracht. Meine Kinder waren die Leidtragenden, weil ich ihrem Papa nicht vergeben konnte, sondern nur an mich dachte, bis es dann zur Scheidung kam. Ich bete viel für dich. Es ist nicht so leicht, als Patchworkfamilie zu leben. (Justins voriger Frau) geht es auch nicht gut. Ich hoffe sehr, dass Justin glücklich ist. Aber unsere Situation ist alles andere als ideal und keiner von uns hat sich sein Leben so vorgestellt oder gewünscht."

Die Nachricht hat mich sehr nachdenklich gemacht. Es war also doch nicht so leicht, nach der Scheidung eine neue Familie aufzubauen, wie es von außen aussah. In diesen beiden Familien hatten die feurigen Pfeile so lange ins Herz getroffen, bis die Zerstörung komplett war. Zuerst ging der Friede verloren, die Gedanken liefen aus dem Ruder, dann gingen die Ehen auseinander und schließlich wurden die Familien auseinandergerissen. Obwohl für Lena ein neuer, guter Lebensabschnitt begonnen hatte, bedauerte sie immer noch, damals diese Angriffe nicht abgewehrt und ihre Gedanken und Gefühle nicht verteidigt zu haben.

Diese Insekten, die um unseren Kopf schwirren, können Gedanken des Zweifels, der Unsicherheit, des Hasses, der Eifersucht oder der Bitterkeit sein. Mit dem Schild des Glaubens lassen sich diese Angriffe abwehren. Wir dürfen diesen Gedanken nicht nachhängen, sonst nehmen sie immer mehr Raum ein, beeinflussen uns, rauben uns den Frieden und bringen uns dazu, falsche Dinge zu glauben und zu tun.

Hätte ich mir erlaubt, über Micahs Ehebruch nachzudenken und mir die Details vorzustellen, wäre es mir schwergefallen, ihm zu vergeben und ihn zu lieben. Aber genau das wollte Gott von mir, ich sollte vergeben und lieben. Wahrscheinlich waren die Gedanken, gegen die ich ankämpfen musste, ähnlich bedrängend wie alle unreinen Gedanken und Fantasien, denen Micah in dieser Zeit vermutlich ausgesetzt war.

Micahs Beziehung mit dieser Frau dauerte nur ein paar Wochen. Aber meine Seele hätte sich gerne noch viel länger damit beschäftigt, hätte sich alles hundert- und tausendfach ausgemalt und sich in die entsprechenden Gefühle hineingesteigert. Für mich hätte das bedeutet, dass dieser Ehebruch immer wieder neu stattgefunden hätte, jedes Mal mit dieser ganzen verletzenden, lähmenden Auswirkung auf mich. So hätte ein Ehebruch, der schon gar nicht mehr in der Realität stattfand, weiterwirken und unsere Ehe zerstören können. Das könnte auch heute immer noch passieren. Wenn ich Micahs Sünde in meinen Gedanken weiterleben lasse, kann ich sie nicht vergeben und sie entfaltet weiterhin ihre zerstörerische Kraft.

Meine Freundin Kim schickte mir ein Zitat aus ihrem Andachtsbuch, das genau diesen Zusammenhang beschreibt: „Wenn du deine Schwierigkeiten im Geiste durchspielst, führt das dazu, dass du sie viele Male durchlebst, obwohl du sie eigentlich nur dann bestehen sollst, wenn sie tatsächlich eintreffen. Verstärke dein Leiden nicht länger auf diese Weise!“[7]

Eine Freundin von mir dachte, ihr Mann würde sie betrügen. Er hatte beruflich mit einer Frau zu tun, mit der er sich auch privat gut verstand. Obwohl der Mann immer wieder versicherte, dass zwischen ihm und seiner Kollegin nichts lief, glaubte seine Frau ihm nicht. Sie steigerte sich immer mehr in ihren Verdacht. Voller Panik kontrollierte sie ihren Mann und misstraute ihm bei allem, was er sagte oder tat. Das wurde zu einem regelrechten Wahn.

Irgendwann wurde ihr aber klar, dass sie sich wohl alles nur eingebildet hatte. Doch der Schaden, den diese Gedanken angerichtet hatten, war groß. Sie litt genauso heftig wie ich, als Micah mir von seiner Freundin erzählte, nur dass es in ihrem Fall gar keinen Grund dafür gab. Wie schrecklich – und wie unnötig! Unsere Gedanken haben enorme Macht. Es ist so wichtig, darauf zu achten, welche Gedanken wir zulassen und welche wir zurückweisen. Wir müssen das ständig tun und diesen Kampf sehr ernst nehmen.

Schon bald nachdem unsere Krise begonnen hatte, fasste ich den Entschluss, dass mein inneres Gleichgewicht nicht von Micahs Verhalten abhängig sein sollte. Ich wollte nicht darüber nachdenken, wo er war, was er tat und was er dachte. Ich war nur für mich selbst, für mein Denken und Fühlen verantwortlich. Damit hatte ich – zumindest am Anfang unserer schweren Zeit – genug zu tun.

Hätte ich den Ängsten und der Verunsicherung Raum gegeben, hätten sie mein Denken besetzt und mich in die Verzweiflung getrieben. Aber Gott sei Dank zeigte er mir schon ganz am Anfang, dass ich dem widerstehen musste und konnte. Insofern war es für mich dann Sünde, diese Gedanken zuzulassen. Gott hatte es mir verboten.

Einige Zeit später, als Gott schon dabei war, unsere Ehe wieder zu heilen, waren Micah und ich bei Shannon und John zu Hause. Wir lasen gemeinsam die Bibel. Ich sprach davon, wie Gott mich angewiesen hatte, die negativen Gedanken gefangen zu nehmen. Da unterbrach mich John. „Micah", sagte er, „du bist doch Polizist. Wenn du jemanden verhaftest, lässt du ihn dann nach einiger Zeit einfach wieder gehen? Was würde passieren, wenn du deinen Gefangenen freilassen würdest?"

Micah antwortete: „Er würde auf mich losgehen. Je nachdem wie gefährlich die Person ist, könnte mich das auch mein Leben kosten. Nein, wenn ich jemanden verhafte, dann lege ich ihm Handschellen an und schließe ihn in einem Auto ein, das vergitterte Fenster und Türen hat. So bringe ich ihn zum Gefängnis."

John nickte und fuhr fort: „Er ist gefesselt und eingesperrt und kann nicht nach Belieben herumlaufen."

Nun sagt uns die Bibel, wir sollen unsere Gedanken gefangen nehmen. Das heißt, wir haben die Autorität, das zu tun. Wir sollen und können verhindern, dass die falschen Gedanken wie wild in unserem Kopf herumwirbeln. Sie sind unsichtbar und gefährlich. Ja, es sind nur *Gedanken. Jeder Mensch* hat den Kopf ständig voller Gedanken.

Aber wir müssen die falschen Gedanken gefangen nehmen. Sonst zerstören sie uns.

Ich will noch einmal betonen, dass ich *an jedem einzel-*

nen Tag meines Lebens damit beschäftigt bin, in meinen Gedanken Ordnung zu halten. Auch wenn das tatsächliche Problem schon lange zurückliegt, können immer wieder gedankliche Angriffe kommen. Ich bete, dass ich im entscheidenden Moment meine Waffen griffbereit habe und in enger Verbindung mit Jesus stehe. Wenn ich Anbetungslieder im Kopf und Bibelverse im Herzen habe und die geistliche Waffenrüstung trage, dann bin ich vollkommen geschützt, unbesiegbar.

17

Laufen, rennen

Geschwister, ich bilde mir nicht ein,
das Ziel schon erreicht zu haben.
Eins aber tue ich: Ich lasse das, was hinter mir liegt,
bewusst zurück, konzentriere mich völlig auf das,
was vor mir liegt, und laufe mit ganzer Kraft
dem Ziel entgegen, um den Siegespreis zu bekommen –
den Preis, der in der Teilhabe
an der himmlischen Welt besteht,
zu der uns Gott durch Jesus Christus berufen hat.

Philipper 3,13-14

Die Tage und Wochen vergingen ohne merkliche Veränderung. Micah wohnte immer noch bei uns. Ich war weiterhin dabei, den Liebesfilter anzuwenden und gegen falsche Gedanken anzukämpfen. Micah war verschlossen, distanziert und abweisend.

Ich hätte unser Problem gerne so schnell wie möglich aus der Welt geschafft. Ich wollte endlich Antworten, Lösungen, Hilfe für unsere Ehe. Ich musste doch wissen, wie es mit uns weitergehen würde. Aber ich konnte nichts machen. Nur warten. Geduldig sein.

Wir essen Fast Food, nehmen Pillen gegen alle möglichen Symptome und suchen nach schnellen, einfachen Lösungen, egal worum es geht. Alles soll immer schnell gehen. Wenn wir die Belohnung nicht sofort haben können, dann zumindest so bald wie möglich. Selbstdisziplin ist keine verbreitete Tugend unserer Zeit. Dabei übersehen wir manchmal das Gute, das Gott für uns vorbereitet hat. Unwillig, noch länger zu warten, kehren wir auf halber Strecke um. Aber eigentlich hätte Gott uns gerne *etwas* beigebracht – nicht nur etwas, sondern *vieles*. Wer er ist. Wer wir sind. Was er für uns getan hat. Was wir ändern müssen. Diese Zeit unserer Ehekrise war für mich eine intensive Charakterschulung, ein Fortgeschrittenenkurs in Selbstdisziplin. Es gab viele Hausaufgaben und oft hatte ich das Gefühl, von mir würde Unmögliches verlangt.

Dabei lernte ich, dass Gottes Schule auch unangenehm sein kann. Um Disziplin einzuüben, muss man belastbar und ausdauernd sein. Man braucht viel Übung, viel Geduld – und wehtun kann es auch! Dazu fand ich neulich ein Zitat von C. S. Lewis: „Ich wandte mich der Religion nicht mit der Erwartung zu, dass sie mich glücklich machen würde. Mir war immer klar, dass mir das auch eine Flasche Portwein geben konnte. Wer eine Religion sucht, um sich rundum wohlzufühlen, dem kann ich das Christentum keinesfalls empfehlen.“[8]

Als ich zu joggen begann, lernte ich, Disziplin zu schätzen. Täglich lief ich fünfundvierzig Minuten, drehte meine Musik auf volle Lautstärke und focht meine Themen mit Gott aus. Was er von mir wollte, fühlte sich für mich enorm an: Ich sollte ihm mein Herz und meine Zukunft ausliefern. Auch wenn es ein zerbrochenes Herz und eine düstere Zukunft war – ich ließ nicht gerne los.

In der Vergangenheit haben mir immer wieder Leute gesagt, ich hätte eine athletische Figur und sähe wie eine Läuferin aus. In Wirklichkeit habe ich noch nie viel Sport gemacht, auch in der Schulzeit nicht. Nie zuvor war ich joggen gegangen. Mir reichte es, im Alltag mit meinen drei Jungs Schritt halten zu müssen. Am Ende eines anstrengenden Tages belohnte ich mich lieber mit einem Brownie und einem Glas Milch. Sport? Nein, danke.

Doch in diesem anderen Bereich meines Lebens spürte ich, wie Gott mich an meine Grenzen brachte. Ich sollte lernen, mein Herz zu behüten, Glauben zu entwickeln, meine Gedanken und Worte zu kontrollieren und Gott in unmöglichen Lagen zu vertrauen. Mich darauf einzulassen, war ein Wagnis. Es bedeutete, mich äußerst verletzlich zu machen. Gleichzeitig erkannte ich, dass zum Lieben auch Disziplin gehört. Ich meine nicht das süßlich-verliebte *Gefühl* von Liebe, sondern den aktiven Akt, so zu lieben, wie es in 1. Korinther 13 beschrieben wird. Das ist wirklich eine Herausforderung. Von Natur aus kann man das nicht. Dazu braucht man *Disziplin.*

So unmöglich wie mir dieser neue geistliche Lebensstil vorkam, so unmöglich schien mir der Gedanke zu joggen. Ich hatte das noch nie gemacht. Das Laufen schmerzte. Nach dem Laufen tat mir einfach alles weh. Am nächsten Tag immer noch. Am übernächsten Tag auch. Es war so *schwer.* Extrem anstrengend.

Doch ich zwang mich weiterzulaufen, immer weiter, ohne stehen zu bleiben, bis ich das mir gesetzte Ziel erreicht hatte. Meine Lungen fühlten sich an, als würden sie platzen. Mein Körper wollte das nicht! Wer schon einmal für ein Rennen trainiert hat – oder wie ich als Nichtläufer mit dem Laufen angefangen hat –, der weiß, was ich meine. Besonders am Anfang, wenn man noch gar keine Kondition hat, hat man das Gefühl zu ersticken. Man denkt, man könne unmöglich weiterlaufen. Der ganze Körper schreit nach einer Pause. Man bekommt keine Luft mehr. Ein Teil des Gehirns denkt, diese Anstrengung sei wichtig. Aber die Beine sind anderer Meinung.

Ich weiß gar nicht mehr, warum ich damit anfing. Irgendwie war es dann aber reizvoll, Grenzen zu überwinden, das Unmögliche zu schaffen. Mein Körper war überzeugt, dass er gleich sterben würde, wenn ich nicht aufhörte. *Und dann – o Freude – ging das Leben weiter!*

Was ich beim Laufen im Körperlichen erlebte, passte zu dem, was Gott in meinem Inneren tat. Er zeigte mir, dass Disziplin im körperlichen Bereich viel Ähnlichkeit hat mit geistlicher Disziplin. Wann immer wir Disziplin üben, werden sich Dinge verändern.

Welch eine Ermutigung, als ich erkannte, dass weder meine Gefühle noch mein Körper über mich bestimmen konnten. Als Mensch habe ich die Möglichkeit, Disziplin auszuüben. Doch wenn ich dabei versage, bin ich unverändert Gottes Erbe und habe Zugang zu seiner übernatürlichen Kraft. Er hilft mir.

> Ihr Nachkommen von Jakob, ihr Israeliten, warum behauptet ihr: „Der Herr weiß nicht, wie es uns geht! Es macht unserem Gott nichts aus, wenn wir Unrecht leiden müssen"? Begreift ihr denn nicht? Oder habt ihr es nie gehört? Der Herr ist der ewige Gott. Er ist der Schöpfer der Erde – auch die entferntesten Länder hat er gemacht. Er wird weder müde noch kraftlos. Seine Weisheit ist unendlich tief. Den Erschöpften gibt er neue Kraft, und die Schwachen macht er stark. Selbst junge Menschen ermüden und werden kraft-

los, starke Männer stolpern und brechen zusammen. Aber alle, die ihre Hoffnung auf den Herrn setzen, bekommen neue Kraft. Sie sind wie Adler, denen mächtige Schwingen wachsen. Sie gehen und werden nicht müde, sie laufen und sind nicht erschöpft (Jesaja 40,27-31).

Dadurch, dass ich körperlich trainierte, bekam ich auch Lust auf gesundes Essen. Solange ich einfach alles Mögliche durcheinanderaß, hatte ich nicht die Kraft und Ausdauer, jeden Tag zu laufen. Also aß ich gesunde Sachen, die mir Energie für mein Lauftraining gaben. Ich reduzierte meinen Zuckerkonsum und aß stattdessen Obst, statt Fertiggerichten gab es nun öfters Gemüse. So fiel mir das Laufen leichter. Eines Abends beim Duschen sah ich an mir hinunter und jubelte: „Meine Rettungsringe sind ja weg!"

Während ich meinen Körper regelmäßig dem Training unterwarf, gewöhnte er sich allmählich an die Disziplin. Es war so ermutigend, die Veränderung zu sehen. Mir war, als würde Gott sagen: „Da sind Dinge in Bewegung gekommen. Du veränderst dich. Du kannst nicht sehen, was ich in der unsichtbaren Welt alles bewege, aber die Veränderung an deinem Körper kannst du deutlich sehen. So wie sich dein Körper verändert, so verändern sich auch die geistlichen Dinge. Ich schenke dir das. Ich bin am Arbeiten. Halte durch."

Disziplin trägt immer Frucht, das gilt im körperlichen und im geistlichen Bereich. Wer seine Kalorienzufuhr reduziert, auf Zucker verzichtet, gesunde Lebensmittel isst und täglich Sport treibt, wird die Veränderung an seinem Körper beobachten können. Das ist unvermeidlich.

Dasselbe gilt im Geistlichen. Allerdings ist es hier etwas schwieriger, motiviert zu bleiben, denn man sieht den Erfolg nicht so direkt. Aber Disziplin bewirkt immer Veränderung. Im geistlichen Zusammenhang heißt das, dass wir uns angewöhnen, Gott grundsätzlich zu gehorchen, auch wenn wir uns nicht danach fühlen, und auch dann, wenn wir zunächst nicht die erwünschten Resultate bekommen. Gott schenkt immer seinen Segen, wenn wir ihm gehorchen, und dafür brauchen wir Disziplin. Wenn Gott uns etwas zeigt, das wir tun sollen, und wir gehorchen ihm, dann werden wir Gutes ernten. Garantiert.

Shannon sagte diesen Satz so oft zu mir: „Wenn du Gott gehorchst, dann kann er dich segnen." Nicht ohne Grund hat Gott uns aufgetragen, unsere Gedanken gefangen zu nehmen und unsere Zunge zu beherrschen. Das sind Elemente der geistlichen Disziplin. Wenn wir uns genau an Gottes Regeln halten, dann wird er uns den Sieg schenken.

Paulus wusste, wie wichtig Selbstdisziplin ist:

> Ihr wisst doch, wie es ist, wenn in einem Stadion ein Wettlauf stattfindet: Viele nehmen daran teil, aber nur einer bekommt den Siegespreis. Macht es wie der siegreiche Athlet: Lauft so, dass ihr den Preis bekommt! Jeder, der an einem Wettkampf teilnehmen will, unterwirft sich einer strengen Disziplin. Die Athleten tun es für einen Siegeskranz, der bald wieder verwelkt. Unser Siegeskranz hingegen ist unvergänglich. Für mich gibt es daher nur eins: Ich laufe wie ein Läufer, der das Ziel nicht aus den Augen verliert, und kämpfe wie ein Boxer, dessen Schläge nicht ins Leere gehen. Ich führe einen harten Kampf gegen mich selbst, als wäre mein Körper ein Sklave, dem ich meinen Willen aufzwinge. Denn ich möchte nicht anderen predigen und dann als einer dastehen, der sich selbst nicht an das hält, was er sagt (1. Korinther 9,24-27).

Das Laufen wurde mir zu etwas Greifbarem, Sichtbarem, das mich an den unsichtbaren Kampf erinnerte. Gott hatte mir versprochen: „Vertraue mir. So wie du an deinem Körper die Veränderung sehen wirst, so wird sich auch die geistliche Welt meinem Willen beugen."

Damals brachte die alternative Rockband Switchfoot

aus Kalifornien ein neues Lied heraus, das „Love Alone is Worth the Fight“ (Nur Liebe ist den Kampf wert) hieß. Ich hörte, wie der Leadsänger Jon Foreman in einer Radiosendung über dieses Lied sagte: „Wer kein Kämpfer ist, kann auch kein Liebhaber sein.“

Mit dieser Einstellung drehte ich meine Runden. Ich rannte in der Öffentlichkeit und es war nicht immer angenehm, dabei beobachtet zu werden. Zu Hause war mein Kampf leise, unsichtbar. Da kämpfte ich um Liebe und Geduld. Für meinen Mann. Die Kraft, die ich in diesem Kampf trainierte, war Ruhe. Gelassenheit, Freundlichkeit. Aber wenn ich durch die Straßen lief, dann war es ein lauter, wilder Kampf!

Irgendwann kam ich an den Punkt, von dem an ich wie in Trance weiterlief. Das Laufen war die äußere Form des Durchhaltens, das ich auch innerlich, in Gedanken und Gefühlen, in meiner Ehe praktizierte. Wenn mein Körper nach einer Pause verlangte, sagte ich Nein. Es war viel mehr als Joggen und Fitness. Ich lief als Ausdruck meines Gehorsams Gott gegenüber, ich lief um meinen Mann und meine Familie. Mit jedem Kilometer, den ich zurücklegte, erklärte ich: „Ich werde nicht aufgeben! Ich gebe diesen Mann nicht auf, ich werde weiter lieben, beten und durchhalten! Ich werde treu das tun, was Gott mir sagt. Egal wie sehr es noch wehtun wird!“

Über meine Kopfhörer lief Musik. Oft weinte ich, während ich rannte. Dann wieder erfüllte mich ein Schub neuer Hoffnung und ich lief mit lautem Lachen. Nahm die Freude zu, dann schlug ich gegen die Zweige, die mein Gesicht streiften, als würden wir uns abklatschen. Hatte Gott diese Zweige in dieser Höhe wachsen lassen, damit ich meine Freude mit ihnen teilen konnte? Manchmal begeisterten mich die Texte der Lieder so, dass ich laut jubelnd einstimmte oder als Zeichen des Sieges die Faust in den Himmel reckte.

Was wohl die Leute gedacht haben? Eine tränenüberströmte, schreiende Verrückte rannte durch die Stadt. Aber das ist noch nicht alles. Ich habe eine üble Angewohnheit: Manchmal zwinkere ich Fremden zu. Manche mögen das, andere irritiert es. Ich will das eigentlich gar nicht. Es passiert einfach, so wie man manchmal einem Fremden zulächelt, bevor man darüber nachgedacht hat, was man tut. Immer wieder habe ich mich dabei erwischt, wie ich Menschen zugezwinkert habe, während ich an ihnen vorbeigelaufen bin.

Irritiert sahen sie mir hinterher. Mein Zwinkern hieß: „Weißt du was? Ich habe ein Geheimnis. Gott hat mir gesagt, dass ich etwas Unmögliches tun soll. Aber mach dir keine Gedanken deswegen. Es wird alles gut. Gott ist auf meiner Seite. Ich hoffe, dass dich das für deinen eigenen Kampf ermutigt. Du wirst deinen Kampf auch schaffen! Wir machen das!"

Während ich meine Strecke laufe, kann ich nicht bei jedem Fremden stehen bleiben, um ihm meine Botschaft zu sagen. Also zwinkere ich und nicke ihm zu – als würden wir insgeheim übereinstimmen. Keine Frage, das klingt total verrückt.

Aber was soll's? Sollen sie doch schauen. Gerne auch mit offenem Mund. Sie dürfen denken, was sie wollen. Sie wissen ja nicht, welchen Kampf ich noch vor mir habe, sie wissen nicht, was ich gerade durchmache. Woher sollen sie wissen, dass es mir eigentlich nicht um Fitness geht? Sie haben ja keine Ahnung davon, dass alles, was mir wichtig ist, auf dem Spiel steht. Woher sollen sie wissen, dass Gott mit mir ist und mir seine Kraft gibt? Sie wissen wahrscheinlich auch nicht, dass ich bald eine Goldmedaille bekommen werde.

18

Schwelgen

Wir wollen also voll Zuversicht vor den Thron
unseres gnädigen Gottes treten,
damit er uns sein Erbarmen schenkt
und uns seine Gnade erfahren lässt
und wir zur rechten Zeit die Hilfe bekommen,
die wir brauchen.

Hebräer 4,16

Es war November, als Micah sich darauf einließ, mit mir bei Shannon und John einen Ehekurs zu besuchen. Erst später erfuhr ich von Shannon, dass sie kurz davor ein entsprechendes Seminar besucht hatten und von ihrem Pastor offiziell für diese neue Aufgabe eingesetzt worden waren. Soweit ich weiß, waren wir ihr „erster Fall" – unser Scherbenhaufen war wirklich ein großartiger Einstieg für die beiden.

John und Shannon waren überzeugt, dass unsere Ehe wieder in Ordnung kommen könnte, wenn jeder von uns

Gott suchen würde. Jeder für sich alleine. Wir sollten zunächst noch nicht versuchen, das gemeinsam zu tun.

Ich habe ja schon viel darüber berichtet, dass Gottes Nähe mir damals sehr wichtig wurde und ich mich von Gott getragen und geschützt fühlte. Den ganzen Tag über lief jetzt bei mir Anbetungsmusik. Das tat meiner Seele gut und stärkte meinen Glauben. Es war meine Art, unauffällig, nebenbei, im Alltag Gott zu suchen. Während ich Musik hörte und innerlich in die Anbetung mit einstimmte, veränderte sich manchmal etwas in der Atmosphäre. Egal ob ich in der Küche, im Wohnzimmer, im Bad oder im Auto war, ich bekam dann eine Gänsehaut und nahm ein gewisses Wehen wahr. Es war nicht wie der Wind, der die Haare zerzaust und spürbar über die Haut streicht. Dieses Wehen war eher wie die Anwesenheit einer Person, die ich nicht sehen konnte. Wenn ich das wahrnahm, hielt ich sofort inne, egal was ich gerade gemacht hatte. *Bist du da?* Ich wagte nicht, mich zu bewegen. Ein wissendes Lächeln umspielte meine Lippen. *Ja.* Ich weiß, gleich werde ich überwältigt niedersinken.

Für mich ist das Hören von Lobpreismusik etwa so, als würde ich vor der Tür des Generaldirektors warten, den ganzen Tag lang. Wenn sich dann plötzlich die Tür öffnet, schlüpfe ich hinein. Vielleicht bekomme ich eine Gelegenheit, mit dem Verantwortlichen zu reden. Oder ich kann noch weitergehen und in die inneren Räume hineinschlüpfen, wo sich die Entscheidungsträger aufhalten. Dann versuche ich, mich unter sie zu mischen.

Während ich in die Anbetung einstimme und meinen König-Gott verehre, erlebe ich manchmal, wie mein Geist erhoben und erfrischt wird. Manchmal erlebe ich auch, dass ich völlig versinke und mich in Gottes Gegenwart verliere. Warum das so ist oder wann ich es wie erlebe – ich weiß es nicht.

Es gibt christliche Formulierungen für diese Erfahrung. Man genießt Gottes Gegenwart, man ist verzückt, entrückt, man ruht im Geist – alles sind absolut christliche Insidervokabeln. Kaum ein Außenstehender kann damit etwas anfangen.

Man muss es erleben, dann versteht man es. Irgendwie gibt es keine geeigneten Worte, um die übernatürliche Gegenwart Gottes zu beschreiben. Es ist ein unsichtbarer Ort. Wer dort ist, sinkt vielleicht auf seine Knie, in Demut, vor der Heiligkeit Gottes. Oft werde ich reglos, ganz ruhig, von Ehrfurcht ergriffen angesichts der Nähe zu meinem Schöpfer.

Es gibt andere Erfahrungen, wenn mich Gottes Herrlichkeit mit solcher Freude erfüllt, dass ich lächle oder auch laut lache oder wie David wild tanze (und dabei wahrscheinlich genauso abgedreht aussehe wie David, dessen Frau sich damals für ihn schämte) – oder ich weine in Gottes Gegenwart. Ich muss oft weinen, wenn Gott mir nahekommt. Da kann es dann schon auch mal sehr peinlich sein, wenn plötzlich jemand den Raum betritt.

Wir haben einen Geist, aber wir leben in einem Körper. Wenn unser Geist in Gottes Nähe schwelgt, können andere, die uns beobachten, Gott nicht sehen. Versuchen wir dann zu erklären, was wir erleben, funktioniert das nicht. Man kann Gott so schlecht in menschliche Worte fassen. Wer diese Erfahrung kennt, weiß, was ich meine. Wer sie noch nicht kennt, möge mir verzeihen, ich habe keine passenden Worte dafür.

Diese Erfahrungen sind unbeschreiblich, trotzdem will ich es versuchen. Angenommen, wir schließen die Augen und stellen uns einen Sonnenuntergang vor. Wir fliegen im warmen Wind. Er ist angenehm, aber auch belebend, macht Lust auf Abenteuer. Eine Sehnsucht steigt auf, die Seele erwacht. Schönheit umhüllt uns. Wir atmen Geheimnisse ein, sind atemlos vor Erwartung. Aber unser Sehnen richtet sich nicht auf einen Ort oder eine Sache.

Endlich spüren wir seinen allmächtigen Arm, voller Kraft. In seiner Umarmung ist alles möglich. Wir sehen uns um. Sonnensysteme leuchten in unbeschreiblichen Farben. Die Unermesslichkeit des Universums, die gewaltige Schönheit der Schöpfung – alles entfaltet sich vor unseren Augen. Wir staunen, sind voller Ehrfurcht, sprachlos. Unser Herz schlägt aufgeregt, wir können es kaum erwarten.

Dann verändert sich etwas. Die Reise durchs Universum bricht ab, wir landen in einem dunklen Raum. Stille. Wir sind nicht allein. Seine spürbare Gegenwart ist da. Wir sehen nichts. Wir müssen auch nichts sehen. Jetzt wird es sehr vertraut. Der Gott des ganzen Universums, der die unerforschten himmlischen Ausdehnungen kennt, er hat die Tür hinter uns geschlossen. Gut, dass nun alles ausgeblendet ist, denn seine Nähe ist besser. Wir sind erfüllt. Alles Sehnen und Suchen unseres ganzen Lebens endet in diesem Augenblick. Das Geschöpf begegnet seinem Schöpfer.

Wir wagen kaum zu atmen. Wir wollen die Augen nicht öffnen, kein Geräusch verursachen, nichts tun, das diesen Moment stören könnte. *Geh nicht weg.* Es ist die Nähe des Geliebten, Freundes, Vaters – kein Vergleich passt. Seine Liebe ist vollkommen.

Damit habe ich gerade zum ersten Mal versucht, meine Begegnungen mit Gott zu beschreiben. Man kann auch sagen, wir baden oder aalen uns in Gottes Gegenwart. Im Englischen benutzen wir dafür ein altes Wort: „to bask". Auch das greift eigentlich viel zu kurz. Aber ich wollte wissen, wofür dieses Wort steht, und fand Folgendes heraus:

„bask" (Verbform), meist im Zusammenhang gebraucht mit „to bask in"

„In etwas angenehm Warmem liegen, angenehmer Wärme ausgesetzt sein, häufig im Zusammenhang mit Sonnenwärme.

Aufblühen oder sich sicher fühlen, unter einem wohlwollenden Einfluss oder unter günstigen Bedingungen stehen und dadurch aufblühen oder sich sicher fühlen."

Diese Erklärung hat mir gefallen: „in etwas angenehm Warmem liegen oder angenehmer Wärme ausgesetzt sein".[9] Darin liegen. Da herrscht keine Eile, man kommt nicht auf einen Sprung vorbei, weil man schnell um etwas bitten will oder mal eben eine Antwort braucht. Nein, man liegt in seiner Gegenwart. Liegen. Bei ihm sein. Sich ihm aussetzen. Wir können nicht ermessen, was alles möglich wird, wenn wir uns dem allmächtigen Gott aussetzen. Ich kann nicht genau definieren, was mit mir geschah, während ich ganz ruhig in Gottes Gegenwart lag. Aber ich spüre seither etwas wie ein Brennen in meinem Herzen.

Es gibt nichts Schöneres, als so bei Gott zu liegen und in seinem Schutz geborgen zu sein. Ob man das nun direkt spürt oder nicht – man wird verändert. Ohne eigenes Dazutun beginnt man aufzublühen, während Gottes Atem über einen streicht.

Aufblühen, im Englischen „flourish", auch das habe ich nachgeschlagen:

„in einem starken, lebendigen Zustand sein, üppig oder verschwenderisch wachsen"[10]

Dann hat mich noch interessiert, was „üppig oder verschwenderisch wachsen" heißt, im Englischen „luxuriant". Ich fand folgende Definition:

„überfließendes, üppiges Wachstum, große Fülle, das Fehlen von Beschränkungen"[11]

Man stelle sich vor – das alles geschieht, während wir uns einfach nur der Nähe unseres Schöpfers aussetzen. So wirkt sich Gott in uns aus.

Der schläfrige Geist wird wachgerüttelt. Je öfter wir in Gottes Nähe sind, desto mehr sehnen wir uns danach, von ihm vollkommen wiederhergestellt zu werden. Ich kann es bestätigen, in Gottes Gegenwart wurde ich innerlich heil.

Diese Kraft, die ich erlebte, hat Petrus – schon nach einer einzigen Begegnung mit Jesus – dazu bewogen, seinen Beruf aufzugeben und sich Jesus anzuschließen. Genauso bereitwillig ließ ich alles liegen, was ich für meinen Tag geplant hatte, um bei ihm zu sein, wenn er mich in seine Gegenwart einlud. Wo auch immer er hingeht, ich komme mit.

Ich diesen Momenten fällt es mir leicht, meine sowieso unnötigen Pläne aufzugeben. Egal was ich vorhatte, ich lasse es los, wertlos ist es ohnehin. Stattdessen will ich das ergreifen, was Gott für mich hat. Petrus muss es ähnlich gegangen sein. Nachdem er Jesus begegnet war, erschien ihm alles, wofür er bis dahin gelebt hatte, wertlos.

Inzwischen finde ich das Wort „bask", schwelgen, nicht mehr so altmodisch. Natürlich, wenn ich sage, „ich schwelge in Gottes Nähe", dann klingt das reichlich seltsam. Aber trotzdem, der Begriff trifft es genau. Ich möchte mir nicht vorstellen, was aus mir geworden wäre, hätte ich diesen Zugang zu Gott nicht für mich entdeckt.

Shannons Mann John sprach sehr ernst mit mir, als er mich ganz am Anfang unserer Krise antraf. Ich saß schniefend auf meinem Sofa und stand unter Schock. John klang richtig streng, als er sagte: „Schau mich mal bitte an! Was du gerade erlebst, kann dich langfristig zerstören." Er sah mir direkt in die Augen. „Hier ist eine böse Kraft am Werk, die genau das will: Du sollst ein weinendes, verzweifeltes, gebrochenes Wesen sein. Damit bist du vollkommen unattraktiv. Lass das nicht mit dir machen! Du bist ein Kind Gottes, eine Tochter des Königs. Höre auf das, was Gott über dich sagt. Alles andere sind Lügen. Höre auf Gott. Stütze dich ganz auf ihn."

Damals wusste ich nicht, wie ich das machen sollte. Auf Gott hören? Was sagt er über mich? Mein Denken war komplett erfüllt von dem, was Micah mir sagte. Dann lernte ich, die Welt mit allen Stimmen vor der Tür zu lassen.

In den Raum einzutreten, in dem Gott mich erwartete. Bei ihm ruhig zu werden. In seiner Gegenwart zu schwelgen.

Mein Mann sagte mir: „Du bist für mich nicht attraktiv." – „Ich liebe dich nicht." – „Ich habe eine bessere Option als dich." Er versuchte, mich aus dem Haus zu fegen, als wäre ich Dreck. Gott sah das und sagte: „Hmmm." Nun, nicht wörtlich, aber sinngemäß. Dann fing Gott an, mir seine Herrlichkeit zu offenbaren.

Shannon, John, Micah und ich gingen zusammen ein Bibelarbeitsheft durch. Darin wurde Gottes Herrlichkeit beschrieben als „Hinweis auf Gottes Anwesenheit auf der Erde".[12] Hat man einen Hinweis auf etwas, dann ist es nicht mehr schwer, daran zu glauben. Dann hat man den Beweis. Es ist wie vor Gericht. *Wer über Beweismittel verfügt, bekommt recht.*

Während ich Gott suchte und in seiner Nähe schwelgte, wurde unwillkürlich mein Glaube aufgebaut. Ich sah die Beweise. Ich wusste, dass alles stimmte. Ging ich danach zurück in meinen Alltag, fiel es mir leichter zu glauben. Egal was andere dachten oder sagten, ich wusste, was ich erlebt hatte. Diese Begegnungen mit Gott in der unsichtbaren Welt waren real. Er war da. Veränderte mich. Festigte meinen Glauben.

Unser Bibelarbeitsheft behandelte dann die Geschichte von David und Goliat. Sie steht in 1. Samuel 17. Schon immer hat mich David fasziniert. Sein Mut und sein Vertrauen – obwohl er nur ein Hirtenjunge war, wusste er hundertprozentig, dass er sich auf seinen Gott verlassen konnte. Woher hatte er das? Der Riese konnte ihn überhaupt nicht einschüchtern. Unbekümmert ging er ihm entgegen, ohne darüber nachzudenken, dass er sein Leben aufs Spiel setzte. Eine großartige Geschichte.

Als David sich über Goliat aufregte, weil der sich über seinen Gott lustig machte, hatte er noch nicht einmal einen Stein für seine Schleuder in der Hand. Erst während er dem

Riesen entgegenging, griff er in seine Tasche und nahm einen Stein heraus. Wie nebenbei. Fast hätte er es vergessen. *Gott ist auf meiner Seite,* war alles, was er dachte. Er musste sich dessen sehr, sehr sicher gewesen sein. Deshalb war er so stark. *Ach ja, stimmt, ich brauche ja auch noch einen Stein.* David war klar, dass es nicht um Stein und Schleuder ging. Er war auf Gott angewiesen. Die Waffe in seiner Hand war nicht entscheidend.

Ich liebe David. Welch ein Sieger, der Held der Geschichte. Liebling Gottes. Das ganze Volk bejubelte ihn. Sie verdankten ihm einen gewaltigen Sieg.

Aber als wir jetzt diese Geschichte betrachteten, identifizierte ich mich nicht mit David, sondern mit seinen Brüdern und den übrigen, angsterfüllten Soldaten. Ich gehörte zu den Beobachtern der Szene. *Wie lächerlich muss ihnen der Junge erschienen sein.* David wusste, dass der Gott, der die Sterne in seiner Hand hält, auf seiner Seite war. Er glaubte fest an seinen Gott. *Wovor haben sie bloß solche Angst?* Ich stelle mir vor, wie er mit den Schultern zuckte, weil ihre Angst ihm unerklärlich war. Dann ging er los und erledigte den Riesen, der die ganze israelische Armee zum Zittern gebracht hatte. Scheinbar mühelos.

Wahrscheinlich wirkte ich die meiste Zeit über ziemlich lächerlich. Ich behauptete, dem allmächtigen Gott Davids zu dienen, trotzdem hatte ich ständig Angst. Die Umstände schüchterten mich so ein, dass ich mich keinen Schritt vorwärts wagte. Als Gott dann in meine Situation eingriff, war ich so überrascht, dass ich mich am liebsten winkend und laut rufend auf die Dächer gestellt hätte: „Schaut doch nur, was Gott für mich getan hat! Das ist ein Wunder!!!“

Dann stellte ich mir David vor, der mich tadelnd ansah: „Natürlich hat er ein Wunder getan. Du dienst doch dem Gott, der Wunder tut! Fängst du endlich an, das zu verstehen, nach der 101. Lektion? Willkommen im Glaubensleben!“

19

Micah

Freut euch nur nicht zu früh, ihr Feinde!
Wir liegen zwar am Boden, doch wir stehen wieder auf.
Wir sitzen im Finstern, aber der Herr ist unser Licht.

Micha 7,8

Micah wuchs in der Obhut seiner drogenabhängigen Mutter auf. Schon als Zwanzigjährige hatte sie angefangen, Schmerztabletten zu nehmen. Micah kannte sie gar nicht anders. Er war noch klein, als sie begann, härtere Drogen zu nehmen. Sie war auf der Jagd nach guten Gefühlen. Ständig zog sie mit ihren Kindern um, von einem Bundesstaat zum nächsten, immer wieder mussten die Kinder die Schule wechseln. Schließlich ließen sie sich in Chillicothe nieder. Aber das Leben blieb unruhig. Fremde Leute gingen in der Wohnung ein und aus, manchmal brachen sie auch dort zusammen und lagen dann auf den Sofas, in den Betten oder auf dem Boden.

Micah hatte einige Halbgeschwister, die er manchmal

besuchen konnte, aber zusammen mit seiner jüngeren Schwester lebte er fest bei seiner Mutter. Oft waren die beiden Kinder tagelang allein in der Wohnung. An eine schlimme Zeit, als er fünf Jahre alt war, hat Micah noch besonders lebhafte Erinnerungen. Schon seit drei Tagen war seine Mutter nicht mehr zu Hause gewesen. Er war ganz allein für seine dreijährige Schwester verantwortlich. Wie meistens waren der Kühlschrank und die Küchenschränke leer. Selten hatten sie Lebensmittel im Haus, was er nicht verstehen konnte. Schließlich bekamen sie doch immer diese Gutscheine, für die man kostenlos einkaufen konnte. Aber sie hatten immer Hunger.

Viele dieser Geschichten erfuhr ich erst, nachdem wir schon lange verheiratet waren. Micahs Vater erzählte sie mir. Er hatte versucht, das Sorgerecht für die Kinder zu bekommen, ohne Erfolg.

Eines Abends, so berichtete er mir, saß er mit seiner Oma und einigen Tanten in der Küche ihres Bauernhauses, als plötzlich ein Pick-up in die Einfahrt bog. Scheinwerfer erhellten den Hof. Am Steuer saß ein Mann, den sie nicht kannten. Auf der Ladefläche waren der kleine Micah und seine Schwester. Der Fahrer erklärte, dass die Mutter auf einer Party ohnmächtig geworden sei. Nun sei sie wieder bei sich, aber zu verwirrt, um sich um die Kinder zu kümmern. Unter den Feiernden war jemand, der wusste, dass Micahs Vater nicht weit entfernt lebte. Deshalb habe er ihm die Kinder gebracht.

Micah ging noch zur Grundschule, als seine Mutter eine Überdosis Tabletten nahm. Als er von der Schule zurückkam, fand er sie zu Hause, neben einem Zettel und einer leeren Tablettenpackung. Die Wohnung war in einem verwahrlosten Zustand. Micahs kleine Schwester war schon vor ihm aus der Schule nach Hause gekommen. Als sie die leblose Mutter, den Zettel und die Tabletten sah, schluckte das kleine Mädchen die restlichen Tabletten. Sie wollte bei ihrer Mama sein.

Als Micah begriff, was passiert war, hob er seine bewusstlose Schwester vom Boden auf und trug sie zu den Nachbarn, die einen Krankenwagen holten. Dann kamen Mutter und Tochter ins Krankenhaus, beiden wurde der Magen ausgepumpt. Sie überlebten.

Auch nach diesem schrecklichen Vorfall blieben die Kinder in der Obhut ihrer Mutter.

Micah sprach so gut wie nie über das alles. Und wenn, dann war er weder wütend noch traurig noch verbittert; eigentlich war er eher gefühllos. Als er dann mir gegenüber auch so kalt und unbewegt wurde, dachte ich, dass ihn jetzt die Erfahrungen aus der Kindheit einholten und sein Handeln steuerten. Das war für mich sehr bedrohlich. Ich fürchtete, dass es sehr schwer werden würde, ihn aus diesem Verhalten wieder herauszuholen. Immerhin hatte er von klein auf gelernt, so mit schwierigen Situationen und mit seinen Gefühlen umzugehen: gleichgültig und abgestumpft.

Während ich auf der Konferenz war, von der ich anfangs erzählt hatte, tat sich für Micah plötzlich eine Tür zu seinem Herzen auf. Eine Frau, die er schon früher attraktiv gefunden hatte, trat erneut in sein Leben und zum ersten Mal seit Langem konnte er wieder etwas fühlen. Er empfand Begehren, Aufregung, auch Angst – all das war besser, als innerlich taub zu sein.

An einem der Abende, als ich weg war, ging Micah joggen. Während er lief, redete er sehr ehrlich mit Gott. Er schleuderte ihm seinen ganzen Frust entgegen. Es war ihm so verhasst, nichts fühlen zu können. Und ausgerechnet seine alte Flamme löste jetzt Gefühle bei ihm aus. Schon so lange sehnte er sich danach, auch so empfinden zu können wie andere. „Wenn du mich nicht davon abhältst, lasse ich mich auf die Frau ein", erklärte er Gott, trotzig, rebellisch und sehr aufgewühlt. „Wenn ich an sie denke, dann spüre ich etwas."

Jedes Gefühl war ihm lieber, als in seinem Herzen weiterhin so tot zu sein. *So viele Ehen werden geschieden,* überlegte er sich, *Shauna wird darüber hinwegkommen. Die Kinder auch.*

Gleich am nächsten Tag stand John, Shannons Mann, bei Micah vor der Tür. Damals hatten wir so gut wie keinen Kontakt miteinander, sein Besuch war also äußerst ungewöhnlich. John konnte nicht wissen, was Micah am Abend davor beschlossen hatte. Nur Gott selbst wusste das. Und er hatte John geschickt.

Als Micah die Tür öffnete, sah John ihn ernst an. „Wie geht es dir?", fragte er und ergänzte: „Ich weiß nicht warum, aber seit ein paar Tagen muss ich ständig an dich denken. Ich glaube, Gott will, dass ich mal nach dir sehe."

Micah bedankte sich für den Besuch, bemühte sich jedoch, John schnell wieder loszuwerden. In seinem Herzen hatte er sich bereits entschieden, den Weg weiterzugehen. Heute staune ich darüber, wie Gott schon damals bereit war, in unsere Geschichte einzugreifen, und wie er Micah ein Zeichen seiner Gnade und Fürsorge schenkte.

Als Micah mich dann über das Ende unserer Ehe informierte, ging er fest davon aus, dass wir schon bald geschieden sein würden. Er dachte, damit hätte er die Beziehung mit mir beendet, und fing die Beziehung mit der anderen Frau an. Innerlich hatte er sich auf hässliche Szenen mit mir eingestellt, Vorwürfe, Wut und Verzweiflung, bis dann endlich alles vorbei sein würde. Er erwartete eine Flut von Anrufen und Textnachrichten von meiner Seite der Verwandtschaft. Auch von seiner eigenen Familie rechnete er nicht mit Verständnis dafür, dass er Frau und Kinder verlassen wollte.

Aber zu seiner Überraschung kam nichts von dem, was er erwartet hatte. Was aber stattdessen von ihm verlangt wurde, war beinahe noch schlimmer: Er musste die Gnade ertragen, die ihm entgegengebracht wurde und die er nicht verdient hatte.

Das war die Zeit, in der Gott mir immer intensiver begegnete. Ich hatte das Konzept des Liebesfilters entdeckt und probierte es an Micah aus: „Liebe ist geduldig, Liebe ist freundlich. Sie kennt keinen Neid, sie spielt sich nicht auf, sie ist nicht eingebildet. Sie verhält sich nicht taktlos, sie sucht nicht den eigenen Vorteil, sie verliert nicht die Beherrschung, sie trägt keinem etwas nach“ (1. Korinther 13,4-5). Während ich über diese Worte nachdachte, kam der Heilige Geist mir zu Hilfe. Ich konnte alle natürlichen Regungen unterdrücken und mich ein bisschen so verhalten, wie Jesus das wahrscheinlich getan hätte.

Micah wunderte sich über mich – und darüber, dass sein Handy keine SMS und Anrufe empfing. Niemand meldete sich, um ihn zu verdammen. Die Nachricht verbreitete sich nicht im Bekanntenkreis. Die wenigen, die ihn ansprachen, waren äußerst freundlich und liebevoll. Es war Gottes Geist der Gnade, der nicht nur mich, sondern alle Personen leitete, die von Micahs Entscheidung wussten.

Anfang November kam Tante Jan vorbei. Sie hatte ihre kleine Bibel mit dem schwarzen Ledereinband dabei. Die Mehrzahl der Sätze in ihrer Bibel sind bunt markiert. Die Ränder sind mit Bemerkungen vollgekritzelt und das Leder ist abgegriffen vom intensiven Gebrauch. Sie setzte sich mit Micah an den Küchentisch und sprach mit Gottes Weisheit mit ihm. Ich war nicht dabei, erst später erzählte mir Micah davon.

Gott hatte ihr Bibelstellen gezeigt, die sie Micah vorlesen sollte. Es waren deutliche Warnungen. Später erzählte sie mir, wie sie mit sich gerungen hatte, ob sie das tun könnte oder ob es zu heftig wäre. Aber Gott drängte sie sehr, also kam sie zu uns, aus Gehorsam Gott gegenüber.

Sie zeigte Micah, dass er im Begriff war, eine Entscheidung über Leben und Tod zu treffen. Dabei wusste sie nicht genau, ob Gott den geistlichen, ewigen Tod oder den körperlichen Tod meinte, aber sie war sich ganz sicher, dass Micah in großer Gefahr war. Dazu kam, dass Tante Jan eine starke Persönlichkeit ist. Was sie sagt, kann man nicht einfach ignorieren. Als sie Micah eine Stelle aus dem Propheten Habakuk vorlas, ging so etwas wie die Autorität eines alttestamentlichen Propheten von ihr aus. Ihre Worte waren ernst, aber sie war gleichzeitig voller Liebe zu Micah und sehr besorgt um ihn. Gott bereitete alles vor, um Micah zu begegnen.

Ein paar Tage nach Tante Jans Besuch bekam Micahs abweisende Fassade erste, feine Risse. Es gab Momente, in denen ich etwas wie Wärme mir gegenüber bemerkte. Das waren immer nur sehr flüchtige Augenblicke und ich konnte nie wissen, ob sie sich wiederholen würden. Also versuchte ich, jede Gelegenheit zu nutzen, wenn er ein bisschen freundlich war und mit sich reden ließ.

Eines Abends hatte ich gerade die Kinder ins Bett gebracht, als ich ihn in der Küche antraf. Er hörte Musik. Ich zog mir einen Stuhl herüber und setzte mich zu ihm. Als ich ihn ansprach, reagierte er freundlich. Also hatte ich einen guten Moment erwischt. Das Licht war gedämpft, im Haus war er still. „Bald haben wir Hochzeitstag", begann ich zögernd und fuhr dann fort: „Bitte triff davor noch keine endgültige Entscheidung über uns. Lass den Kontakt zu der anderen Frau solange ruhen und gib unserer Beziehung noch eine Chance. Vielleicht lässt sich doch noch alles einrenken? Unseren Zehnjährigen könnten wir in Kalifornien feiern, nur wir beide, dort, wo alles begonnen hat. Meine Großeltern könnten sich um die Kinder kümmern und das

Geld nehmen wir von unseren Ersparnissen." Ich hatte mir alles genau überlegt. Es würde unsere erste Reise dieser Art sein. Noch nie hatten wir so viel Geld für eine Reise ausgegeben. „Ich weiß, das wird viel kosten. Aber wenn du dich von mir scheiden lässt, verlierst du eh die Hälfte von allem", fügte ich noch hinzu.

Ich war sprachlos, als er tatsächlich all meinen Vorschlägen zustimmte. Noch am selben Abend buchte er unseren Flug, während ich noch neben ihm saß. Wunderbar, er würde es sich nicht mehr anders überlegen können! Die Tickets waren bezahlt, wir würden auf die Reise gehen – vom 16. bis zum 23. November. Mein Geburtstag fiel auch in diese Zeit!

Die Aussicht auf diese Reise bedeutete mir viel. Egal was bis dahin noch passieren würde, wir würden diese Tage für uns haben. Das machte mir Mut und gab mir Hoffnung. Ich war gespannt, was Gott als Nächstes tun würde. Irgendetwas lag in der Luft. Immer wieder sah ich kleine Fünkchen aufblitzen. Etwas begann sich abzuzeichnen, aber ich konnte es noch nicht erkennen.

Eines Tages erzählte mir Shannon von einem Gespräch, das Micah und sie geführt hatten, während er sich von ihr die Haare schneiden ließ. Er saß mitten in ihrer Küche, in einen großen Umhang gehüllt, als die Unterhaltung auf seine Mutter kam. (Micah und Shannon haben denselben Vater, aber verschiedene Mütter.)

„Weißt du noch, wie deine Mutter war?", wollte Shannon wissen. Micahs Antwort war kühl: „Nein, ich erinnere mich kaum an sie. Ich weiß nur noch, dass sich alles immer nur um sie drehte. Dabei hat sie alles verloren. Sie hat unsere Kindheit verpasst und jetzt bekommt sie nichts von ihren Enkelkindern mit."

Da Shannon älter ist als Micah, hat sie einige Erinnerungen an seine Mutter und nun erzählte sie ihm davon: „Das stimmt, aber willst du wissen, wie sie davor war? *Sie hatte ein Leben.* Sie war begabt, hübsch und lustig. Wenn sie einen Raum betrat, richtete sich sofort die ganze Aufmerksamkeit auf sie." Leider konnte sich Micah daran nicht mehr erinnern.

Wenn ich an meine Schwiegermutter denke, kommen mir ähnliche Bilder in den Kopf wie Micah. Ich kenne sie nur leicht verwirrt, mit verwaschener Sprache, immer wieder fielen ihr in Gesprächen die Augen zu und sie lebte vollkommen allein. Ich sehe sie noch vor mir, in ihrem Lehnsessel sitzend, allein in einem halbdunklen Zimmer. Ihr Verlangen, sich zu betäuben, war jahrzehntelang übermächtig gewesen. Dabei hatte sie es sich mit allen verdorben und alle Menschen in ihrem Umkreis verletzt. Welch ein trauriges Leben, welch eine traurige Erinnerung an sie.

„Micah, was war ihr eigentliches Problem?", fragte Shannon leise, während sie Micah weiter die Haare schnitt. „Ihr Problem?", erwiderte Micah ungeduldig. „Sie war drogenabhängig, das war ihr Problem." Er schüttelte den Kopf. Was für eine dumme Frage. Shannon ließ nicht locker. „Nein, ich meine davor, das ursprüngliche Problem. Ich denke, sie hat den Lügen geglaubt, die ihr sagten, sie hätte nichts zu verlieren. Das Ergebnis war, dass sie alles verloren hat."

Micahs Mutter starb, ehe dieses Buch fertig geworden ist. Wäre sie noch am Leben, hätte ich diese Dinge über sie nicht veröffentlicht. Wir hatten bis zuletzt die Hoffnung, dass sie Gottes Vergebung annehmen und ein neues Leben anfangen könnte. Aber sie sagte immer, es ginge ihr gut, und sie beteuerte auch, Jesus nachzufolgen. Gleichzeitig war ihr Leben seicht und kraftlos.

Timotheus beschreibt das so: „Nach außen tun sie zwar fromm, aber von der Kraft des wirklichen Glaubens wissen sie nichts“ (2. Timotheus 3,5; Hfa). Wenn wir Micahs Mutter ermutigten, sich helfen zu lassen, reagierte sie mit Unverständnis: „Warum denn?“, fragte sie dann. „Mir fehlt doch nichts.“ Probleme, die man nicht zugibt, kann man auch nicht angehen. Sie hat sich und anderen etwas vorgemacht.

Genau wie ich.

20

Selbsttäuschung

Doch der Herr hat zu mir gesagt:
„Meine Gnade ist alles, was du brauchst,
denn meine Kraft kommt gerade in der Schwachheit
zur vollen Auswirkung." Daher will ich nun
mit größter Freude und mehr als alles andere
meine Schwachheiten rühmen,
weil dann die Kraft von Christus in mir wohnt.

2. Korinther 12,9

Immer wieder fiel mir auf, dass seltsame Dinge passierten. Tante Jan hatte mich darauf aufmerksam gemacht. Seit jener hässlichen Nacht, die ich draußen im Regen verbracht hatte, kam sie regelmäßig bei mir vorbei, um zu sehen, wie es mir ging. Eines Tages sagte sie: „Ist dir eigentlich aufgefallen, dass du immer wieder sagst, dass etwas eigenartig oder seltsam ist? Vielleicht solltest du auf diese merkwürdigen Dinge mal ganz bewusst achten. Gott hat in letzter Zeit einige Male sehr klar zu dir geredet. Vielleicht ist das, was dir seltsam vorkommt, auch von ihm? Ich glaube, dass Gott manchmal mit solchen Dingen versucht, unsere Aufmerksamkeit auf sich zu lenken."

Ich glaube, mir waren diese Dinge aufgefallen, weil ich in der Zeit sehr empfindsam war für alles, was der Heilige Geist mir sagen und zeigen wollte. Während ich darüber nachdachte, fiel mir etwas Eigenartiges ein, das während der Konferenz passiert war – also unmittelbar bevor Micah zum ersten Mal mit mir über Scheidung gesprochen hatte.

Während der Konferenz nahm ich an einem Workshop teil, in dem es um Kinderveranstaltungen in der Gemeinde ging. Die Seminarleiterin erzählte uns ein bisschen aus ihrem Alltag und dass sie nach dem Aufstehen immer etwas Gymnastik machen würde. Als sie davon berichtete, unterbrach sie sich, kniete nieder und klebte eine Linie aus blauem Klebeband auf den Boden. Dann erzählte sie weiter: Nach der Morgengymnastik machte sie sich immer Kaffee und beantwortete ihre E-Mails. (Wieder zog sie eine blaue Linie, dieses Mal hinter sich.) Als Nächstes frühstückte sie und brachte anschließend die Kinder zur Schule. (Seitliche blaue Linie.) Dann Büroarbeit und Besprechungen. (Blaue Linie andere Seite.) Kinder abholen, Mittagessen kochen. (Eine weitere Linie.) Wieder E-Mails beantworten. (Noch eine Linie.) Bettfertig machen. (Linie.) Am nächsten Morgen weiter. (Linie.) Als sie mit ihrem Bericht fertig war, stand sie schließlich in einem blauen Rechteck, das sie von allen Seiten mit vielen Linien umgab.

„Seht ihr, was passiert ist?", fragte sie. „Ich habe mich selbst eingeschlossen. Tag für Tag sitze ich in dieser Kiste – dabei soll ich *anderen* helfen, *kreativer* zu werden." Dann sollten wir in kleinen Gruppen darüber reden, was wir an unseren eigenen „Kisten" (täglicher Routine) mochten oder nicht mochten, und kreative Ideen sammeln, wie wir uns aus unseren „Kisten" befreien könnten.

Erstaunlicherweise war ich die Einzige in unserer Runde,

die lächelnd erklärte: „Ich mag meine Kiste." Dabei taten mir alle anderen leid, die in Zwängen lebten, die sie nicht mochten und aus denen sie gerne ausbrechen wollten. *Die Armen! Gut, dass ich mir mein Leben genau so eingerichtet habe, wie ich es mag.*

Während Micah die Polizeiakademie besucht hatte, ehe er dann seine Anstellung auf der Polizeistation in unserer Stadt bekam, arbeitete ich in einem Krankenhaus bei uns in der Nähe. Ich mochte die Arbeit zwar, aber ich sehnte mich gleichzeitig immer nach meinen Kindern. Gabe war damals noch ganz klein. Es schmerzte mich, so viel vom Alltag und von der Entwicklung meiner Kinder zu verpassen. Erst nachdem ich einige Jahre vollzeitig gearbeitet hatte, konnte ich endlich damit aufhören und zu Hause bei den Kindern sein. Entsprechend dankbar war ich für all das, was seither mein Leben als Hausfrau und Mutter bestimmte. Ich liebte meinen Alltag mit den Kindern. Ich fühlte mich wohl in meiner Routine.

Doch schon einen Tag später zerschlug Micah meine hübsche kleine Kiste.

Ein Weckruf!

Warum? Dazu muss ich sagen: Natürlich ist es grundsätzlich schön, wenn man mit seinem Leben zufrieden ist. Dankbarkeit ist sehr wichtig! Aber wenn man sich mit allem zufriedengibt, keine Ziele mehr hat, nichts mehr verändern will, dann wird auch nichts mehr vorangehen. Zumindest traf das auf mich zu: Ich war als Christin selbstzufrieden und schläfrig geworden. Mein Leben mit Gott lief auf Sparflamme, aber ich war zufrieden damit.

Wahrscheinlich geht so ein Zustand nie lange gut. „Ich weiß, wie du lebst und was du tust; ich weiß, dass du weder kalt noch warm bist. Wenn du doch das eine oder das andere wärst! Aber weil du weder warm noch kalt bist, sondern lauwarm, werde ich dich aus meinem Mund ausspucken" (Offenbarung 3,15-16). Es kam, wie es kommen musste.

Schon bald musste ich mich entscheiden, ob ich heiß oder kalt leben wollte.

Am ersten Dezember brachte Shannon mir ein Merkblatt mit, das ihr Pastor erstellt hatte. Es erklärte, warum Schwachheit viel Gutes mit sich bringen kann. Das entsprach ziemlich genau dem, was ich in den letzten Wochen als Folge meiner Schwachheit erlebt hatte: das Eingehülltsein in Gottes Gegenwart und Schutz, die Kraft Gottes in mir, die Empfindsamkeit für das Reden Gottes. So gesehen konnte ich direkt froh sein über alles, was mich so angegriffen und geschwächt hatte.

Etwas über diese Zusammenhänge zu lesen machte mir wirklich Mut und gab mir Hoffnung. Deshalb will ich den Inhalt des Merkblatts hier gern weitergeben:

Jesus sagte zu Paulus: „Meine Kraft kommt gerade in der Schwachheit zur vollen Auswirkung." Was meinte er damit?

2. Korinther 12,7-10

1. Schwachheit in einem Bereich bewirkt Stärke in einem anderen Bereich.

Das gilt auch für den Körper. Wenn ein Auge oder ein Ohr nicht die volle Leistung bringen können, dann gleicht das andere Auge oder Ohr das aus. Menschen mit Lese-Rechtschreib-Schwäche oder Kinder, die unter schwierigen Bedingungen aufwachsen, entwickeln in anderen Bereichen oft überdurchschnittliche Leistungen.

2. Meist vertrauen wir Gott nur, wenn es sein muss.

Bevor ein Mensch sich Gott zuwendet, hat er meistens die Erfahrung gemacht, dass er verletzlich, begrenzt oder vergänglich ist. Auch wenn wir schon mit Gott leben, gibt es immer wieder Momente, in denen Gott uns wachrüttelt – damit wir uns wieder unserer Schwachheit bewusst werden.

3. In Zeiten der Schwachheit entwickeln wir oft die kostbarsten geistlichen Tugenden.

Angesichts unserer Schwäche besinnen wir uns auf das Gute von Gott in uns. Solange wir uns mithilfe unserer Stärken durchs Leben mogeln, kommen viele unserer geistlichen Fähigkeiten nicht zur Entfaltung.

4. Die Größe eines Sieges wird danach bestimmt, wie groß unsere Schwachheit war.

Ein Goliat, der David besiegt, kommt nicht in die Schlagzeilen. Aber wenn ein schwacher Mensch, ein unbekannter Sportverein oder die Armee eines kleinen Landes einen Riesen bezwingt, dann interessiert das die Leute. Wir lieben es, wenn jemand entgegen aller Vorhersagen und trotz schlechter Bedingungen einen Sieg davonträgt.

5. Eine Person, die nichts zu verlieren hat, ist gefährlich.

Vorsicht vor den Verzweifelten! Sie sind gefährlich. Das gilt auch im Geistlichen. Wenn wir wissen, dass wir in Gottes Augen schon alles verloren haben, tot in Sünde sind, dann können wir aufs Ganze gehen. Das Wissen um unsere Schwäche entmutigt uns nicht – im Gegenteil: Es erinnert uns ständig daran, dass wir auf Jesus angewiesen sind.[13]

Die Aussagen auf diesem Arbeitsblatt hatten großen Einfluss auf mich. Besonders der dritte Punkt sprach mich an: „Solange wir uns mithilfe unserer Stärken durchs Leben mogeln, kommen viele unserer geistlichen Fähigkeiten nicht zur Entfaltung." Das traf genau auf mich zu. Ich hatte mich wirklich über weite Strecken durchgemogelt.

Ich lebte als Christin und es ging mir „gut", aber wenn ich ehrlich war, kannte ich doch auch dieses Gefühl der Leere. Natürlich überspielte ich das – nicht nur vor anderen, vor allem auch vor mir selbst. Stieg dieses Gefühl der inneren Leere auf, drückte ich es sofort wieder unter die Oberfläche und gab vor, ein erfülltes Leben zu führen. Dann übte ich mich in Dankbarkeit „für alles, was ich hatte". Mir fiel nicht auf, dass hier eine gewisse Selbstgefälligkeit mitschwang. Ich war Gott dankbar für alles. Warum sehnte ich mich dann nicht danach, mich ihm ganz auszuliefern, ihm *alles* zu geben?

Eigentlich war mir schon länger aufgefallen, dass es in meiner Ehe mit Micah nicht mehr so liebevoll zuging. Das wollte ich aber nicht zugeben. Auch wusste ich nicht wirklich, was ich dagegen hätte tun können. Also tat ich so, als wäre alles ganz normal. Mir war auch klar, dass ich Gottes Nähe nicht wirklich suchte. Meine Leidenschaft für ihn war schon lange verschwunden. Aber immerhin – ich arbeitete ja ehrenamtlich in der Gemeinde mit. Das war doch gut, oder?

Doch mit diesem Denken täuschte ich vor allem mich selbst. Als ich dann endlich ehrlich wurde und aufhörte, mir etwas vorzumachen, war das für mich wie eine Befreiung. Warum? Kaum hatte ich mein Versagen und meine Schwächen offenbar gemacht, betrat Gott die Bühne – kraftvoller, als ich je erwartet hätte. Solange ich mich auf meine eigene (vorgetäuschte) Kraft verlassen hatte, hatte ich mich nur durchs Leben gemogelt. Das wurde jetzt anders.

Der letzte Punkt auf dem Blatt beschrieb genau, wie es mir nun ging: „Eine Person, die nichts zu verlieren hat, ist gefährlich." Gefährlich! Wer wagte es, in mein Leben einzudringen und meine Ehe, meine Familie und meine liebsten Menschen anzugreifen? Alles, was mir wichtig war, stand auf dem Spiel. Ich war entschlossen, diesen Kampf zu führen – und zu gewinnen.

War das nicht wirklich komisch? Am einen Tag hatte ich vor einer Gruppe von Konferenzbesuchern noch erklärt, wie sehr ich mich in meiner Alltagskiste wohlfühlte. Am nächsten Tag wurde mir mitgeteilt, dass mein Leben in dieser Kiste jetzt zu Ende war. Ich erfuhr, dass ich ab sofort eine alleinerziehende Mutter mit drei Kindern sein würde, ungeliebt und ausrangiert – von meinem eigenen Ehemann. Meine geliebte kleine Kiste war zerstört, in tausend Stücke geschlagen.

Ich möchte noch einmal einen Blick auf das Leben werfen, wie es bis zum 14. Oktober in dieser Kiste stattgefunden hatte. Meine Haare waren frisch gestylt, mit blonden Akzenten versehen. Ich fühlte mich jung und hübsch. Ich bereitete in meiner neuen Küche das Abendessen vor. Dort verbrachte ich insgesamt zu viel Zeit, ich mochte meine Küche sehr. Im Backofen waren Kürbiskekse mit Schokostückchen für die Kinder. Wahrscheinlich lief gerade Musik. Ein schönes Leben. Ein wunderbarer Mann. Drei hübsche, wilde Jungs und so viele Freunde, wie es die Zeit erlaubte.

Die Abende verbrachte ich mit meinem Mann auf der Couch. Er massierte meinen Kopf, extra lange, das mochte ich besonders. Wir schauten Filme an. Ich fühlte mich geliebt und war dankbar dafür. Meine Güte. Ich hatte keine Ahnung, dass mein Ende so nahe bevorstand.

Gott sei Dank.

Gott sah mein Leben, er sah, was daran gut war. Und weil ich es ziemlich gut fand, wollte ich auch keine Veränderung. Ich hatte kein Verlangen nach mehr. Trotzdem fehlte etwas. Also ließ Gott, in seiner Gnade und Liebe, Dinge geschehen, die mich zwangen, noch einmal von vorn zu beginnen.

Vor Kurzem sagte jemand: „Wir dienen einem Gott, der keine Angst davor hat, uns leiden zu lassen." Ich glaube, das stimmt. In der Bibel gibt es sehr viele Geschichten über leidende Menschen. Aus dem Leid, das Gott zulässt, kann ein starker Glaube wachsen. Leider bin ich nicht die Einzige, die so zufrieden ist mit ihrem Leben, dass sie nur durch eine schwere Erfahrung aufgescheucht werden kann. Solange alles einigermaßen läuft, reicht es uns, wenn Gott als segnende Randerscheinung in unserem Leben existiert.

Aber wenn dann schwere Zeiten kommen, kann eine ganze Kaskade des Segens in Gang gesetzt werden: „Doch nicht nur darüber freuen wir uns; wir freuen uns auch über die Nöte, die wir jetzt durchmachen. Denn wir wissen, dass Not uns lehrt durchzuhalten, und wer gelernt hat durchzuhalten, ist bewährt, und bewährt zu sein festigt die Hoffnung. Und in unserer Hoffnung werden wir nicht enttäuscht. Denn Gott hat uns den Heiligen Geist gegeben und hat unser Herz durch ihn mit der Gewissheit erfüllt, dass er uns liebt" (Römer 5,3-5).

Ich habe erlebt, wie Jesus mit mir durch die schweren Zeiten ging, als ich mich sehr schwach fühlte. Dabei habe ich Jesus als Tröster schätzen gelernt, als Versorger und als gerechten Richter. Ich bin immer noch dankbar für alles, was ich habe, mehr als jemals zuvor. Aber ich bin nicht mehr zufrieden, wenn seine Gegenwart nicht mein Leben durchdringt. Routine im Alltag allein befriedigt mich nicht mehr, zu viel dreht sich dabei um mich selbst. Trägheit soll gar nicht mehr aufkommen, stattdessen will ich mich unermüdlich dort einbringen, wohin er mich sendet. Wie ich es auch früher schon schrieb: Viel lieber möchte ich mit meinem Gott durchs Tal gehen, als ohne ihn die Gipfel zu erklimmen.

Jahrelang war ich wie in einem Hamsterrad unterwegs gewesen, habe mich sehr verausgabt und wenig erreicht. Seit ich meine Schwachheit zugegeben habe und lernte, mich ganz auf Gott zu verlassen, hat er so viel Gutes zustande gebracht. Ich vertraue ihm, bin sicher in seiner Gegenwart und er kümmert sich um meine Angelegenheiten.

Was meinem Leben und meiner Ehe am meisten schadete, war nicht meine Hektik, auch nicht mein oberflächliches Leben. Das eigentliche Problem war meine Halbherzigkeit Gott gegenüber. Ich war zu meinem Schöpfer auf Abstand gegangen. Auch wenn ich ihn nur aus der Ferne sah, ging es mir ganz gut. Aber als es dann auch meinem Mann besser erschien, mich nur noch aus der Ferne zu sehen, war meine Ehe erledigt.

Ich hatte die erste Liebe verloren. Jeder Christ steht in dieser Gefahr, deshalb warnt die Bibel auch eindrücklich davor: „Du hast Ausdauer bewiesen und hast um meines Namens willen viel ausgehalten, ohne dich entmutigen zu lassen. Doch einen Vorwurf muss ich dir machen: Du liebst mich nicht mehr so wie am Anfang. Erinnerst du dich nicht, wie es damals war? Wie weit hast du dich davon entfernt! Kehr um und handle wieder so wie am Anfang! Wenn du nicht umkehrst, werde ich mich gegen dich wenden und deinen Leuchter von seinem Platz stoßen" (Offenbarung 2,3-5).

Wie hatte ich nur so selbstzufrieden sein können? Wie kann man überhaupt zufrieden sein, solange man nicht in der engen Gemeinschaft mit Gott lebt? Seit ich Gott so tief erlebe, weiß ich, dass ich nie wieder ohne seine Nähe leben will. Ich suche jeden Tag die Begegnung mit ihm.

21

Die schönste Liebesgeschichte

Niemand kann von sich selbst aus zu mir kommen.
Der Vater, der mich gesandt hat, muss ihn zu mir ziehen.

Johannes 6,44

Wenn ich heute zurückschaue, erkenne ich, dass Gott meine Situation schon lange kommen sah. Er wusste, dass mein Zusammenbruch kurz bevorstand und meine geliebte, muffige kleine Kiste aus blauen Linien bald zerfetzt werden würde. In seiner unermesslichen Gnade kam er mir entgegen. *Bevor alles passierte.*

In den Wochen vor der Konferenz hatte er mir immer wieder besondere Momente geschenkt, in denen ich einen Vorgeschmack auf seine Nähe bekam. Das begann damit, dass ich in meiner Küche Anbetungsmusik hörte. Dabei wurde ich immer wieder so stark von Gefühlen überwältigt, dass ich meine Arbeit unterbrechen musste. Auf der Konferenz war ich am letzten Abend so voller Sehnsucht nach Gott, dass ich in dem Anbetungsgottesdienst nach vorne lief und weinend zu Boden ging. Warum?

Gott zog mich zu sich.

Seine Gegenwart war liebevoll und zärtlich. Er lud mich ein, in seiner Liebe zu schwelgen. Gott selbst zog mich in Begegnungen hinein, die ausgesprochen angenehm waren. Also fing ich an, im Gebet um mehr zu bitten. Die Bibel sagt ganz klar, was die zu erwarten haben, die mehr von Gott wollen: „Glücklich zu preisen sind die, die nach der Gerechtigkeit hungern und dürsten; *denn sie werden satt werden*" (Matthäus 5,6). „Sucht die Nähe Gottes, *dann wird er euch nahe sein!*" (Jakobus 4,8). Oder bei Jesaja: „Sucht den Herrn, *solange er sich finden lässt!*" (Jesaja 55,6; alle Hervorhebungen durch die Autorin). Was passiert, wenn wir Gott suchen? Er wird sich finden lassen!

Zuerst warb er um mich. Als ich dann in Not geriet, wandte ich mich an ihn. Ich war in einem elenden Zustand, aber voller Sehnsucht nach Gott. Da begegnete er mir. Es klingt ziemlich verrückt, dass der Gott, der die Ordnung im Weltall aufrechterhält, mir nahekam. Aber er tat es, flüsterte mir leise seine Gedanken zu und gab mir Zeichen seiner Fürsorge. Er wusste, was mir bevorstand, und zog mich in seine Nähe, schon bevor meine Not begann. So kam es, dass ich nie alleine war. Das sprengt meine Vorstellungskraft.

Schon frühzeitig hat Gott den Weg für mich geebnet, er ging vor und hinter mir und bereitete mich auf das Kommende vor. Er gab mir schon die Waffenrüstung, als ich noch nicht ahnte, dass mir ein Kampf bevorstand. Als mein Leben zu wanken begann, war Jesus der Fels, auf den ich mich stellen konnte. Da war es nicht mehr schwer, meine Selbstgefälligkeit einzutauschen gegen ein leidenschaftliches Leben im Geist.

Während ich darüber nachdenke, wie Gott mich zu

sich zog, erinnere ich mich daran, wie sehr ich als junges Mädchen den Film „Romeo und Julia“ aus dem Jahr 1996 mochte. Die Hauptrollen waren mit Leonardo DiCaprio und Claire Danes besetzt. Ich war hin und weg, besonders von der Balkonszene. Julia ist in ihrem Zimmer, Romeo schleicht sich in den Garten, klettert an den Weinranken hoch. Er flüstert ihr in Shakespeares Worten seine Liebe zu. Wie gebannt verfolgte ich diese Liebesgeschichte – wie schön, so geliebt zu werden!

Genau so war Gott zu mir. Er suchte mich, er kam zu mir in meine Küche und begegnete mir bei dem Konzert. Sanft, ruhig, mit grenzenloser Liebe. Wenn wir bemerken, dass der heilige Gott Sehnsucht nach uns hat – dann kann alles gut werden. Mit seinem Geist zieht er uns zu sich, erforscht unsere Seele, flüstert uns liebe Worte ins Ohr. Das lässt uns nicht kalt. Wir öffnen die Balkontür und lassen ihn ein. Natürlich – Gottes Verlangen nach uns ist rein und heilig, es hat nichts mit dem zu tun, was ein Mann und eine Frau füreinander empfinden. Gottes Liebe ist unbeschreiblich und ganz anders, trotzdem berührt es mich tief, wenn ich daran denke, wie er um mich wirbt.

Eine Freundin von mir hat sich Gott noch nicht wirklich anvertraut. Wir haben oft darüber geredet, aber sie verschiebt ihre Entscheidung immer wieder – auf eine unbestimmte zukünftige Zeit. Das klingt etwa so: „Ich weiß, ich brauche Gott in meinem Leben. Aber ich bin noch nicht so weit …“

Wir schicken uns immer wieder Nachrichten. Neulich schrieb sie mir: „Gehst du am Sonntag in die Kirche? Vielleicht komme ich mit.“ Da wusste ich, dass Gott wieder bei ihr angeklopft hatte. Er will sie zu sich ziehen, er flüstert ihr seine Liebe und Annahme zu und kommt ihr nahe. Der nächste Schritt liegt dann an ihr.

Bis heute war meine Freundin noch nie in einem Gottesdienst. Immer wenn sie kurz davor war mitzukommen, brach sie den Kontakt wieder ab. Ich hakte dann nach, aber sie war wieder abweisend. Sie hat die Balkontür noch nicht aufgemacht, durch die Gott in ihr Zimmer schaut. Der allmächtige Gott wirbt um sie, aber sie hat sich entschieden, noch nicht darauf einzugehen.

Ich glaube, dass das gar nicht so selten passiert. Gott spricht uns an, wir bemerken es und wollen uns eigentlich auch einladen lassen. Aber wir zögern, hinterfragen das Gefühl und warten, bis es wieder abklingt. *Was waren das denn für Anwandlungen?* Weiter oben habe ich meine Zeiten in Gottes Nähe auch als Augenblicke beschrieben, die peinlich sein können, wenn jemand ins Zimmer kommt. Es sieht vielleicht komisch aus. Was ich erlebe, verstehen andere nicht unbedingt. Was soll man denn über Leute denken, die behaupten, ein inneres Ziehen zu spüren, woraufhin sie sich auf den Boden knien und ihre Herzenstür einem Gott öffnen, den noch nie jemand gesehen hat?

Das sind die Leute, die Gott zu sich zieht.

Als Teenager wollte ich so gerne die Julia von Romeo sein. (Ja, ich weiß, die Geschichte ging nicht gut aus. Trotzdem.) Ich mochte ihre Leidenschaft und Hingabe. Sie wurde so sehr geliebt. Mit ihrem Romeo zusammen ließ sie sich auf das große Abenteuer ein, warf alle Konventionen über Bord und setzte sich über die Meinungen aller anderen hinweg. Sie ließ sich nicht einengen, nicht aufhalten.

Genau das ist es. Wenn Gott da ist, denkt man nicht mehr darüber nach, wie man auf andere wirkt. Die Liebe, mit der Gott uns erfüllt, ist schöner als die schönste Verfilmung von Romeo und Julia. Der Schöpfer der Planeten, der Herrscher des Universums, der Gott der ganzen Welt sucht unsere Nähe – wir werden nie begreifen können, was das bedeutet. Aber er sehnt sich nach uns. Er hat uns gemacht. Er liebt uns. Er will uns seine Gnade schenken. So viel Gunst. Er setzt uns als seine Erben ein. Alles, was sein ist, soll uns gehören.

Ich kann diese Liebe nicht verstehen. Aber es ist die schönste Liebesgeschichte überhaupt. Wenn ich sein Flüstern höre, dann öffne ich die Tür und trete auf den Balkon. Was mich zurückhält, lege ich ab und ich verliebe mich – mit Haut und Haaren. Ich bin seine Geliebte, seine Braut.

Er kommt … zu mir. Genau wie … zu dir.

22

Vergeben

Und trotzdem:
Ich werde euch alles vergeben – um meinetwillen.
Ich werde all eure Vergehen für immer vergessen.

Jesaja 43,25

Von Anfang an fiel es mir unerwartet leicht, Micah alles zu vergeben. Diese unerklärliche und starke Liebe, die ich für ihn empfand, half mir sehr dabei. Allerdings sind ja zwei Personen beteiligt, wenn es zu einer Affäre kommt. Also stellte sich mir irgendwann die Frage, ob ich der anderen Frau auch vergeben musste.

Es dauerte erstaunlich lange, bis mir diese Frage überhaupt in den Sinn kam. Das hatte vielleicht damit zu tun, dass ich sehr auf meine Gedanken achtete. Ich denke nicht, dass ich die Tatsachen verdrängte; mir war ja klar, was los war. Aber es tat mir einfach nicht gut, darüber nachzudenken. Grundsätzlich hegte ich bis dahin auch keinen direkten Groll gegen die Frau. Es war einfach nur vernünftig, ihr gegenüber innerlich so neutral und distanziert wie möglich zu bleiben. Na ja. Das, was geschehen war, *hasste* ich natürlich. Aber die Frau hatte mir kein lebenslanges Treueversprechen gegeben. Sie kannte mich nicht und schuldete mir keinen Gefallen. Ich hatte keinen Grund, wütend auf sie zu sein. Micah hatte mir sein Wort gegeben, sie nicht.

Doch eines Tages fand ich heraus, dass die Frau geschieden war. Diese winzig kleine Information veränderte alles für mich. Nun war ich doch wütend auf sie. Wenn sie geschieden war, dann wusste sie, wie viel Schmerz und Verletzung entstehen, wenn eine Ehe zerbricht. Sie hatte es selbst erlebt. Wie konnte sie mir das antun, was sie selbst mitgemacht hatte? Alle Geschiedenen, die ich kannte, hatten unter der Situation gelitten. Eine Scheidung ist fast immer eine traumatische Erfahrung. So viel Enttäuschung, Leid und Schmerz. Das geht tief. Alles tut weh, jeder Atemzug. Wenn dann auch noch Kinder involviert sind und die Familie zerrissen wird – das fühlt sich an, wie wenn jemand stirbt.

Nun war ich also richtig wütend auf die Frau. *Was Sie machen, verändert das Leben von uns allen! Es geht nicht nur um Sie.* In Gedanken schleuderte ich ihr zornige Sätze entgegen. *Wie können Sie nur so etwas tun?* Sie wusste doch, dass Micah eine Frau und drei kleine Kinder hatte. Wie konnte sie uns diesen Schmerz zufügen und in Kauf nehmen, dass unser aller Leben zerstört wurde? Ich verachtete sie. Verabscheute sie. War voller Zorn.

Doch mein gnädiger Gott ließ mich mit meinen bitteren Gefühlen nicht lange allein. Entweder es war noch am selben Tag oder einen Tag später, als ich auf die Geschichte von Josef stieß. *Gott ist so gut.*

Die Geschichte war mir ja nicht unbekannt. Aber an diesem Tag sprach sie mich ganz anders an. Ich sah in Josef einen Leidensgenossen, der auch betrogen wurde. Es lohnt sich wirklich, diese spannende und bewegende Geschichte im Original zu lesen. Sie beginnt bei 1. Mose 37. Hier eine kleine Zusammenfassung:

Josef war der Liebling seines Vaters Jakob. Als Josef von seinem Papa ein besonders schönes Kleidungsstück bekam, wurden seine Brüder so neidisch, dass sie einen Plan machten, wie sie ihn loswerden konnten. Wörtlich. Zuerst wollten sie ihn umbringen, aber weil er ihr Bruder war, überlegten sie es sich doch noch anders und warfen ihn stattdessen in eine Zisterne. Sie ließen Josef dort drin, bis eine ismaelitische Karawane vorbeikam. Diesen Leuten verkauften sie ihren Bruder als Sklaven. (Zugegeben, Josef ging es noch ein bisschen schlechter als mir.)

Nach vielen Jahren in der Sklaverei wurde Josef verleumdet und kam ins Gefängnis, wo er die nächsten Jahre verbringen musste. (Ich möchte mir nicht vorstellen, wie groß mein Groll an dieser Stelle schon gewesen wäre.)

Aber Gott hatte einen Plan. Er wollte das ganze Leben von Josef und alle seine Erfahrungen nutzen, um etwas richtig Gutes daraus zu machen. Gott beschützte ihn und schließlich fand er Gunst beim Pharao. Josef wurde zum Herrscher über Ägypten befördert, direkt unter dem Pharao.

Während Josef an der Macht war, kam eine schwere Hungersnot über das Land. Gott hatte Josef schon im Vorfeld angekündigt, dass diese Hungersnot kommen würde; also hatte er Vorkehrungen getroffen. Im ganzen Land waren so große Lebensmittelvorräte angelegt worden, dass es nicht nur für das ägyptische Volk reichte; auch die Menschen aus den umliegenden Ländern, die ebenfalls unter der Hungersnot litten, kamen nach Ägypten, um Essen zu kaufen.

Darunter waren auch Josefs Brüder, die ihn damals in die Sklaverei verkauft hatten. Sie hatten ihm seine Jugend geraubt, seine Unschuld, seine Freiheit. Jetzt standen sie als Bettler vor ihm, hatten Hunger und wollten Essen kaufen.

Sie erkannten ihren Bruder, der jetzt der Herrscher über ganz Ägypten war, nicht.

Die Geschichte erschüttert und demütigt mich. Ich muss das erst verdauen. Josef war ja fast noch ein Kind, als er versklavt wurde. Seine Feinde waren seine Brüder. Seine *großen* Brüder. Die Menschen, die Josef hätten beschützen müssen, hassten ihn so sehr, dass sie sein ganzes Leben zerstörten. *Wie konnten sie?* Sie raubten ihm seine Familie und sein Zuhause. Josef konnte sich nicht einmal von seinem geliebten Vater verabschieden. In Ketten wurde er in die Sklaverei geführt. *Wie konnten sie so etwas tun?* Bis dahin war sein Leben glücklich, unbeschwert und voller Liebe gewesen. Dann hatte man ihm alles genommen, schwere Jahre in der Sklaverei lagen vor ihm. Ich möchte mir nicht vorstellen, mit welchen Schimpfworten ich an seiner Stelle meine Brüder belegt hätte.

Aber Josefs Sichtweise war anders. Er vergab seinen Brüdern nicht nur, er half ihnen auch. Bald nachdem sie sich wiedergefunden hatten, starb ihr Vater. Die Brüder bekamen Angst. Jetzt, wo Papa nicht mehr da war, würde Josef sich vielleicht an ihnen rächen? Sie baten ihn inständig, als seine Sklaven weiterleben zu dürfen. Darauf antwortete Josef: „Ihr wolltet mir Böses tun, aber Gott hat Gutes daraus entstehen lassen. Durch meine hohe Stellung konnte ich vielen Menschen das Leben retten“ (1. Mose 50,20).

Was für eine Antwort. Und was für eine Herausforderung für mich. Als ich das las, war mir klar, dass ich meine eigene Situation mit anderen Augen sehen musste. Josef sah das Gute in seinem Leben als langfristige Folge dessen, was seine Brüder ihm angetan hatten. Gott hatte alles zum Guten gewendet. Nicht nur, dass Gott ihn selbst geschützt hatte, nun war er auch zur Rettung vieler Menschen geworden, die ohne ihn verhungert wären. Josef hatte dafür gesorgt, dass die Ägypter keine Not litten, diese sorgten ihrerseits für die umliegenden Völker.

In meiner eigenen Situation konnte ich jetzt schon das Gute sehen, das Gott aus meiner Not entstehen ließ. Meine Beziehung zu meinem Schöpfer war neu belebt worden. Gott hatte mein geistliches Leben wiederhergestellt. Seither lebte ich in enger Verbindung mit meinem himmlischen Vater, der seine Hand über meinem Leben hielt, mich versorgte und für immer veränderte. Meine ganze Familie war mit hineingenommen worden in diese neue, innige und direkte Verbindung zu Gott. Mitten in unserem Chaos leuchtete Gottes Licht auf. Wie konnte ich mich da noch über irgendetwas ärgern?

Josefs Brüder hatten böse Absichten. Doch ohne das zu ahnen, schufen sie die Voraussetzungen für die großen Dinge, die Josef in späteren Jahren vollbrachte. (Das hatten wir schon: Gott liebt es, sich in unserer Schwachheit zu offenbaren!) Diese Frau, mit der mein Mann mich betrog, hatte mich in keine Zisterne geworfen und hatte auch nicht die Absicht, mich umzubringen. Aber ihr war bewusst, dass ihre Entscheidung das Potenzial hatte, mein Leben, meine Familie und meine Kinder zu zerstören.

Aber so wie Gott in Josefs Geschichte sichtbar wurde, so hat er sich auch mir offenbart. Ich konnte beobachten, wie er handelte, mir Liebe für meinen Mann gab und mir half, ihm zu vergeben. Wie konnte ich der anderen Frau böse sein, wenn ihr Verhalten die Voraussetzung dafür war, dass Gott sichtbar wurde und Gutes in meinem Leben bewirken konnte?

Josef hat seinen Brüdern nicht nur vergeben, er hat sie umarmt. Er hat sie nicht nur ziehen lassen, nein, er *überschüttete* sie mit Liebe. Er rollte den roten Teppich vor ihnen aus. Sie bekamen kostbare Gewänder (vielleicht eine Entschädigung dafür, dass sie Josef in ihrer Kindheit um die schönen Sachen beneideten, die er von seinem Papa bekommen hatte!). Josef schenkte Benjamin dreihundert Schekel Silber und fünf Gewänder. Seinem Vater schickte er zehn Esel, voll beladen mit den wertvollsten Gütern, die es damals in Ägypten gab, dazu noch zehn mit Lebensmitteln beladene Esel.

Welch eine Vergebung! Da waren nicht nur die Verletzungen heil geworden, sondern Liebe war an die Stelle von Bitterkeit getreten. Das ist die Vergebung, die von Gott kommt. Aus eigener Kraft geht das nicht. Nur wer versteht, dass Gott aus jeder Situation etwas Gutes machen kann – für uns selbst und die Menschen in unserer Umgebung –, und wer sich von Gottes Liebe füllen lässt, kann so vergeben.

Ich durfte feststellen, dass Gott jeden Kummer und jede Träne in Gutes verwandelt hat. Er ließ nicht einen schweren Moment ungenutzt, er holte das Maximum an Gutem aus allem heraus. Gott hat mich nicht nur durchgetragen, er hat etwas Wunderschönes geschaffen. Alles hat mir zum Besten gedient.

Entsprechend gespannt wartete ich nun, was Gott als Nächstes tun würde.

23

Kalifornien, goldener Westen

Denn es sind keine leeren Worte,
sondern sie sind euer Leben. Richtet euch danach,
und ihr werdet lange in dem neuen Land jenseits
des Jordan bleiben, das ihr jetzt in Besitz nehmt.

5. Mose 32,47

Endlich. Der 16. November war gekommen, der Tag, an dem wir für eine Woche nach Kalifornien fliegen würden. Ich freute mich immer, wenn es in den Urlaub ging – doch jetzt freute ich mich ganz besonders. Unsere Beziehung war nicht gerade harmonisch, aber wir waren noch zusammen. Allerdings hing die Zukunft unserer Familie an einem seidenen Faden.

Freundlicherweise hatten Micahs Bruder Blake und dessen Frau Kellie uns eingeladen, während unseres Letzte-Rettung-Urlaubs bei ihnen in Sacramento zu wohnen.

Außer seinem Bruder hatte Micah auch eine ganze Schar von christlichen Freunden dort in der Gegend. Sicher würden Micah die Begegnungen mit ihnen guttun.

An unserem jetzigen Wohnort hatte mein Mann nicht so viele gute Beziehungen wie früher in Kalifornien. Natürlich hatte Micah auch jetzt Freunde, aber niemanden, der ihm geholfen hätte, Gottes Werte und Prinzipien in seinem Leben umzusetzen und ein Leben nach Gottes Vorstellungen zu führen.

Nun würde sich Micah zumindest eine Woche lang wieder in der Gesellschaft geistlich lebendiger Freunde bewegen können. Wie sich das auswirken würde, wusste ich auch nicht; aber ich dachte, es ist immer segensreich, sich in schweren Zeiten mit starken Christen zu umgeben. Micahs kalifornische Freunde waren überzeugt von der Macht des Gebets und sie kannten die Prinzipien der Gnade und Erlösung.

Abgesehen von der Begegnung mit Micahs Freunden würde es uns auch guttun, eine Woche lang ohne Kinder zu sein. Meine Großeltern hatten die Verantwortung für die drei übernommen. Einerseits vertraute ich Gott, dass er unsere Ehe wiederherstellen würde. Andererseits war mir auch bewusst, dass Micah in eine andere Frau verliebt war. Er war hin- und hergerissen zwischen ihr und mir. Da fühlte ich mich, mit drei kleinen Kindern, im Nachteil. Bestimmt war sie ausgeruht, entspannt, humorvoll und sexy – sie hatte viel Zeit für meinen Mann und keine Ansprüche an ihn, keine lästigen Aufgaben, die er für sie erledigen musste, denn sie hatte ja keine Kinder.

Manchmal hatte ich das Gefühl, kleine Kinder zu haben war so einschränkend wie eine Behinderung. Moment, bitte informieren Sie jetzt nicht gleich den Kinderschutzbund! Ich *liebe* meine süßen Kleinen über alles. Aber ich war chronisch übermüdet, kümmerte mich nachts um weinende Kinder und volle Windeln oder versuchte mitten in der Nacht, ein Kind aufs Töpfchen zu setzen, damit es trocken wird.

Was das Schminken betraf, achtete ich eigentlich nur noch darauf, meine dunklen Augenringe zu kaschieren. Statt Accessoires trug ich Flecken von Babynahrung auf meinen T-Shirts. Ich wurde ständig von mehreren Dingen gleichzeitig abgelenkt und zweifelte manchmal an meinem Verstand, weil ich nur noch unvollständige, unzusammenhängende Gedanken hatte. Wollte ich mich für eine kurze Zeit zurückziehen, hämmerten schon bald kleine Fäuste gegen meine Tür und panische Schreie gellten durchs Haus: „Mammiiiiii!"

Aber in dieser Woche würden wir ungestört sein, nur mein Mann und ich, ohne elterliche Pflichten. Ich würde wieder eine in mir ruhende, konzentrierte Person sein. Dazu kam eine große Portion Reiselust. Meine Taschen waren gepackt, ich war voller Hoffnung und tatsächlich lief alles reibungslos, bis wir das Flugzeug bestiegen.

Ja, wirklich. Wir schafften es noch nicht einmal bis zu unseren Sitzen. Micah hatte zwar eingewilligt, diese Reise mit mir zu machen; aber wie gesagt war er immer noch unentschieden, was mich und die andere Frau betraf. Es war nicht schön, das zu wissen. Wenn ich ihn darauf ansprach, gab er ausweichende Antworten. Also hatte ich mir vorgenommen zu erspüren, für wen sein Herz schlug.

Ehrlich gesagt hatte ich den Gedanken, ich könnte ihn vielleicht ein kleines bisschen eifersüchtig machen. Wenn ich ein Zeichen von Eifersucht entdecken würde, dann wüsste ich, dass er ganz tief innen doch noch etwas für mich empfand, auch wenn ich ihn nicht dazu bringen konnte, das auszusprechen. Selbst wenn er immer noch vorhatte, mich zu verlassen, die Vorstellung, mich mit einem anderen Mann zu sehen, würde ihm doch sicher einen Stich versetzen, oder?

Ich hätte es lassen sollen, aber ich wollte es wissen.

Also brachte ich das Gespräch auf Evan. Keine Ahnung, wie ich darauf kam und wie das in dem Moment in den Zusammenhang passte – aber ich erwähnte, dass Evan mir neulich, als ich ihn beim Joggen traf, seine Telefonnummer gegeben hatte. „Als ob mein Ex-Schwarm jetzt auf mich steht … haha … witzig, oder?"

Irgendwie hatte ich angenommen, dass mein schöner Plan funktionieren würde. Entsprechend unvorbereitet traf mich Micahs Antwort: „Shauna, wenn du gerne mit ihm zusammen sein willst, warum denn nicht? Probier's einfach. Also ich würde das gut finden." Er meinte das nicht böse, aber es klang auch nicht gerade freundlich. Micahs Antwort kam eher gefühllos und mechanisch rüber. Hatte ich tatsächlich gehofft, bei ihm wäre doch noch ein Fünkchen Leidenschaft übrig, irgendwelche unterdrückten Gefühle für mich, dann wusste ich jetzt, dass ich mich getäuscht hatte.

Was machen wir überhaupt in diesem Flugzeug? Meine Wangen glühten, während seine Worte sich in meinem Bewusstsein ausbreiteten. Mir wurde übel. Ich drehte mein Gesicht zum Fenster und befahl meinen Tränen, nicht aus den Augen herauszukommen. Sie ignorierten mich.

„Tut mir leid", flüsterte Micah, als er meine Tränen entdeckte. „Ich finde es selbst nicht schön, dass es so ist. Wirklich nicht. Aber für mich wäre es echt in Ordnung, wenn du einen anderen Partner hättest. Irgendetwas stimmt bei mir nicht, ich sollte eigentlich nicht so empfinden." Ernst wiederholte er: „Es tut mir wirklich leid."

Irgendwie ging es mir danach besser. Ich betete ja für einen Durchbruch. Und nun wusste ich zumindest, Micah würde es *richtig* finden, mich zu lieben. Immerhin. Damit waren wir auf jeden Fall schon einen Schritt weiter als letzte Woche. Eigentlich hätte ich wissen müssen, dass diese Reise nicht so leicht werden würde. Wen wundert also der schwierige Start?

Dann schob Micah seinen Arm in meine Richtung, die Handfläche nach oben gedreht. Ich ergriff seine Hand. So saßen wir Händchen haltend nebeneinander, während sich meine Tränen einfach nicht zurückhalten ließen. Das Flugzeug ruckelte und rollte los, immer schneller, die Startbahn entlang.

Ich lehnte meinen Kopf gegen den Sitz und schaute aus dem Fenster. Einerseits war ich richtig erledigt, andererseits auch ein wenig amüsiert. *Schaut uns an. Was für ein Chaos. Wenn das mit uns noch mal was wird, dann haben wir wirklich etwas zu erzählen.*

Unseren ersten Tag in Kalifornien verbrachten wir in San Francisco. Wir suchten dieselben Plätze auf wie damals, vor zehn Jahren. Allerdings hielt ich jetzt die Hand eines Mannes, den es nicht stören würde, wenn ich in Zukunft mit einem anderen Mann zusammen wäre. Ich hatte mich auch noch nicht an die Tatsache gewöhnt, dass er mit einer anderen Frau zusammen war. Mein Schmerz darüber war immer noch groß und unsere Ehe war sehr gefährdet.

Aber ich hatte mich darin geübt, meine Hoffnung auf Gott zu setzen, statt mich auf Menschen zu verlassen, auch nicht auf Micah. So weit war Gott immerhin schon mit mir.

Als wir bei Blake und Kellie ankamen, nahm Kellie mich zur Seite und erzählte mir voller Freude, dass ihre Gemeinde heute einen Anbetungsabend veranstaltete. Das sei ganz ungewöhnlich, erklärte sie mir, normalerweise hatten sie sonntagabends nie einen Gottesdienst. Für mich war das, als hätte sie mir gesagt, sie hätte ein Heilmittel für meine Krankheit. Anbetung war Balsam für meine Seele. Ich wusste, dass Micah Freunde von früher treffen wollte, die auch zu dieser Gemeinde gehörten. Wie schön, wir würden gemeinsam diesen Abend in Gottes Gegenwart erleben.

Hatte Shannon nicht gesagt, wenn Micah und ich Gott suchen würden, dann würde sich unsere Ehe wieder einrenken? Es war also nicht so schlimm, wenn Micah mich nicht mehr mochte. Für Gott war das bestimmt kein großes Problem. Immerhin konnte er Tote auferwecken. Er würde es bestimmt schaffen, meinem Mann wieder Liebe für mich zu geben.

Alles hing davon ab, dass Micah eine direkte Begegnung mit Gott hatte. Anbetung konnte dabei hilfreich sein. Der Anbetungsabend war dann auch wirklich sehr intensiv. Zu meiner Freude durfte ich sehen, wie Micah mit erhobenen Händen in Gottes Gegenwart stand und sich ihm öffnete. Große Hoffnung erfasste mich.

Am nächsten Abend trafen wir einen Mann namens Russell. Er hatte zu der Jugendgruppe gehört, die wir kurz nach unserer Hochzeit geleitet hatten. Micah hatte damals gerade die Bibelschule absolviert und war frischgebackener Jugendpastor. Es war schon dunkel, als wir uns mit Russell trafen, in einer besonderen Pizzeria mitten in der Altstadt von Sacramento. Die Spezialität des Hauses war „Deep Dish Pizza", eine Pfannenpizza mit dickem Hefeteigboden. Wir hatten einen gemütlichen Platz in einer Nische des Restaurants gefunden. Russell saß uns gegenüber und erkundigte sich, wie es uns so ginge. Wir erzählten, was uns bewogen hatte, diese Reise zu machen. Er hörte aufmerksam zu, dann dankte er uns für unsere Ehrlichkeit.

Jetzt wandte er sich Micah zu: „Ich weiß nicht, nach welchen Kriterien du Erfolg misst oder worin du den Sinn deines Lebens siehst. Vielleicht beziehst du deinen Selbstwert aus deiner beruflichen Karriere? Oder aus anderen Quellen? Ich kann mir gut vorstellen, dass du dich im Moment eher als Versager fühlst. Aber ich kann dir sagen, dass ich einen Großteil meines Erfolges dir verdanke. Vielleicht bist du dir gar nicht bewusst, wie viel Einfluss du auf andere Leute hast, aber auf mich hattest du einen riesengroßen Einfluss. Du hast so viel in mich investiert, obwohl ich dir überhaupt nichts zurückgeben konnte. Du wolltest auch nichts zurück. Dir ging es einfach nur um mich. Du hast dir enorm viel Zeit für mich genommen. Durch dich habe ich erreicht, was ich heute bin. Ich verdanke dir sehr viel."

Erstaunt sah ich, wie emotional Micah reagierte. Zum ersten Mal überhaupt sah ich ihn weinen. Micah saß in diesem nur spärlich beleuchteten Restaurant und hörte einem ehemaligen Jugendlichen zu, der jetzt ein erwachsener Mann war und offen darüber sprach, wie sehr er Micah bewunderte.

Es war das erste Mal, dass uns beiden bewusst wurde, wie viel unsere Ehe auch mit anderen Menschen zu tun hatte. Bis dahin waren wir so mit uns selbst beschäftigt gewesen, dass wir dachten, das Ganze wäre einzig und allein unser eigenes Problem – und das Problem unserer Kinder. Aber die Menschen, denen wir im Laufe der Jahre auch unseren Glauben weitergegeben hatten, würden durch das Scheitern unserer Ehe auch in Mitleidenschaft gezogen werden. Ein ernüchternder Gedanke für jeden von uns.

Das Gespräch mit Russell war für Micah ein Wendepunkt.

Dann kam der Mittwoch, mein Geburtstag. Es war wunderbar leise, als ich wach wurde – weit und breit keine Kinder! Micah war schon aufgestanden und nach unten gegangen. Als ich zu ihm kam, sagte er: „Ich weiß, du hast heute Geburtstag, aber Blake hat heute Morgen in der Gemeinde etwas zu tun und könnte meine Hilfe gebrauchen. Wäre das okay, wenn ich ein paar Stunden in der Gemeinde bin und danach mit dir essen gehe?" Ich war sofort einverstanden und freute mich auf einen ganzen Vormittag für mich alleine, ruhig und ungestört.

Ich ließ mich mit meiner Bibel und einem gelben Textmarker auf dem Sofa nieder und konnte es kaum erwarten, meinen Geburtstag so zu feiern. *Vielleicht hatte Gott auch ein Geburtstagsgeschenk für mich?* Ich schlug die Bibel auf und da war es schon. Erfreut stellte ich fest, dass Gott die allerschönsten Geschenke machen kann.

„Die Gebote, die ich euch heute gebe, sind ja nicht zu schwer für euch oder unerreichbar fern. Sie sind nicht oben im Himmel, sodass ihr sagen müsstet: ‚Wer steigt hinauf und bringt sie uns herunter, damit wir sie hören und befolgen können?‘ Sie sind auch nicht auf der anderen Seite des Meeres, sodass ihr fragen müsstet: ‚Wer fährt für uns hinüber und holt sie?‘ Im Gegenteil: Gottes Wort ist euch ganz nahe; es ist in eurem Mund und in eurem Herzen. Ihr müsst es nur befolgen!“ (5. Mose 30,11-14).

Gott hatte mich aufgefordert, etwas zu tun, was mir sehr schwerfiel. Mittlerweile war es etwa einen Monat her, dass ich diesen Liebesfilter einsetzte. Seither verliefen meine Tage etwa so: Gehorsam. Panik. Hoffnung. Schreckliche Angst. Frieden. Erneuter Gehorsam. Und immer so weiter, wie Wellen, ein stetiges Auf und Ab, von morgens bis abends, das Göttliche gegen die menschliche Schwäche und Instabilität.

Ich wollte meinen Mann zurückhaben, also versuchte ich, wörtlich das zu tun, was 1. Korinther 13 vorgibt. An manchen Tagen war es fast unmöglich, Gott darin zu gehorchen. Dann wieder hatte ich solche Angst zu versagen, dass ich jede Hoffnung verlor. Umso mehr freute ich mich über diesen Satz: „Die Gebote, die ich euch heute gebe, sind ja nicht zu schwer für euch oder unerreichbar fern.“

Es war mein Geburtstag und Gott sagte mir, dass das, was er von mir verlangte, zwar schwer, *aber nicht unmöglich* sei. Was blieb mir anderes übrig, als ihm zu glauben? Dann fand ich noch einen schönen Satz in der Bibel: „Denn es sind keine leeren Worte, sondern sie sind euer Leben. Richtet euch danach, und ihr werdet lange in dem neuen Land jenseits des Jordan bleiben, das ihr jetzt in Besitz nehmt“ (5. Mose 32,47).

Die Sätze, die ich an diesem Morgen in meiner Bibel las, waren für mich mehr als nur sehr alte Texte. Für mich waren sie *lebendig*. Sie *gaben mir Leben*. Und sie veränderten mein Leben. Sie verändern mich bis heute. Damit hätte ich nicht gerechnet. Aber die Zeit, die ich an diesem Morgen mit der Bibel verbrachte, wurde für mich zu einer der schönsten und wichtigsten Erfahrungen dieser Reise.

Unseren letzten Tag in Kalifornien verbrachten wir größtenteils am Strand. Das mag ich so an San Francisco: Nicht weit von der pulsierenden Stadt findet man wunderschöne, scheinbar vergessene, einsame Strände, mit dekorativ eingestreuten, verfallenen Leuchttürmen und alten Brücken, die in ihrer Bauweise typisch für diese Gegend sind. Viele Strandabschnitte verstecken sich hinter riesigen Felsbrocken und bilden abgelegene Buchten, an denen nichts darauf schließen lässt, wie nahe man der großen Metropole ist. Hier ist die Landschaft so perfekt, dass man fürchtet, gleich von einem „Betreten verboten"-Schild gestoppt zu werden. Aber die Strände sind öffentlich, jeder darf hier die Schönheit der Natur genießen.

Dort verbrachten wir den Nachmittag. Es war November, trotz des herrlichen Sonnenscheins leider kein Badewetter. Micah hatte Lust, ein paar Kilometer über den Sand zu joggen. Ich blieb zurück und nutzte die Zeit zum Beten. Dabei erinnerte ich mich wieder an 1. Samuel 7,12: „Nach diesem Sieg stellte Samuel … einen großen Stein … auf. ‚Bis hierher hat der Herr geholfen!', sagte er und nannte den Stein Eben-Eser (‚Stein der Hilfe')."

Da kam mir der Gedanke, ich könnte mir hier am Strand einen schönen Stein aussuchen. Falls Gott das Wunder tun und unsere Ehe heilen würde, würde es mein persönlicher Erinnerungsstein an den heutigen Tag sein, an dem immer noch der Kampf um unsere Ehe tobte. Ich wusste nicht, wie es nach dieser Reise mit uns weitergehen würde. Aber zumindest bis jetzt, bis heute konnte ich sagen: „Bis hierher hat der Herr geholfen."

Schließlich war unsere Woche vorbei und wir waren wieder am Flughafen, um unser Gepäck einzuchecken. Dabei stellte es sich heraus, dass mein Koffer schwerer war als erlaubt. Ich finde es sehr unangenehm, wenn man dort am Schalter, während hinter einem die Wartenden stehen, sein Gepäck ausbreiten muss, um es neu auf verschiedene Taschen zu verteilen, damit kein Gepäckstück zu schwer ist.

Ich wühlte also mit erheblicher Verlegenheit durch meine Sachen, vor den Augen der Umstehenden. Da fiel mir etwas in die Hände: *mein Eben-Eser-Stein.* Wie dumm kam ich mir vor! Wegen eines unnötigen, schweren Steins hielt ich hier am Flughafen den ganzen Verkehr auf. Ich versuchte, das Teil unauffällig in einer herumstehenden großen Topfpflanze verschwinden zu lassen, und hoffte, dass mich nicht zu viele Leute beobachteten. *Warum hat sie denn einen Stein in ihrer Tasche?*

Als Micah sah, was ich tat, brachte er mir den Stein zurück und meinte: „Nein. Nimm deinen Stein mit. Wir können etwas anderes zurücklassen."

24

Geistlicher Kampf

Seid besonnen, seid wachsam!
Euer Feind, der Teufel, streift umher
wie ein brüllender Löwe,
immer auf der Suche nach einem Opfer,
das er verschlingen kann.

1. Petrus 5,8

Mir war von Anfang an klar, dass ich kein Buch über Gottes Hilfe in unserer Ehe schreiben konnte, ohne auch ein Kapitel über den geistlichen Kampf einzufügen. Es wäre nicht ehrlich gewesen, diesen wichtigen Teil unserer Geschichte zu verschweigen. Aber ich habe mich lange davor gedrückt, dieses Kapitel zu schreiben. Erst ganz am Schluss meiner Arbeit an dem Buch habe ich mich darangesetzt, ein bisschen ängstlich, weil ich weiß, dass sich viele Christen mit dem Thema schwertun. Sie mögen es nicht, wenn man von Dämonen und geistlichem Kampf spricht. Aber was ich jetzt schreibe, haben wir genau so erlebt.

Wenn es um die finstere Welt geht, kann man auf beiden Seiten vom Pferd fallen. Die einen schieben dem Teufel die Schuld in die Schuhe für Dinge, die sie sich selbst zuschreiben müssen; doch es liegt nicht nur am Widersacher, wenn wir falsche Entscheidungen treffen. Die anderen wollen am liebsten gar nicht an die Existenz dieser dunklen Welt glauben, die von Dämonen und unterschiedlichen finsteren Mächten und Autoritäten bevölkert wird.

Ich werde mich hüten, mich in dieser Diskussion auf die eine oder die andere Seite zu stellen oder irgendeine Theologie zu verbreiten. Aber wenn ich schon meine Geschichte erzähle, dann muss ich auch alles erzählen. Und der geistliche Kampf kam vor und spielte eine wichtige Rolle. Ich habe nicht Theologie studiert und mich auch nicht mit diesem Thema beschäftigt. Deshalb bitte ich um Nachsicht. Ich versuche nur, mit halbwegs treffenden Worten das zu beschreiben, was wir erlebt haben.

Während unserer Ehekrise lief einiges hinter den Kulissen (wie immer im Leben). Gott bereitete für uns einen Ausweg vor und die Gegenseite lauerte auf eine Gelegenheit, um uns von unserem Kurs abzubringen. Schon sehr früh hatte ich den Eindruck, dass es in dieser Auseinandersetzung gar nicht so sehr um mich und unsere Ehe ging. Mit unerklärlicher Dringlichkeit hatte ich das Empfinden, dass Micah in Gefahr ist. Als würde er aus der unsichtbaren Welt heraus angegriffen. Zum Abschuss freigegeben.

Das war nicht neu. Schon früh waren mit Micah Dinge passiert, die mir Angst machten. Als wäre er eine Zielscheibe für lebensbedrohliche Angriffe. Es war ja überhaupt schon ein Wunder, dass er seine Kindheit einigermaßen unbeschadet überstanden hatte. Gleich zu Beginn unserer Ehe wurde ich dann Augenzeuge einer erstaunlichen Geschichte. Wir hatten zunächst im Norden Kaliforniens gelebt. Dann wurde ich schwanger und wir beschlossen, nach

Ohio umzuziehen, wo unsere Angehörigen lebten. Auf dieser Fahrt von Kalifornien nach Ohio geschah es.

Wir hatten Kalifornien gerade erst hinter uns gelassen. Micah saß am Steuer des Möbelwagens, ich fuhr im Pkw hinter ihm her. Als ich sah, wie er nach links abdriftete, fuhr ich vor, bis ich neben ihm war, und versuchte herauszufinden, was los war. Er lächelte und bedeutete mir, er sei nur ein bisschen müde. Wir waren früh gestartet, um vor dem Berufsverkehr aus der Stadt zu kommen. Dann drehte er das Radio laut auf, kurbelte die Fenster herunter und versicherte mir, alles sei bestens. In zwanzig Minuten würden wir in Reno sein. Dort wollten wir eine Pause einlegen.

Aber als er kurze Zeit später erneut nach links driftete, fuhr er ungebremst weiter. Er war offensichtlich richtig eingeschlafen. Mit über achtzig Stundenkilometern kam er von der Straße ab und raste frontal gegen einen Baum. Mein Herz blieb stehen. Meine Finger krallten sich ins Lenkrad, während ich hilflos mit ansehen musste, was geschah. Ich weiß noch genau, wie mir der Gedanke durch den Kopf schoss: *Er ist tot. Ich bin schwanger und mein Mann ist tot.*

Mir bot sich ein entsetzliches Bild. Ich musste alle meine Kraft zusammennehmen, um auszusteigen und die Straße zu überqueren. Was würde ich dort antreffen? Die Vorderseite des Lkw war nicht wiederzuerkennen. Er hatte sich fast um den Baum gewickelt. Ich musste mit dem Schlimmsten rechnen, als ich zum Fenster auf der Fahrerseite lief. Sogleich sah ich Micah. Er schaute mich an.

Ich geriet in Panik. *Warum sind seine Augen offen? Sie starren mich an.* Dann verstand ich: *Er lebt!* Im nächsten Moment warf ich beide Arme in die Luft, jubelte und dankte Gott. Wahrscheinlich vollführte ich auch einen kleinen Freudentanz.

Micah trug lediglich eine Schramme am Knie davon. *Eine Schramme.* Sein linker Lederflipflop war so in dem verbeulten Fahrzeug eingeklemmt, dass wir ihn nicht mehr herausbekamen. Aber sein Fuß war unverletzt. Alle Glasscheiben waren geborsten, nur das Fenster hinter seinem Kopf war unbeschädigt. Vorbeifahrende hatten die Feuerwehr alarmiert. Sie bestätigten uns, dass Micah gerade ein Wunder erlebt hatte. Das sah ich auch so.

Unser ganzes Hab und Gut war in dem Lkw. Auch die Schlafkoje über dem Fahrerhäuschen hatten wir vollgepackt. Die Töpfe und Pfannen, die, in Kisten verpackt, dort verstaut gewesen waren, waren unbrauchbar, so verbeult waren sie. Aber Micah stieg aus dem Fahrzeug, als sei nichts gewesen. Nur sein Stolz war verletzt.

Die Leute vom Rettungsdienst machten uns auf ein weiteres Wunder aufmerksam. Wir befanden uns in den Bergen unweit von Reno. Als Micah einschlief, wand sich die Straße gerade an einer steilen Klippe nach oben. Dort in der Gegend sind diese felsigen Straßenabschnitte so normal, dass es nicht einmal Leitplanken gibt. Wer von der Straße abkommt, fällt ungehindert in die Tiefe.

Dann erklärten uns die Rettungsleute, dass Autofahrer, die am Steuer einschlafen, fast immer nach rechts von der Straße abkommen, weil die meisten Rechtshänder sind. Micah ist Linkshänder. Deshalb zog er im Schlaf das Lenkrad nach links. Wäre er auf der anderen Seite von der Straße abgekommen, hätte ich hilflos zugesehen, wie mein Mann mit dem Lkw von der Klippe in die Tiefe gestürzt wäre. Was für eine schreckliche Vorstellung!

Nach dem Unfall verbrachten wir eine Nacht in einem Hotel, ehe wir unsere Reise fortsetzten. Dort erzählte mir Micah, dass er in der Nacht vor dem Unfall schlecht geschlafen hatte. Ein Traum hatte ihn gequält, in dem ihn ein Dämon zu töten versuchte. Seine Aussage erstaunte mich nicht allzu sehr. Die Formulierung: „ein Dämon hat versucht, mich umzubringen“ klang wie eine passende Beschreibung für seine ganze Kindheit.

Dieser Mann hat mehr Gefahren überlebt als jeder andere Mensch, den ich persönlich kenne. Leute, die ihn noch aus seiner Kindheit kannten, betonten, wie unglaublich zäh er sei. Sie stellten ihn immer als Vorbild hin. All die Unterstützung, die Kinder normalerweise von ihren Eltern bekommen, fehlte ihm. Trotzdem hatte er es so weit gebracht. Viele Leute lobten ihn. Auch ich.

In all den Jahren unserer Ehe hörte ich nie ein böses Wort von ihm über irgendjemanden. Er regte sich nicht auf, wenn Dinge schlecht liefen, und er hegte keinen Groll, wenn Menschen gemein zu ihm waren. Egal was war, er ging unbeirrt seinen Weg. Er war zu allen Leuten freundlich, auch zu denen, die ihm das Leben schwer machten. Wenn ich mich über das Verhalten von jemandem ärgerte, dann fand er an der Person immer etwas Positives, das er hervorheben konnte. Diese Art von ihm, sein Wesen und sein Charakter, haben mich von Anfang an fasziniert.

Ich fand immer, er sollte mehr von dem erzählen, was Gott in seinem Leben tat. Es war doch alles so erstaunlich, so übernatürlich. Aber Micah sprach fast nie über sich und sein Leben, nicht einmal, wenn ich ihn direkt danach fragte. Erst viel später, als Gott dann unsere Beziehung heilte, verstand ich diese Seite an ihm. Als kleiner Junge hatte er gelernt, Mauern aufzurichten, hinter denen er vor all dem Horror sicher war, der in seinem Leben stattfand. Hinter diesen Mauern gab es keine Gefühle.

So konnte er leben und funktionieren und gleichzeitig allen Gefühlen des Versagens, der Ablehnung und der Traurigkeit entfliehen. Vermutlich griff er auf diese Methode zurück, als er von der Entwicklung in unserer Ehe enttäuscht war. Er hoffte nicht auf Verbesserung, sondern schützte sich auf die bewährte Art vor allem Schmerzlichen.

Erst vor Kurzem erklärte er, dass diese Mauern eine zweifache Wirkung besaßen. Zum einen beschützten sie ihn vor negativen Gefühlen, andererseits konnten auch keine positiven Gefühle hindurchdringen. Das Ergebnis war dann ein

Herz, das *gar nichts* fühlte. So erreichte ihn auch die Liebe der Menschen, die ihm ganz nahe waren, nicht. Er saß hinter seinen Mauern und erklärte: „Ich empfinde nichts für dich."

Eines Abends, in einem der seltenen Momente der Offenheit zwischen uns, lagen wir nebeneinander im Bett und Micah sagte: „Ich verstehe nicht, warum du für das alles so kämpfst." Spontan rutschte mir der Satz heraus: „Dann hast du noch nie jemanden geliebt."

Ich hatte mir diese Antwort nicht zurechtgelegt. Sie war nicht böse gemeint, aber sie war ehrlich. Micah schwieg nachdenklich und brummte „Hmmm". Seine Stimme klang dabei aber weder sarkastisch noch gekränkt. Wahrscheinlich bemerkten wir beide, wie sehr mein Satz ins Schwarze getroffen hatte. Micah hatte mich immer so sehr geliebt, wie es ihm jeweils möglich war. Erstaunlich, dass er mich überhaupt hatte lieben können mit all den Mauern, die sein Herz umgaben.

Unsere Ehe war nicht so, wie wir sie uns vorgestellt hatten. Aber ich wollte ihm das nicht übel nehmen. Also begrub ich meine Erwartungen und Träume, mit denen ich in die Beziehung gestartet war. Ich dachte, ich würde das aus Liebe zu Micah tun. Statt mich mit den negativen Dingen aufzuhalten, übte ich mich in Dankbarkeit für alles, was gut war. Wie konnte ich ahnen, dass Micah mein Verhalten als Passivität empfand, die ihm sehr zusetzte?

Mein Verhalten war keine Liebe. Eher Unglauben. Ich traute Gott nicht zu, dass er unsere Ehe mit Liebe und Leben erfüllen konnte. Gleichzeitig traute ich meinem Mann nicht zu, dass er seine Träume verwirklichen könnte. Zu Beginn unserer Ehe versuchte ich immer wieder, ihn zu ermutigen und aufzubauen. Aber er reagierte dann so zurückweisend, dass ich es irgendwann aufgab. Machte er mich unglücklich, schob ich es auf seine Kindheit. Mein Verhalten definierte ich als „Liebe". (Ich bin nicht stolz darauf und ich weiß, dass ich mich damit nicht für die Auszeichnung als beste Ehefrau der Welt qualifiziert habe.) Heute weiß ich, wie falsch mein Verhalten war. Es stand in direktem Gegensatz zum Liebesfilter. In jeder Lage glaubt sie, immer hofft sie – die *Liebe* gibt niemals auf.

Als Micah sich dann auf die andere Frau einließ, sehnte er sich verzweifelt danach, etwas zu fühlen, *irgendetwas.* Doch bevor er sich von mir abwenden konnte, musste er sich zuerst von Gott distanzieren. Gott hatte ihn eigentlich dazu berufen, für ihn zu leben und ihm zu dienen. Diese Berufung hatte er aufgegeben. Ich hatte miterlebt, wie Micah Gott gegenüber immer gleichgültiger geworden war. Da ich nicht wusste, was ich dagegen tun sollte, tat ich gar nichts. *Nichts.* Eigentlich hätte ich zumindest auf die Idee kommen können zu beten. Aber es machte mir offensichtlich nicht allzu viel aus, dass er Gott verließ. Erst als er dann *mich* verließ, wurde ich wach. *Gott, bitte vergib mir …*

Als ich endlich zur Besinnung kam, befand ich mich schon mitten in einem heftigen Kampf. Ab Mitte Oktober und im November dieses Jahres tobte bei uns der Krieg, bevor dann die Zeit der Wiederherstellung begann. Mir war, als hätte eine böse, zerstörerische Macht ihren Fuß in unsere Tür geklemmt. Aber nicht erst im Verlauf unserer Krise, sondern von Anfang an. Als hätte damit überhaupt erst alles angefangen. Was Micah zu mir sagte, stimmte nicht. Das hatte ich ja an seinem Tagebuch erkannt. Irgendwie waren da eine Menge unwahrer Gedanken in seinen Kopf gekommen und hatten sich dort so lange vermehrt, bis er ihnen glaubte.

Wie konnte ein Mann, der bei klarem Verstand ist, annehmen, dass es keinen stören würde, wenn er die Familie verlassen würde? Damals war er überzeugt, ich hätte einen besseren Mann als ihn „verdient“ und den Kindern würde es auch nichts ausmachen, wenn er nicht mehr da wäre. Außerdem würde er weiterhin in unserer Stadt leben, und wenn wir Hilfe bräuchten, würde er kommen und uns helfen. Er verstand überhaupt nicht, warum ich so heftig reagierte. *Wie konnte er allen Ernstes denken, dass es nicht schlimm wäre, unsere Familie zu verlassen?* Wie konnte er uns einfach aufgeben? Wie kam er auf die Idee, er hätte nichts zu verlieren? Wie verdreht musste sein Denken sein, dass er dachte, dieser Plan wäre in Ordnung? Je länger ich darüber nachdachte, desto klarer wurde mir: Das war nicht Micah. Ich hatte es hier mit einem anderen Gegner zu tun. Das waren nicht Micahs eigene Gefühle.

Damit will ich ihn nicht entschuldigen. Micah hat schlechte Entscheidungen getroffen, die uns alle in eine Krise gestürzt haben. Jeder Mensch ist verantwortlich für das, was er tut, keine Frage. Ich gehöre nicht zu denen, die alles auf den Teufel schieben. Gott bietet uns immer die Möglichkeit, anders zu reagieren. Deshalb steht in der Bibel auch diese Warnung: „Seid besonnen, seid wachsam! Euer Feind, der Teufel, streift umher wie ein brüllender Löwe, immer auf der Suche nach einem Opfer, das er verschlingen kann“ (1. Petrus 5,8).

Als ich eines Nachts bei uns im Untergeschoss schlief, dämmerte mir zum ersten Mal, dass in unserer Familie vielleicht eine dämonische Macht am Werk sein könnte. Da Micah nachts arbeitete, schlief er tagsüber unten, damit ihn der Lärm der Kinder nicht störte. Ich schlief immer oben im Schlafzimmer, das zusammen mit den Kinderzimmern im ersten Stock war. Aber an jenem Abend war Micah oben bei den Kindern und ich war unten. Warum, weiß ich nicht mehr. Die Reise nach Kalifornien lag hinter uns und man konnte den Eindruck gewinnen, dass es langsam bergauf ging mit uns. Micah hatte sich für mich entschieden und bemühte sich, alles richtig zu machen. Ich konnte auch beobachten, dass er sich wieder mehr mit Gott beschäftigte.

Ich lag also in unserem unteren Zimmer und versuchte einzuschlafen. Aber mein Kopf war voller Bibelverse, ich wurde regelrecht bombardiert mit Bibelzitaten. Ich hatte mich in den letzten Wochen viel mit der Bibel beschäftigt und oft dachte ich beim Einschlafen noch über einen Vers nach. Auch beim Aufwachen waren das oft meine ersten Gedanken.

Aber die Verse, die mir an diesem Abend in den Sinn kamen, gingen alle eher in die Richtung, dass man keine gemeinsame Sache mit den Sündern und Ehebrechern machen sollte. „Habt mit niemand etwas zu tun, der … ein unmoralisches Leben führt“, „Lasst einen solchen Menschen also auch nicht mehr an euren gemeinsamen Mahlzeiten teilnehmen“, „Schließt also den, der Böses tut, aus eurer Gemeinschaft aus“ (1. Korinther 5,11-13). Es war eine Vielzahl solcher Verse, Zitate, die wie Bruchstücke in meinem Kopf herumwirbelten. In vielen ging es um „Unreinheit“ oder „den Unreinen“. Die Worte pochten in meinem Kopf.

Ich dachte zuerst, Gott würde zu mir reden. Abends, wenn es im Haus ruhig war, redete Gott oft durch Bibelstellen zu mir. Wollte Gott mich warnen? Panik stieg auf. „O nein“, dachte ich, „hat Micah sich wieder mit einer anderen Frau eingelassen? Gott bereitet mich darauf vor. Dieses Mal muss ich mich von ihm trennen.“ Wir hatten schon einiges hinter uns, so viel durchgekämpft. Ich war zuletzt sehr froh, dass Micah sich wieder mir zugewandt hatte. Ich wollte ihn doch jetzt nicht verlieren! Und ich wollte nicht alles wieder von vorne durchfechten müssen!

Die Situation machte mir solche Angst, dass mir schlecht wurde. Mein Bauch fühlte sich an, als hätte ich einen Stein verschluckt. Ich war total aufgeregt. Das ergab doch keinen Sinn! Hatte Gott mich die ganze Zeit dazu angehalten, Micah zu lieben, nur um ihn jetzt davonzujagen? Gerade jetzt, wo er erste Schritte auf Gott und auf mich zuging? Doch die Gedanken waren massiv: „Nein! Trotzdem! Trenne dich!“

Als ich später darüber nachdachte, verstand ich, dass die biblischen Sätze, die ich im Kopf hatte, aus dem Zusammenhang gerissen waren. Fragmente, die verdreht waren und im Widerspruch zu Gottes Wesen und den grundlegenden Aussagen der Bibel standen. Bisher hatte ich immer diesen Frieden gespürt, wenn Gott zu mir sprach. Immer. Auch wenn er etwas Schwieriges verlangte und ich mir nicht vorstellen konnte, wie ich das schaffen sollte – Frieden hatte ich immer dabei. Noch nie hatte Gottes Reden Angst und Panik in mir ausgelöst.

Als ich dann irgendwo im Raum, direkt über mir, etwas wie eine finstere Präsenz wahrnahm, wusste ich, dass ich aus der unsichtbaren Welt angegriffen wurde. Das war nicht Gott. Ich wusste inzwischen, wie sich Gottes Nähe anfühlte. Was ich hier erlebte, was etwas anderes.

Diese Einflüsterungen hatten mich sehr erschreckt, obwohl ich ihnen nur ein paar Augenblicke lang ausgesetzt gewesen war. Wenn ich das immer ertragen müsste – was für eine schreckliche Vorstellung. Wie verwirrt ich davon wohl wäre? Nacht für Nacht – ob es Micah so ging? Ich war mir sicher, dass sich hier eine finstere Macht aufhielt. Wenn Micah diesen Einflüssen ausgesetzt war, während er hier unten schlief, kein Wunder, dass er dann komische Entscheidungen traf und sich emotional verschloss.

Schließlich schlief ich in unserem unteren Zimmer ein. Mitten in der Nacht schreckte ich auf, geweckt von einem erotischen Traum, den ich in unglaublicher Intensität erlebt hatte – aber nicht mit meinem Mann. Ich hatte von einem Mann aus meinem Bekanntenkreis geträumt. Was war denn das? Seit Wochen war ich vollkommen erfüllt von Liebe für meinen Mann, er war der Einzige, dessen Nähe ich begehrte, mehr als jemals zuvor in unserer Beziehung. Warum um alles in der Welt hatte ich denn jetzt plötzlich so einen verrückten Traum?

Plötzlich erinnerte ich mich wieder an diese seltsame Mischung von Bibelversen, die mich ein paar Stunden zuvor beim Einschlafen bedrängt hatte. Als ob Gott von mir verlangen würde, mich von Micah zu trennen! Was für ein erschreckender Gedanke. Es hatte sich entsetzlich angefühlt. Nein, das war niemals Gott. Ich war zum Ziel eines Angriffs aus der Finsternis geworden. Was auch immer das für ein Dämon war, der Micah so viele Lügen eingegeben hatte, nun versuchte er es bei mir. Wie empörend! Ein Dämon in meinem Haus? *Du wagst es, hier einzudringen und meinen Mann zu belagern – und es jetzt bei mir zu versuchen?*

Irgendwie war ich richtig erleichtert. Ich hatte die Ursache gefunden! Man kann ein Problem nicht angehen, wenn man nicht weiß, wo es herrührt. Außerdem empfand ich großes Mitgefühl für Micah. Für ein paar Augenblicke hatte ich diese Verwirrung erlebt, die ihm wohl schon länger zusetzte. Dieser Feind war einfallsreich und sehr manipulativ. Ich bekam eine Ahnung von dem, wogegen Micah möglicherweise ankämpfte. Zum ersten Mal konnte ich mir vorstellen, wie sich das alles vielleicht hatte entwickeln können.

Es hatte ja ganz unterschwellig, unauffällig begonnen mit bekannten Bibelversen, die mir in den Sinn gekommen waren. Von einem Augenblick auf den anderen nahm die Intensität zu, während ich den Angriff nicht als solchen erkannte und mich auf die Sätze einließ. (Heute haben wir in unserer Familie einen Spruch, den wir immer dann zum Besten geben, wenn einer beleidigt, wütend oder niedergeschlagen ist: „Sperr das Ding lieber weg!" Damit erinnern wir uns daran, dass wir immer auf der Hut sein müssen. Wir wollen keine Gedanken zulassen, die dem zuwiderlaufen, was Gott für uns hat.)

Wenn Micah wirklich jede Nacht im Schlaf so angegriffen wurde, dann erklärte das natürlich einiges. Die ganze Zeit über hatte er auf mich immer wieder den Eindruck erweckt, als würde ihn etwas quälen. Auch Tante Jan und Shannon gegenüber erwähnte ich das. Er wirkte auf mich so zerrissen, so erschöpft. Ich sah es in seinen Augen. Auch in seinem Gesicht. Ich spürte es in meinem Geist. Aber ich konnte es nicht zuordnen, es gab keine „Beweise". War unsere Beziehung deshalb so unausgeglichen, von Höhen und Tiefen durchsetzt? Manchmal traf Micah eine Entscheidung und wollte dann kurz darauf das genaue Gegenteil davon tun. Hatte ich die Ursache für den ganzen emotionalen Kampf gefunden, den wir beide kämpften? Es war Zeit, hier einzugreifen!

Obwohl es mitten in der Nacht war, nahm ich Kontakt zu meinem Aaron und meinem Hur auf und erzählte ihnen alles, was ich in den letzten paar Stunden in unserem Untergeschoss wahrgenommen hatte. Beide hatten Erfahrung mit solchen Phänomenen und es machte ihnen keine Angst. Shannon versicherte mir, dass Gottes Segen viel stärker ist als jeder Fluch. (Trotzdem kam sie direkt vorbei und betete für mich, mitten in der Nacht. Sie ist unglaublich! Wie sehr wünsche ich wirklich jedem Menschen so eine Shannon und so eine Tante Jan. Wer solche Unterstützer nicht hat, sollte zumindest selbst ein Unterstützer für andere werden. Gott wird das belohnen, da bin ich mir sicher!)

Ein paar Tage später gab es ein Treffen in unserem Haus. Shannon, John und Micahs Vater Bill kamen zu uns. Wir setzten uns ins Wohnzimmer und redeten miteinander. Dabei erwähnte ich, dass ich noch nie so etwas hier im Haus wahrgenommen hatte, nur dieses eine Mal, dort in unserem Untergeschoss. Daraus entstand ein Gespräch über das Wesen von Dämonen. Manche seien an bestimmte Räume oder Gebiete gebunden, andere hängten sich an bestimmte Familien, in denen sie über Generationen hinweg immer wieder ähnliche Probleme hervorrufen. In manchen christlichen Kreisen spricht man von „territorialen Mächten" bzw. einem „Generationenfluch".

Es gibt tatsächlich immer wieder Familien, in denen die Kinder in den gleichen Bindungen leben wie ihre Eltern, manchmal erstreckt sich so etwas auch über mehrere Generationen und viele Jahrzehnte, vielleicht sogar Jahrhunderte hinweg, solange der Fluch nicht gebrochen wird. Solche Generationenflüche können Jähzorn, Drogen- und Alkoholabhängigkeit, Scheidungen, Ehebruch, Depression und andere belastende Dinge sein. Natürlich, manches davon lernen die Kinder auch einfach von ihren Eltern. Trotzdem steht dahinter ein teuflischer Plan, der die Zerstörung ganzer Familien zum Ziel hat. Generationenflüche sind eine teuflische Strategie, im Gegensatz zu Gottes Absicht, der seinen Segen über viele Generationen ausschütten will.

Ich erinnerte mich wieder an Shannons Gespräch mit Micah, vor ein paar Wochen beim Haareschneiden. Sie hatte ja den Gedanken, dass Micahs Mutter vielleicht aus dem Gefühl heraus gehandelt hatte, dass sie nichts mehr zu verlieren hätte – wodurch sie dann alles verlor. Micahs Mutter ist nicht bei ihren leiblichen Eltern aufgewachsen. Ihre Mutter hat sich nicht um sie gekümmert. Sie wurde von ihren Großeltern aufgezogen. Auch hier schien sich ein Muster abzuzeichnen. Vielleicht war das so ein Fluch, der auf Micahs Familie lag? Wer weiß, warum Micahs Oma sich nicht um ihre Tochter kümmern wollte und was seine Mutter als Kind erlebt hatte?

Ich dachte an Micahs Mutter. Um ihre Sucht zu befriedigen, hatte sie ein sehr egoistisches Leben geführt. Wo immer sie in Kontakt mit Menschen gekommen war, hatte sie eine Spur der Verwüstung hinterlassen. Um nicht selbst Teil davon zu werden, hatten sich ihre eigenen Kinder von ihr distanziert. Als Folge der Sucht war sie später behindert. Ihr Leben war so traurig, am Ende war von all den guten Möglichkeiten, die sie als junge Frau gehabt hatte, einfach nichts mehr übrig. Alles verloren. Eine sehr einsame Frau, die einer großen Lüge geglaubt hatte.

Wenn es nach dem Teufel ginge, würde jedes Leben so enden. Das ist sein eigentliches Ziel. Totaler Verlust. Totale Zerstörung. 1. Petrus 5,8 beschreibt das eindringlich: „Euer

Feind, der Teufel, streift umher wie ein brüllender Löwe, immer auf der Suche nach einem Opfer, das er verschlingen kann." Das Wort „verschlingen" steht für „hungrig verschlucken, gierig, gefräßig, unersättlich, heißhungrig, räuberisch, ausgehungert, raubgierig sein".[14]

Micahs Mutter gab alles auf, weil sie der Lüge aufgesessen war, dass sie nichts zu verlieren hätte. Diese dunkle Macht, die mich bedrängt und Micah belagert hatte – war das vielleicht derselbe Dämon, der davor schon Micahs Mutter verfolgt und gequält hatte? Irgendwie erschien mir das plausibel. Als ob dieses Ding vom Rücken eines alten Familienmitgliedes heruntergehüpft, sich in der Nähe eines jüngeren Angehörigen eingenistet und auf eine Gelegenheit gewartet hätte, die nächste Generation anzugreifen und dort sein Unwesen zu treiben.

Wie viel Aufwand die dunkle Seite hier getrieben hatte, um meinen Mann zu zerstören, schoss es mir durch den Kopf. Gott hatte Micah in seinen Dienst gerufen. Er hatte Wunder um Wunder getan, um uns zu verändern. *Warum?* Vielleicht hatte Gott noch ein paar gute Aufgaben für Micah? Auf jeden Fall hatte er ihn sehr lieb. Weder einem Dämon noch irgendeiner anderen finsteren Macht würde es gelingen, sich Gott in den Weg zu stellen und seine Pläne zu verhindern.

Schließlich gingen Micah und ich dann mit Shannon, John und Bill ins Untergeschoss. Freundlich, aber mit Autorität übernahm Bill die Führung und sagte: „Wir werden jetzt den Namen Jesu aussprechen." Er hatte auch bei sich zu Hause schon erlebt, dass dämonische Mächte verschwanden, wenn sie mit dem Namen Jesus konfrontiert wurden.

Super. Das klingt richtig. Den Namen Jesu kenne und liebe ich.

Während Bill und ich noch redeten, hatte John sich unten ein bisschen umgesehen. Nun war er in einem Nebenraum. Wir folgten ihm. Plötzlich wurde er sehr ernst, sah zuerst zu mir, dann auf eine Wand. Hier hatten wir schon vor längerer Zeit Tafelfolie angebracht, damit die Kinder mit Kreide darauf malen konnten. „Wer hat das geschrieben?", fragte er.

Die Tafelfläche war mit dem Gekritzel der Kinder bedeckt, doch mitten drin waren drei Sterne, jeweils mit einem Kreis umgeben, in einer Reihe. Sie erinnerten an das Pentakel, das Symbol der Wicca-Religion. Als ich erkannte, worauf John zeigte, lief mir eine Gänsehaut vom Kopf über den Rücken bis zu den Füßen. Ich konnte mich genau an den Tag erinnern, an dem diese Tafel zuletzt benutzt wurde. Damals hatte ich mir überhaupt nichts dabei gedacht. Micahs Mutter hatte das geschrieben.

Sie war uns besuchen gekommen (was nur äußerst selten vorkam) und spielte im Keller ein „Spiel" mit Josiah. Wenn sie da war, empfand ich immer eine gewisse Beklemmung, so auch damals. Deshalb war ich mit in den Keller gegangen. Ich hatte gesehen, wie sie die Sterne an die Tafel gemalt hatte, sie waren Teil eines Systems von Punkten, die man bei dem Spiel gewinnen konnte. Aber davon wusste John, der jetzt auf die Symbole zeigte, nichts.

Er erklärte: „Diese Symbole sind dämonisch, die müssen wir entfernen." Er bat mich um einen feuchten Lappen und wischte die ganze Tafelwand sauber. Gleichzeitig betete er. Dann beteten wir zusammen in den verschiedenen Räumen und salbten mit etwas Öl Fenster und Türen. Zuletzt legte Bill uns die Hände auf und segnete und salbte auch uns.

Während er für Micah betete, bestätigte er auch, dass Gott einen Plan für Micahs Leben habe: „Du musst nicht warten, bis die Krise der letzten Wochen verjährt ist, ehe du dich von Gott gebrauchen lassen kannst. Wir Menschen denken so. Wenn wir etwas falsch gemacht haben, sind wir nicht gut genug, um gleich wieder Verantwortung zu bekommen. Als müssten wir erst wieder beweisen, dass wir uns verändert haben und wieder Vertrauen verdienen. Aber wenn wir unser Leben Gott anvertraut haben, dann gehört es uns nicht mehr selbst. Gott kann uns dann gebrauchen, wie und wann er will, weil wir sein Eigentum sind – wenn wir ihm unser Leben geschenkt haben."

Während wir noch plauderten, ging Micah zum Bücherregal und nahm das Buch von C. S. Lewis heraus: „Dienstanweisungen für einen Unterteufel". Als er es aufschlug, fielen zwei Bilder heraus. Ich hatte diese Fotos damals von Micah gemacht, nachdem er mit dem Umzugswagen kurz vor Reno gegen einen Baum gekracht war. Die Bilder belegten, wie knapp er damals dem Tod entkommen war. Heute hatte Gott ihn wieder gerettet.

Nachdem wir den Dämon identifiziert und aus dem Haus geschickt hatten, entwickelten sich die guten Dinge viel schneller. Micahs Blick war wieder klar. Auch davor hatte er schon ernsthaft versucht, an unserer Beziehung zu arbeiten, aber jetzt war das etwas anderes. Nun glaubte Micah selbst daran, dass unsere Ehe wieder heil werden konnte. Alles war viel leichter! Micahs Zögern in Bezug auf seine Entscheidung zwischen mir und der anderen Frau war verschwunden. Auch Unsicherheit und Selbstzweifel waren weg.

Gott arbeitete weiter. Abends legte Micah den Kindern und mir die Hände auf und segnete uns, bevor wir schlafen gingen. Er fing an, Gott intensiver als bisher zu suchen. Die emotionale Taubheit und Apathie waren verschwunden. Stattdessen erfüllte ihn neues Leben. Micah war frei!

Falls ich das noch nicht deutlich genug betont habe: Ich bin kein Fachmann für geistliche Kriegsführung. Aber ich habe so meine Theorie, warum dieser Dämon sich in unserem Keller verschanzt hat. Nie habe ich irgendwo im Haus sonst solche Angriffe erlebt. Nur dort im Untergeschoss. Ich kam auf folgende Erklärung: Als Micah mich verlassen wollte, suchte ich ständig Gottes Gegenwart. Ich verbrachte

Tag und Nacht in der Gemeinschaft mit Gott. Fast rund um die Uhr lief Anbetungsmusik. Jesus wurde in unserem Haus angebetet. Licht und Dunkelheit vertragen sich nicht. So vermute ich, dass diese Kreatur sich angesichts von so viel Gegenwart Gottes im Keller verbarrikadiert hat. Armer Dämon. Er hatte keine Chance.

Für alle, die jetzt innerlich aufgeschrien haben, diese Geschichte seltsam finden, sie nicht glauben können und sich alles ganz anders erklären: Ich habe vollstes Verständnis. Ich weiß. Mein Mann fand mich nicht mehr attraktiv, und anstatt mir einzugestehen, dass es nun mal so ist, hänge ich ihm einen Dämon an. Könnte man meinen. Aber nur, wenn man nicht weiß, wie attraktiv ich tatsächlich bin! – Okay, das war ein Scherz!

25

Ein weiches Herz

Ich will euch ein neues Herz und einen neuen Geist geben.
Ja, ich nehme das versteinerte Herz aus eurer Brust
und gebe euch ein lebendiges Herz.

Hesekiel 36,26

Unsere Beziehung wurde Schritt für Schritt geheilt. Bei jedem weiteren Schritt, den wir zurücklegten, nahm auch meine Hoffnung zu. Trotzdem blieb ich vorsichtig. Ich konnte nicht wissen, was die nächsten Monate bringen würden. Meinen Ring hatte Micah mir noch nicht zurückgegeben. Daraus musste ich schließen, dass er sich noch nicht hundertprozentig sicher war, was mich und uns betraf. Wir hatten in dieser kurzen Zeit viel Schweres miteinander erlebt. Nun brauchten wir Gottes übernatürliche, innere Heilung, sonst würde diese Erinnerung immer auf unserer Ehe lasten.

Wir hatten gute und weniger gute Momente. In den guten Phasen erfüllte mich große Hoffnung, in den schlechten

Phasen zerschlug sich wieder, was wir schon an Fortschritten erreicht hatten. Ich betete schon länger nicht mehr für den Erhalt unserer Ehe; ich betete nur noch dafür, dass Micah wieder von Gottes Liebe erfasst und entzündet würde.

So wurde es Ende November und wir feierten Thanksgiving. Ich war froh, dass ich mit Micah zusammen bei seiner Oma zu Besuch sein konnte, wo viele Verwandte zum großen Festessen eintrafen. Es war so gut, dass keine andere Frau meinen Platz an Micahs Seite eingenommen hatte. Gott arbeitete in jedem von uns und bis Weihnachten hatte sich unsere Beziehung weiter verbessert. In meinem Tagebuch habe ich am 25. Dezember festgehalten:

> Es ist 9.30 Uhr. Weihnachten. Schon jetzt ist das unser schönstes Weihnachtsfest überhaupt. Ich bin so dankbar dafür, dass ich mit meinem Mann und meinen Kindern zusammen feiern kann. Neulich sagte Shannon: Wenn Gott etwas wiederherstellt, dann macht er es nicht nur so, wie es davor war. Er stellt den Zustand her, den er sich ursprünglich dafür vorgestellt hatte.
>
> Ich erlebe Weihnachten mit von Gott wiederhergestellter Leidenschaft – in mir und in meiner Ehe. Darüber denke ich nach, darin lebe ich. Würde ich weiter vorne in meinem Tagebuch blättern, wo mein Herz gebrochen ist und meine Hoffnung verloren schien – ich hätte das Gefühl, an einem weit entfernten Ort zu sein. Tatsächlich sind seit damals nur ein paar kurze Monate vergangen. Aber alles liegt weit hinter mir.
>
> Gestern Abend waren wir mit den Kindern bei meiner Mutter, wo wir Heiligabend verbracht haben. Micah und ich sind noch lange wach geblieben. Während alle längst geschlafen haben, haben wir zusammen in der Bibel gelesen und die Hausaufgaben gemacht, die Shannon und John uns gegeben hatten. Micah hat im Buch Samuel gelesen und mir dann davon erzählt. Ihm waren dabei Dinge aufgefallen, über die ich noch nie nachgedacht habe. Ich hab das Feuer in seinen Augen gesehen und die Leidenschaft in seiner Stimme gehört. Gott hatte wirklich zu ihm gesprochen.

Es war ein heiliger Moment, so mit Micah allein in meinem stillen Elternhaus wach zu sein. Gottes Hand ruht auf ihm und erweckt die Gaben in ihm, die lange vernachlässigt wurden. Gott hat in Micah ein neues Feuer für sein Wort entzündet. Seine Art, darüber zu reden, macht nachdenklich und neugierig zugleich.

Außerdem hat sich Micah alte Lieder aus der Zeit angehört, als wir ein Paar geworden sind. Bei einem bestimmten Lied habe ich ihn gefragt, ob wir tanzen wollen. Und das taten wir! Micah war sehr aufmerksam und zärtlich. Die Lichter waren alle aus, bis auf die Kerzen am Weihnachtsbaum. Wir tanzten im Wohnzimmer meiner Eltern. Es war unbeschreiblich, ein Traum.

Ich kann gar nicht genug kriegen von seinen Küssen auf meinen Haaren und meinem Gesicht, von seinen Händen, die sich gegen meinen Rücken pressen, seinem Arm um meine Schultern. Ich kann ihn gar nicht oft genug umarmen, mein Gesicht gegen seine Brust drücken und seinen Geruch einatmen.

Bei ihm fühle ich mich sicher. Ich bin überglücklich. Er führt, ich folge. Ich schwelge in seiner bezaubernden Gegenwart. Hatte sich Gott unsere Ehe von Anfang an so vorgestellt?

In den wenigen Monaten unserer Krise hatte Gott seinen Segen über mir ausgeschüttet, während ich seine Nähe suchte. Ich lernte Gottes Treue und seine Weisheit kennen, er umgab mich mit seiner lieblichen Gegenwart und versorgte mich. Gott weckte in mir eine neue Leidenschaft.

Zusätzlich wirkte er in meiner Ehe. So wurde unsere Beziehung besser als jemals zuvor.

Im November hatte Tante Jan mir eine Nachricht geschickt, die ich mir jetzt noch einmal durchlas. Sie war bekümmert, weil es bei mir immer nur vor- und zurückging und ich ständig zwischen Hoffnung und Mutlosigkeit schwankte.

Sie schrieb: „Ich denke, wir sollten mal ein Rummelplatz-Gebet für dich beten. Ich bitte Gott, dass du nicht mehr Achterbahn fahren musst, auch nicht die anderen Fahrgeschäfte, die dich immer nur herumwirbeln, bis dir schlecht wird. Du sollst die Stände der Kunsthandwerker besuchen, Zuckerwatte und kandierte Früchte essen, Riesenrad fahren, dich im Spiegelkabinett amüsieren und das große Los ziehen!"

Als ich diese Nachricht bekam, war ich von all dem Guten noch weit entfernt. Mir ging es schlecht und meine Welt lag in tausend Scherben. Doch Gott half mir, durchzuhalten und all die Segnungen zu empfangen, die jetzt in meinem Leben ankommen. Gott war mir nahe, als es mir schlecht ging, und jetzt wirkt er in meiner Ehe – das habe ich nicht verdient! Ich bin ihm so dankbar. Er zeigt mir, was er kann. Das ist so schön.

Im Februar dann veranstaltete unsere frühere Gemeinde in Sacramento eine Jugendkonferenz. Micahs Bruder Blake war entscheidend an der Organisation beteiligt und fragte Micah, ob er für eine Woche kommen und helfen wollte. Es war ein großes Event, die Band „Hillsong Young and Free" war eingeladen, die Musik zu machen, und viele bekannte Redner wurden eingeflogen. Da gab es viel zu tun.

Dieses Mal blieb ich bei den Kindern und Micah fuhr ohne mich nach Kalifornien. Ich hatte schon so viel von Gott empfangen, jetzt war Micah dran. Ich kann es nicht erklären, aber irgendwie wusste ich, dass Gott an diesem Wochenende bei meinem Mann etwas Besonderes tun würde.

Ich freute mich für ihn, dass er die Möglichkeit hatte, an der Konferenz teilzunehmen. Ein bisschen wurmte es mich aber auch, dass ich selbst zu Hause bleiben musste. Also betete ich: „Gott, ich wäre so gerne dabei, wenn du Micah berührst. Bitte lass es mich auch sehen!" Wie viel hatte ich für ihn schon gebetet, wie sehr gehofft, nun sah ich schon seit Längerem die Vorzeichen – ich wollte den großen Moment nicht verpassen.

Während dieser Woche schlief Micah in Blakes Büro in der Gemeinde. Abends wurde es immer spät. Da er in der Gemeinde wohnte und in diesen Tagen auch vollzeitig mitarbeitete, verbrachte er viel Zeit mit den Praktikanten dort. Während des Mittagessens fragten plötzlich einige Praktikanten und ein Pastor, ob sie für Micah beten dürften – mitten im Speisesaal. Diese Männer ahnten nichts von unserer Geschichte. Sie konnten nicht wissen, wie sehr Micah diese Ermutigung brauchte und dass ich zu Hause in Ohio für meinen Mann betete. Wieder ein Beispiel für Menschen, durch die Gott wirken konnte, weil sie ihm gehorsam waren.

Schließlich begann der Abendgottesdienst. Micah schickte mir einen Link, sodass ich per Livestream dabei sein konnte. Carl Lentz, Leiter der Hillsong-Gemeinde in New York, würde an diesem Abend sprechen. Die Kamera war so ausgerichtet, dass ich nicht das ganze Publikum sehen konnte. Es mussten mehrere Tausend Leute sein. Umso erstaunlicher, dass ich Micah entdeckte. Weil er Blakes Bruder war, genoss er ein paar Privilegien und saß seitlich vor der Bühne in einem für Mitarbeiter reservierten Bereich. An diesem Abend saß dort nur eine Handvoll Leute.

Mitten in der Predigt unterbrach sich Pastor Lentz, drehte sich zu diesem Bereich, in dem Micah saß, und sagte: „Gott hat mir gerade ein Wort für jemanden gegeben, der hier vorne sitzt." Er sah Micah in die Augen und zeigte auf ihn. „Gott lässt dir sagen: *Zieh es durch.*"

Das war alles. Wie vom Donner gerührt saß ich auf meinem Sofa in Ohio und erlebte live mit, wie Pastor Lentz mitten auf der Konferenz seine Predigt unterbrach, auf meinen Mann zeigte und ein Wort von Gott an ihn weitergab. Kurz darauf gab es eine technische Störung und der Gottesdienst konnte nicht weiter übertragen werden. Ich konnte es fast nicht glauben. Hatte ich mir das gerade eingebildet? Vielleicht hat er gar nicht Micah angeschaut?, kam es mir in den Sinn. Die Kamera stand in einem seltsamen Winkel zu der Ecke, in der Micah saß, und es waren noch so viele andere Leute in der Halle.

Vor kurzer Zeit hatte Micah angefangen, im Internet die Predigten von Pastor Lentz zu hören. Er mochte seine Art zu lehren und zu predigen. Ich wusste, dass es Micah viel bedeutete, gerade von diesem Mann eine prophetische Botschaft bekommen zu haben. Aber vielleicht bauschte ich das alles auch nur auf? Außerdem: *Zieh es durch?* Was sollte das bedeuten? Ob Micah damit überhaupt etwas anfangen konnte?

An diesem Abend blieb ich noch lange wach und wartete, ob Micah anrufen würde. Tatsächlich, ein paar Stunden später, als er wieder in Blakes Büro war, klingelte mein Telefon. Micahs Stimme klang weich und kratzig zugleich. Er weinte, ich auch. Mein Mann war an diesem Abend so richtig von Gott erwischt worden. All die Gnade, Erlösung und Versorgung, die ihm geschenkt wurden, hatten ihn schier überwältigt und sprachlos gemacht. Gott hatte es geschafft, dieses harte Herz weich zu machen.

Als Micah von der Konferenz nach Hause zurückkehrte, blieb sein Herz weich. Blake hatte ihm noch den Rat mit auf den Weg gegeben, Predigten von Judah Smith anzuhören. Dort fand er eine Botschaft mit dem Titel „Jesus liebt Barabbas“. Darin ging es um Gottes Gnade und die eigene Unwürdigkeit.

Micah fügte diese Predigt seiner Liste an Titeln hinzu, die er immer beim Joggen hörte. Genau wie ich beschäftigte er sich nun auch viel mit Gottes Wort. Gott umgab Micah mit Gnade und Erlösung, sie begegneten ihm von allen Seiten, in den unterschiedlichsten Zusammenhängen. Wir fingen an, uns gegenseitig zu erzählen, was wir mit Gott erlebten. Gott wirkte in jedem von uns zur selben Zeit, aber unterschiedlich. Mich ermutigte Gott ständig, Micah mit Gnade zu begegnen, mit übernatürlicher, grenzenloser

Gnade. Micah bekam von Gott die Aufgabe, diese Gnade anzunehmen.

Auch wenn das überraschen mag: Damit hatte Micah den schwierigeren Part …

26

Nähe

Wie mich der Vater geliebt hat,
so habe ich euch geliebt.
Bleibt in meiner Liebe!

Johannes 15,9

Unser mittlerer Sohn Gabe liebte es viele Jahre lang ganz besonders, wenn ich ihm vorlas. Während er auf meinem Schoß saß, blätterten wir gemeinsam Bücher durch und freuten uns an den Geschichten. Dazwischen drückte und küsste er mich und sagte immer wieder: „Mami, ich hab dich sooo lieb!"

Vorschulkinder sind einfach wunderbar. Man kann schon viele interessante Sachen mit ihnen machen, ihre Persönlichkeit zeichnet sich bereits ab, aber sie sind noch ganz verschmust und eng mit den Eltern verbunden. Mama und Papa sind für sie die wichtigsten Menschen im Leben und sie zeigen ihre Liebe und Anhänglichkeit ohne Scheu.

Jesus hat gesagt: „Ich versichere euch: Wenn ihr nicht

umkehrt und wie die Kinder werdet, könnt ihr nicht ins Himmelreich kommen“ (Matthäus 18,3). Jede Beziehung braucht Nähe. Meine Ehe zerbrach, als die Intimität fehlte. Auch zu Jesus müssen wir diesen vertrauten Zugang finden, den kleine Kinder zu ihren Eltern haben. Das ist unverzichtbar.

Als unsere Krise sich allmählich zu wenden begann, fing Micah an, die richtigen Dinge zu tun – aber ohne Liebe zu mir, ohne Freude über uns. Das war nicht schön für mich. Wenn man für den Partner nur eine Pflicht ist, die man erfüllen muss, dann verletzt das. Aber Gott behandelte die alten Narben in Micahs Herz und schenkte ihm die Fähigkeit zu lieben. Ich wartete ungeduldig, während Gott ihn veränderte. Ja, von Anfang an versuchte Gott schon, mir Geduld beizubringen (nicht gerade meine Stärke …).

Nach und nach begann Micah, sich mir zu öffnen – aber er war noch sehr wankelmütig. Mal wollte er mich, dann wieder nicht. Wenn ich morgens aufstand, wusste ich nie, was für einen Mann ich heute haben würde – einen, der mich gerne sah, oder einen, der mich am liebsten losgehabt hätte.

Aber Gott hatte es mir angekündigt und so war es dann auch: Die Zeiten, in denen Micah mich ablehnte, wurden weniger und verschwanden schließlich ganz. Irgendwann hatte Gottes Liebe alle Zweifel und Unsicherheiten bei ihm behoben, Micah wurde innerlich heil und stabil. Ich konnte mich in Bezug auf unsere Ehe wieder sicher fühlen.

Seither spreche ich von meiner „ersten Ehe“ und meiner „zweiten Ehe“. Wir waren zwar nie geschieden, aber trotzdem könnten unsere beiden Eheabschnitte nicht unterschiedlicher sein. Auch jetzt ist nicht immer alles gut, aber wir haben eine so positive, belastbare und liebevolle Beziehung, wie ich das nie für möglich gehalten hätte.

In der ersten Zeit nach der Krise war ich noch sehr unsicher. Ich brauchte zusätzliche Sicherheit, Extraportionen

Aufmerksamkeit. Nach allem, was zwischen uns gewesen war, konnte ich mich nicht sofort in Micahs Liebe sicher fühlen. Für mich waren die gemeinsamen Abende mit ihm wichtig, das Händchenhalten, die Küsse, die tiefen Gespräche, die Zeit mit Micah, in der nur ich für ihn zählte. Ich brauchte Intimität.

Gab er mir diese Nähe, dann konnte ich die quälenden Fragen zurückhalten. *Willst du mich wirklich? Wirst du bei mir bleiben? Oder bist du doch irgendwann weg?*

Aber Gott wirkte deutlich und sichtbar in Micah. In unserer ersten Ehe war er mir gegenüber reserviert und tat sich schwer damit, seine Gefühle zu zeigen. Jetzt fiel ihm das alles viel leichter.

Wenn Micah aufstand oder von der Arbeit nach Hause kam, nahm er mich in den Arm und gab mir einen Kuss auf die Stirn. Dann nahm er mich bei der Hand, zog mich zur Couch und wollte wissen, wie mein Tag war. Zum ersten Mal überhaupt hatte ich das Gefühl, für Micah wichtig zu sein. Sagte er dann, dass er mich liebte, konnte ich ihm das immer besser glauben. (Ja, stimmt, meine Liebessprachen sind Zärtlichkeit und Zweisamkeit. Anderen Menschen können andere Ausdrucksformen der Liebe wichtiger sein, entsprechend wird sich Heilung in deren Beziehung dann auch anders zeigen.) Für mich waren Micahs Berührungen heilsam.

Eines Tages Ende Dezember war ein Freund von Micah bei uns in der Stadt. Micah hatte schon angekündigt, dass er sich mit ihm treffen wollte. Das war eigentlich selbstverständlich, nicht der Rede wert. Aber wir hatten an dem Tag beide viel zu tun und es hatte noch keine persönliche Zeit nur für uns beide gegeben. Auch das war okay. Bis Micah „Tschüss" rief und die Haustür hinter ihm ins Schloss fiel.

Mit einem Mal spielten meine Gefühle verrückt. Für ein normales Ehepaar unter normalen Umständen wäre das eine ganz normale Situation gewesen. Aber ich war für so etwas noch viel zu empfindlich, unsere Beziehung noch viel zu labil. Micah war gegangen, ohne mich zu umarmen, ohne einen Kuss, ohne irgendetwas. Verletzt und verunsichert blieb ich zurück.

Natürlich war meine Reaktion übertrieben, ich wusste das. Aber die Angst, wieder in alte Verhaltensweisen zurückzufallen, war übergroß. Statt jetzt in meinen Gefühlen unterzugehen, beschloss ich, Micah einen Brief zu schreiben. Ich teilte ihm mit, wie schön seine Liebe für mich war und wie groß meine Angst, ihn wieder zu verlieren. Ich wollte nicht wieder so mit ihm zusammenleben müssen wie früher, vor der Krise. Damals war unser Umgang nicht von Liebe durchdrungen, sondern kühl; wir waren wie ein Team, das gemeinsame Aufgaben hat und lediglich zusammenarbeitet.

Ich hatte mir angewöhnt, mein Innerstes vor Micah offenzulegen, und es fiel mir immer leichter, mich verletzlich zu machen. Früher hätte ich in so einer Situation zuerst eine Zeit lang in Selbstmitleid gebadet, hätte mich dann über Micah geärgert und schließlich das Thema mit ihm geklärt – oder auch nicht, je nachdem. Vieles blieb damals auch unausgesprochen und konnte weiter seine negative Wirkung entfalten. Aber so wollte ich nicht mehr leben.

Wir hatten beschlossen, dass wir lieber zu viel als zu wenig Austausch miteinander haben wollten. Also schrieb ich auf, was mir auf dem Herzen lag – wobei ich mir gar nicht sicher war, ob ich Micah diesen Brief jemals geben würde. In erster Linie ging es mir darum, mich selbst zu verstehen und herauszufinden, wovor ich tatsächlich Angst hatte. Ich schrieb:

> Du hast dich sehr verändert, hast gar nicht mehr viel Ähnlichkeit mit meinem ersten Mann. Du bist viel lieber, aufmerksamer und zärtlicher. Bleib so. Hör nicht auf, mich zu begehren. Hör nicht auf, mit mir auszugehen. Jetzt, wo

> ich deine tiefen Gefühle kennenlernen darf, will ich immer mehr davon. Ich bin so gern mit dir zusammen, ungestört, nur wir beide, wenn wir uns alles erzählen können. Es ist so schön, wenn du mir erzählst, wie es dir wirklich geht. Bitte schließ mich nie wieder aus. Ich will spüren, dass du mich liebst, und will dich in der Tiefe kennen. Ich glaube, für unsere zweite Ehe habe ich vor allem diesen einen Wunsch: Ich will dich.

Auch meine inneren Prozesse gingen weiter. So wie meine Liebe zu Micah immer stärker wurde, so vertiefte sich auch meine Beziehung zu Gott. Die Zeit mit ihm wurde mir zum schönsten Teil jedes Tages. Ich lebte in der Abhängigkeit von Gott, voller Liebe, Frieden und Zufriedenheit. Auch in Bezug auf Gott wollte ich nie wieder in den alten Zustand zurückfallen. Wie David betete ich: „Schick mich nicht weg aus deiner Nähe, und nimm deinen heiligen Geist nicht von mir" (Psalm 51,13). Während ich diesen Psalm betete, erinnerte Gott mich an meinen letzten Brief an Micah. Ich sollte ihn noch einmal lesen, aber so, als hätte Gott ihn an mich geschrieben:

> Du hast dich sehr verändert, hast gar nicht mehr viel Ähnlichkeit mit der Person, die du früher warst. Du bist viel lieber, aufmerksamer und zärtlicher. Bleib so. Hör nicht auf, mich zu begehren. Hör nicht auf, mit mir auszugehen. Jetzt, wo ich deine tiefen Gefühle kennenlernen darf, will ich immer mehr davon. Ich bin so gern mit dir zusammen, ungestört, nur wir beide, wenn wir uns alles erzählen können. Es ist so schön, wenn du mir erzählst, wie es dir wirklich geht. Bitte schließ mich nie wieder aus. Ich will spüren, dass du mich liebst, und will dich in der Tiefe kennen. Ich habe vor allem diesen einen Wunsch: Ich will dich.

In meiner Beziehung zu Gott hatte ich es früher schon einmal erlebt, wie aus einer leidenschaftlichen Hingabe nach und nach Routine geworden war. Davor fürchtete ich mich, in Bezug auf Gott und auf Micah. Es ist so menschlich, dass man in alte Gewohnheiten zurückfällt, lau und bequem wird, sobald sich eine Situation entspannt und ein Problem gelöst ist.

Während meiner Ehekrise suchte ich Gott, weil ich verzweifelt war. Er gab mir, worum ich ihn bat – plus diese Nähe zu ihm selbst. Ich suchte ihn, fand ihn und verliebte mich in ihn – in meinen Gott. Meinen Schöpfer. Den, der meine innere Leere ausfüllt. Der mir Manna gibt. Mein Heiler und Wiederhersteller. Ich wollte immer mehr von ihm.

Aber wieso war ich für ihn wichtig? Wie konnte er mir diesen Brief geben, als seien es seine Worte an mich? Ich wusste, was ich an ihm hatte. Er veränderte mich. Ich war auf ihn angewiesen. Aber warum wollte dieser große Schöpfer-Gott *mit mir* Zeit verbringen? Was konnte ich ihm geben? Warum war ihm meine Liebe so kostbar, was gefiel ihm an meiner Anbetung? Warum lag ihm so viel daran, dass ich Zeit mit ihm verbrachte? Wieso wollte er diese Herzensbeziehung mit mir?

Wenn ich meine Kinder sehe, dann spüre ich, dass man Menschen, die man selbst geboren hat, wie verrückt lieben kann. Sie sind in meinem Bauch entstanden. Sind ein Teil von mir – eine Fortsetzung und Weiterentwicklung von mir. Ich habe Anteil an ihnen. Habe mich tief mit ihnen verbunden. Doch auch wenn ich diese Liebe zu meinen Kindern kenne, kann ich trotzdem nicht verstehen, warum mein Schöpfer sich nach meiner Nähe sehnt.

Jetzt weiß ich: Ich muss es nicht verstehen. Ich nehme es an, liebe und genieße es, sehne mich danach und richte mein Leben danach aus.

27

Herr der Ringe

Gott hingegen beweist uns seine Liebe dadurch,
dass Christus für uns starb, als wir noch Sünder waren.

Römer 5,8

Ich hatte fest damit gerechnet, dass Micah mir in Kalifornien den Ehering zurückgeben würde. An seiner Stelle hätte ich das jedenfalls gemacht. Unser Tag in San Francisco war so schön. Es wäre perfekt gewesen, mir dort zum zweiten Mal den Ring an den Finger zu stecken. Micah hätte es vor dem Hintergrund der Golden Gate Bridge tun oder den Palace of Fine Arts als Kulisse nehmen können. Bei Sonnenuntergang waren wir an diesen idyllischen Stränden, ganz für uns allein. Trotzdem – kein Ring. (Ich hatte extra nachgesehen: Der Ring war die ganze Zeit in seinem Rucksack!) Ja, unsere Beziehung war noch nicht wiederhergestellt, aber das Setting wäre einfach der Traum gewesen.

Ich war schwer enttäuscht. Wir waren am Pazifik gewesen, am Ufer des Stillen Ozeans! In Ohio gibt es keinen

Strand, nur eine ... Papierfabrik. Dafür ist unsere Stadt berühmt – die Papierfabrik ist das Einzige, was in unserer Gegend bekannt ist. Mit unterschwelliger Panik trat ich die Heimreise an. Wenn er nicht einmal zum zehnten Hochzeitstag in San Francisco, wo er mir damals den Antrag gemacht hatte, den Ring geben konnte – dann würde er es nie, niemals, nirgends tun. Dachte ich. Und schlussfolgerte: Er wollte mich einfach nicht mehr. Mit diesem Gefühl bestieg ich das Flugzeug, das uns zurückbringen würde.

Auch wenn sich alles zuletzt gut entwickelt hatte, der Ring war das Zeichen, auf das ich wartete. Jetzt waren wir wieder zu Hause, aber an meinem Finger steckte noch immer kein Ring. Ich hatte das Gefühl, überhaupt nicht mit Micah verheiratet zu sein. Ich verstand das nicht. Zumal ich doch gleichzeitig sah, wie Micah sich veränderte, und spürte, dass er mich lieb hatte.

Denn zu meiner Freude hatten die Fortschritte, die wir in Kalifornien gemacht hatten, auch im Alltag Bestand. Trotz des Schmerzes: Auch ohne Ring fühlte ich mich sicher in unserer Beziehung. Was war schon ein Ring – vor ein paar Wochen noch hatte Micah auf gepackten Koffern gesessen, um auszuziehen. Seit damals hatte sich so vieles verändert, Gott hatte ihn verändert. Ich sah das und war dankbar – und doch fehlte mir der Ring, als ob ohne ihn alles gleich wieder vorbei sein könnte.

Als wir aus Kalifornien zurückkamen, empfing uns ein Haus im Chaos. Unsere Kinder und die Großeltern hatten eine turbulente Woche miteinander verbracht und wir mussten uns alle erst wieder aneinander gewöhnen. Es gab keine Zeit mehr für mich alleine, ich war übermüdet, die Haare standen wieder ungestylt ab und klebrige kleine Hände hinterließen ihre Spuren auf meiner Kleidung. Die Kinder schrien mir ihre Wünsche ins Gesicht und ich fühlte mich weder hübsch noch attraktiv.

Ich steckte mitten im allabendlichen Durcheinander: Letzte Hausaufgaben mussten noch gemacht werden, das Essen sollte auf den Tisch, es war laut und hektisch. Da kam Micah in die Küche, den Ring in der Hand. Ich hatte so viel an den Ring gedacht, mir den richtigen Moment so oft ausgemalt, dass meine Reaktion nicht gerade positiv ausfiel. *Nein, jetzt doch nicht! Doch nicht so! Es soll romantisch sein, wie im Märchen! Ich will mich schön fühlen, wenn ich meinen Ring zurückbekomme!* Ich wollte eine Geschichte, die man erzählen konnte. Aschenputtel bekam ihren Prinzen am schönsten Abend ihres Lebens, nicht ungeschminkt und im Schlabberlook.

Auf meine Abwehr reagierte Micah mit gespielter Enttäuschung: „Ach, du willst den Ring gar nicht? Dann habe ich mich da wohl getäuscht. Tut mir leid, mein Fehler. Na gut …" Schulterzuckend packte er den Ring wieder in seine Tasche und machte Anstalten, die Küche zu verlassen. Schnell griff ich nach Micahs Arm, um ihn am Gehen zu hindern. Ich freute mich, ja natürlich freute ich mich. Aber ich ärgerte mich auch. Hätte er sich nicht einen besseren Moment aussuchen können? Das hätte so besonders sein können!

Micah unterbrach meine Gedanken: „Ich wollte dir den Ring im Alltag zurückgeben. Ganz bewusst. Ich sage Ja zu allem, zu dir und den Kindern und allem, was dazugehört. Ja zum Chaos in unserem Leben. Es ist keine Kunst, sich im Urlaub ein Versprechen zu geben, wenn das Leben schön und einfach ist, ohne Ablenkungen und Probleme. Aber das ist nicht das echte Leben. Ich will mit dir das ganze Leben teilen, mit allem Drum und Dran."

Gerne würde ich jetzt berichten, dass ich mich wie eine Erwachsene verhalten und seine Absicht wertgeschätzt hätte. Aber ich blieb an der Tatsache hängen, dass er mich in einem stressigen, chaotischen Moment erwischt hatte. Ich hatte mir einen perfekten Moment gewünscht, den ich feiern, auf Fotos festhalten, aufhängen und herumzeigen konnte. Als Krönung von allem!

Doch meine Abende mit den Kindern sind alles, nur nicht perfekt. Davon will ich keine Fotos. Da geht oft alles durcheinander, ist laut und wild, ich muss tausend Sachen gleichzeitig machen. Erst Monate später gelang es Gott, mir zu zeigen, was an diesem Abend wirklich passiert war: Micah hatte mir sein Versprechen *an meinem Tiefpunkt* gegeben, im vollen Bewusstsein dessen, was er sich einhandelte. Mein Aussehen machte mich unsicher, die Kinder regten mich auf, ich hatte an dem Tag noch gar keine Zeit im Bad gehabt. Ich fühlte mich schrecklich!

Eigentlich war es klar, was Gott mir sagen wollte. Wie viele Menschen haben schon Gottes Einladung zurückgewiesen, weil sie sich schrecklich fühlten? Wir wollen erst zu Gott kommen, wenn wir uns gut, würdig, bereit dafür fühlen. *Es wäre nicht richtig, mich jetzt Gott zu nähern. So geht das nicht, ich bin ja völlig am Ende!* Ich habe das schon mehr als einmal von Freunden gehört: „Ich kann Gott jetzt nicht in mein Leben einladen, in dem Zustand, in dem ich mich gerade befinde. Zuerst muss ich mein Leben auf die Reihe kriegen." Dieses Denken scheint weit verbreitet zu sein. Wir wollen uns zurechtmachen, unsere Makel kaschieren und uns wenigstens halbwegs ansehnlich fühlen.

Ich war genauso. Oft stimmte ich im Gottesdienst nicht richtig in die Anbetung ein, weil eine nicht so gute Woche hinter mir lag und ich mich nicht würdig fühlte.

Es war nicht schön für mich, meinen Ring in einem so unspektakulären Augenblick zurückzubekommen. Aber die von Micah beabsichtigte Wirkung trat ein. Ich wusste, dass ich nicht vollkommen sein musste, um von ihm geliebt zu werden. Er hatte keine Bedingungen an sein Versprechen geknüpft und erwartete keine Perfektion. Seine Liebe galt nicht nur meinen guten Seiten und Phasen, sondern er nahm mich ganz. Mit all dem Chaos.

Genau so ist Gott. Was er uns schenkt, ist viel mehr. Menschen können ihre Meinung wieder ändern, Gott nicht. „Gott hingegen beweist uns seine Liebe dadurch, dass Christus für uns starb, als wir noch Sünder waren" (Römer 5,8). Er wirbt um uns, wenn wir noch ganz unattraktiv sind. Entsprechend sicher können wir uns seiner Liebe sein. Er will uns. Jeden von uns. Immer.

Notfalls müssen wir ihn festhalten. Aber wir dürfen uns sein Angebot nicht entgehen lassen.

28

Gesunder Menschenverstand

Mein Sohn, lass dich stets von der Weisheit leiten,
trenne dich nie von Besonnenheit und Klugheit!
Sie geben dir ein glückliches Leben
und schmücken dich wie eine Halskette.

Sprüche 3,21-22; GNB

Ich habe einen Weg zurückgelegt, auf dem Gott mich übernatürlich geleitet hat. Gott sprach zu mir in vielfältiger Weise, auch Träume, Visionen und Wunder kamen vor. Anders hätte ich diesen Weg nicht gefunden.

Aber genauso wichtig war mir ein guter, vernünftiger Rat. Ich hatte Menschen an meiner Seite, die nicht das sagten, was ich hören wollte, sondern umsichtig und besonnen waren. Ich bin dankbar für ihren gesunden Menschenverstand, der auch dazu beitrug, mich auf dem richtigen Weg zu leiten.

Es gibt ja auch andere Ratgeber, die in bester Absicht

Dinge sagen, die nicht hilfreich sind: „Der hat dich nicht verdient!“ „Vergiss ihn einfach.“ „Du hast es nicht verdient, so behandelt zu werden.“ Sie meinen es gut, wollen nur das Beste für uns. Aber die Rechnung geht nicht auf. Wenn ich in eine Beziehung mehr investieren muss, als ich bekomme, ist das kein Grund zu gehen.

In Bezug auf unsere Kinder wissen wir das. Auch wenn sie falsche Entscheidungen treffen und Dinge tun, die uns nicht gefallen – wir lieben sie, unterstützen sie, halten zu ihnen, bedingungslos. Das ist für die meisten Eltern selbstverständlich. Nur wenn es um die Ehe geht, da ist der Gedanke der Scheidung nicht fern, wenn der Partner weniger investiert als wir selbst.

Warum ist das so? Haben wir nicht versprochen, bei diesem Menschen zu bleiben – in guten und in schlechten Tagen, in Gesundheit und Krankheit, alle Tage unseres Lebens, bis der Tod uns scheidet? Das habe ich Micah versprochen. Es hieß nicht: in guten und in schlechten Tagen, solange du mir nicht weniger gibst als ich dir. Was wäre ich für eine Ehefrau, wenn ich meinen Mann verlasse, weil er mir eine Zeit lang nichts zurückgeben kann, weil er verwirrt und unsicher ist und es ihm schlecht geht? Dass Micah mich verletzt, ist kein Grund, ihn zu verlassen.

Weil mir dies und anderes so wichtig geworden ist, möchte ich es hier in Form von kurzen Tipps weitergeben.

Tipp 1: Versprechen halten.

Wer ein Versprechen gegeben hat, muss es auch halten. Ich bin für Ehe, stimmt. Aber ich bin vor allem dafür, Gott zu suchen und im konkreten Fall auf seinen Rat zu hören. Er ist auf unserer Seite und er hat den Überblick. Ihm ist die Ehe wichtig, aber die Verbindung zu unserem Herzen ist ihm noch wichtiger. Ich glaube, dass Gott im Zweifelsfall lieber eine Ehe scheitern lässt, als einen Menschen für immer in der Verlorenheit zu lassen.

Selbst in der Bibel wird in bestimmten Situationen zu Scheidung geraten. Doch auch als getrennte Partner können wir unser Versprechen halten. Es ist möglich, anständig und mit einem demütigen Herzen durch eine Scheidung zu gehen, während man von Gott Heilung empfängt. Man kann den Partner auch dann lieben, wenn man von ihm abgelehnt wird. Selbst mitten in der Scheidungsphase kann man aus Gnade leben und Gnade weitergeben. Lieben, vergeben, hoffen und alles, was in 1. Korinther 13 steht, funktioniert auch während und nach einer Scheidung.

In der Zeit, als Micah sich nicht von der anderen Frau abbringen lassen wollte, schrieb ich ihm einen Brief und versprach, ihm die beste Ex-Frau zu werden, die er sich nur vorstellen kann. Ich würde ihn weiter lieben, auch wenn das dann in der Praxis anders aussehen müsste als bisher. Ich würde nicht gegen ihn kämpfen oder anderen Schlechtes über ihn erzählen. Ich würde ihm immer vergeben, solange Gott mir die Gnade dazu geben würde. Egal was geschehen würde, mein Versprechen wollte ich halten.

Eine Freundin von mir ist durch so eine Situation gegangen. Ihr Mann ging fremd. Sie suchte Gott, genau wie ich, und Gott veränderte sie. Aus einer wütenden, verletzten Frau, die ihren Mann mit Vorwürfen überzog, wurde eine freundliche, ruhige, vergebungsbereite Person, deren Inneres Gott heilte. Statt sich um ihre eigene Situation zu drehen, begann sie, Gottes Liebe weiterzugeben.

Trotzdem hielt der Mann meiner Freundin an seinem destruktiven Verhalten fest. Die Situation verschlechterte sich und meine Freundin zog aus. Die beiden machten eine Ehetherapie und trafen sich wöchentlich zum Gespräch, aber die Ehe wurde nicht besser.

Meine Freundin war sehr tapfer und betete mit der Einstellung von den drei Freunden Daniels, die im Feuerofen landeten – und überlebten: „Unser Gott, dem wir dienen, kann uns aus dem Feuer und aus deiner Gewalt retten. Aber auch wenn er es nicht tut, musst du wissen, o König, dass wir nie deine Götter anbeten oder uns vor der goldenen Statue niederwerfen werden" (Daniel 3,17-18).

Sie bat Gott um ein Wunder für ihre Ehe, aber sie hielt sich treu zu Gott, unabhängig davon, was geschehen würde. Als dann alles anders kam, als sie es sich gewünscht hatte, wurde sie nicht hart oder bitter, sondern bat Gott, weiterhin an ihrem Herzen zu wirken und ihren Mann zu segnen.

Ein paar Monate später reichten die beiden dann die Scheidung ein. Er hatte nicht aufgehört fremdzugehen, trotz aller Versprechen ihr gegenüber. Doch sie wurde allmählich von der Meinung und dem Verhalten ihres Mannes unabhängig und lernte, ihren Selbstwert aus der Beziehung zu Gott zu gewinnen. Gott tröstete sie und sie konnte für ihren Mann beten. Er suchte an den falschen Stellen nach der Erfüllung, die er nur bei Gott finden konnte. Ihr Traum von einem Leben an seiner Seite hatte sich zerschlagen, aber sie war selbstlos genug, ihn trotzdem im Gebet zu unterstützen – zumal es wahrscheinlich niemand sonst gab, der das tat. Das ist eine Form der Liebe, die man mit dem Verstand nicht erklären kann. (Allerdings kann das Beten für den Partner, von dem man geschieden ist, auch ungesunde Züge annehmen – es ist gut, sich auch dabei von Gott leiten zu lassen.)

Nachdem meine Freundin die Scheidungspapiere unterschrieben hatte, rief sie mich an. Scheidungen sind wirklich etwas sehr Unschönes, aber ich war stolz auf meine Freundin. Wir erlebten ähnliche Situationen mit ganz unterschiedlichem Ausgang, aber letztlich kamen wir beide bei Jesus an. Er heilte unsere zerbrochenen Herzen und verwandelte uns. Sie erlebte während der Scheidung Gottes Frieden und Nähe genauso wie ich während der Wiederherstellung unserer Ehe.

Je länger sie diesen Weg mit Jesus ging, desto freundlicher konnte sie auch ihrem geschiedenen Mann gegenüber sein. Sie begann, vermehrt für ihn zu beten, und wurde ihm eine gute Kameradin, obwohl er ihr ein schlechter Ehemann gewesen war.

Für mich war es ein Vorrecht, mit ihr zusammen durch diese Lebensphase zu gehen. Ich staune über die Wunder, die Gott in ihrem Leben tat, und über ihren demütigen Gehorsam Gott gegenüber. Gott wird auch in der Zukunft an ihrer Seite bleiben, weil Gehorsam immer Segen nach sich zieht.

Ich kann wirklich nicht sagen, welchen Weg Gott für wen vorgesehen hat. Was mich betrifft, bin ich sehr dankbar für die zweite Chance, die wir als Eheleute bekamen. Wir durften noch einmal von vorne beginnen. Aber unsere kleine Liebesgeschichte ist nichts verglichen mit der Liebe, die Gott für uns Menschen hat und mit der er die Menschen zu sich zieht. Das ist die spannendste, wunderschönste, beglückendste Geschichte überhaupt.

Eine andere Bekannte von mir erlebte vor einigen Jahren auch eine sehr tragische Scheidung. Sie war etwa fünf Jahre verheiratet, als ihr Mann immer öfters abends ausging. Manchmal mit ihr, oft ohne sie. Häufig kam er betrunken nach Hause. Gleichzeitig verlor er sein Interesse an der Ehe. Durch die Kreditkartenabrechnungen wurde deutlich, dass er sich in Stripteasebars und ähnlichen Lokalen aufhielt. Dann wollte er sich scheiden lassen.

Meine Freundin war am Boden zerstört, aber entschlossen, an ihrer Ehe festzuhalten. Sie vergab ihm alles und tolerierte sogar seinen neuen Lebensstil. Er wurde seiner Frau gegenüber kalt und hasserfüllt. Was immer sie versuchte, um ihre Ehe zu retten, er war dagegen.

Zu meinem Entsetzen bestand der Mann dann darauf, dass eine Stripteasetänzerin, die von ihm schwanger geworden war, bei ihm zu Hause einzog. Meine Freundin blieb trotzdem dort wohnen, musste aber ihre Sachen in die leeren Umzugskartons der Schwangeren packen, die das Schlafzimmer beschlagnahmt hatte. Eine unglaublich grausame Geschichte, wirklich.

Bei dieser Freundin war ich froh, als sie endlich ihre Ehe aufgab. Damit will ich noch einmal sagen, dass niemand von seiner eigenen Erfahrung auf andere schließen darf. Ja, ich habe vorhin geschrieben, dass wir unser Eheversprechen halten sollen. Damit meine ich aber *keinesfalls,* dass alle Frauen unter allen Umständen immer bei ihren Männern bleiben müssen. Ich habe auch genug Beispiele dafür, wie Gott Menschen segnen und sich ihnen offenbaren kann, während sie durch eine Scheidung gehen.

Tipp 2: Gott fragen.

Es geht mir nicht so sehr darum, ob eine Ehe gerettet oder geschieden wird. Vielmehr ist es unsere Verantwortung, dass wir uns Zeit in Gottes Nähe nehmen und ihn fragen, was er über unsere Situation denkt. Er ist der Autor unserer Lebensgeschichte, nicht wir selbst. Wenn er will, dass wir durchhalten – sei es nun in der Ehe oder bei jedem beliebigen anderen Problem –, dann sind wir gut beraten, nicht wegzulaufen. In dem Fall wäre es falsch aufzugeben. Wir dürfen unser eigenes Verhalten nicht mit den Erfahrungen anderer Leute begründen oder entschuldigen. *Entscheidend ist, was wir selbst von Gott hören.*

Ich fürchte, viele Ehen wurden geschieden, obwohl die Probleme auch hätten gelöst werden können. Aber keiner der Beteiligten hatte den Mut, Gott zu vertrauen. Gott kann zerbrochene Herzen heilen, so als wäre nie etwas gewesen. Gott klebt nicht nur zusammen, was zerbrochen ist, er schafft Neues. Er verändert die Herzen. Wir geben andere Menschen manchmal zu schnell auf. Gott nicht. Er heilt. Er stellt wieder her. Er heilt die Wunden. Je größer die Probleme, desto besser kann er seine Größe offenbaren.

Tipp 3: Es geht nicht um unser Glück.

Ein weiterer, wichtiger Punkt: Es geht nicht darum, ob wir glücklich sind. Es gibt Situationen, die sind nicht schön. Aber das macht nichts! Es muss uns nicht immer gut gehen. Wir vertrauen weder unseren Gefühlen noch anderen Menschen, auch unseren Wert beziehen wir nicht aus Beziehungen. Es geht überhaupt nicht um uns.

Erst vor ein paar Tagen sagte jemand zu mir: „Ich will ja nur, dass du glücklich bist.“ Die Person sagte das, weil sie mich sehr mag. Trotzdem ist dieser Satz falsch. Gott hat mich nicht geschaffen, damit ich glücklich bin. Es gibt auf dieser Erde Wichtigeres für mich, als nur glücklich zu sein. Gott hat Aufgaben für uns, die sein Reich voranbringen und die wir um jeden Preis ausführen müssen.

Gott lässt uns manchmal auch leiden. Er sieht den großen Zusammenhang und kennt auch schon den Ort, an dem wir in Ewigkeit herrschen und vollkommen glücklich sein werden. Aber solange wir auf dieser Erde sind, haben wir noch Dinge zu tun. Unser Glück ist dabei nicht die erste Priorität.

Als Micah mich verlassen wollte, änderte ich meine Abläufe, um Zeit zum Gebet zu haben. Ich gab mein Ehrenamt in der Gemeinde auf, sagte meinen Kuchenkunden ab und nahm die Kinder aus manchen Aktivitäten und Gruppen, für die ich sie mehrmals pro Woche in der Stadt herumfahren musste. Ich zog mich auch aus einigen Beziehungen zurück, weil ich Zeit zum Beten brauchte. Nicht alle Freundschaften haben das überlebt.

Aber ich hatte immer dieses Bild vor Augen, wie ich eines Tages vor Gott stehen werde. Ich würde Gott all meine Errungenschaften, Aktivitäten und guten Werke präsentieren, die ich auch nach der Scheidung von Micah geschafft hätte. „Schau, ich habe vielen Kindern im Kindergottesdienst von dir erzählt, habe viele Frauen ermutigt, habe mich aufgeopfert, damit meine eigenen Kinder viel Sport und andere Dinge machen konnten. Lauter gute Sache, alles *für dein Reich.*“

Ich stellte mir vor, wie Gott mich dann fragen würde:

„Schön. Aber wo ist dein Mann? Der Partner, den ich dir gegeben habe?“

Vielleicht würde ich mich dann so anhören: „Ja, weißt du, ich habe ihn unterwegs verloren. Aber schau doch mal, was ich trotzdem alles geschafft habe.“

Dann würde Gott wahrscheinlich antworten: „Ich habe dir *eine* Person anvertraut.“

Das stand mir vor Augen – und das Versprechen, das ich Micah gegeben hatte. „Die zwei werden ein Leib sein. Sie sind also nicht mehr zwei, sondern sie sind ein Leib“ (Markus 10,8).

Die zwei werden eins. Micah ist für mich nicht irgendjemand. Er ist Teil meiner Person, die Hälfte von mir. Ich kann doch nicht eine Hälfte von mir zurücklassen! „Zwei haben es besser als einer allein, denn zusammen können sie mehr erreichen. Stürzt einer von ihnen, dann hilft der andere ihm wieder auf die Beine. Doch wie schlecht steht es um den, der alleine ist, wenn er hinfällt! Niemand ist da, der ihm wieder aufhilft!“ (Prediger 4,9-10). Ich bin die Gefährtin, die dafür da ist, Micah wieder aufzuhelfen.

Als ich zu Beginn dieser Geschichte auf der Konferenz war, sprach dort auch ein Holocaust-Überlebender. Er hatte zusammen mit seinen Angehörigen in einer von Oskar Schindlers Fabriken gearbeitet. Voller Dankbarkeit sprach er über diesen Mann, der ihm das Leben gerettet hatte.

Die Geschichte wurde durch den Film „Schindlers Liste“ bekannt. Der deutsche Fabrikant stellte bewusst jüdische Arbeiter ein, um sie vor dem Vernichtungslager zu retten. Als ehemals wohlhabender Fabrikant investierte er seinen ganzen Besitz, teilweise auch als Bestechungsgeld, um Juden zu retten. Am Ende seines Lebens war er so arm, dass er auf die Hilfe seiner ehemaligen Arbeiter angewiesen war.

Jeder Konferenzbesucher bekam einen Button, auf dem eine Eins und das Zitat von Schindler aufgedruckt war: „Wer ein einziges Leben rettet, rettet die ganze Welt.“

In den folgenden Wochen und Monaten, als ich um meinen Mann kämpfte, dachte ich immer wieder an diesen Satz.

Während ich an diesem Buch schrieb, kam eine Frau zu mir und erzählte von ihrer Berufung und allem, was sie für Gott in ihrer Gemeinde tut. Leider ging es aber ihrem Mann nicht gut und ihre Ehe war in Gefahr. Sie könne doch nicht, nur wegen ihres Mannes, ihre Berufung aufgeben, oder? Ich konnte ihr nicht die erwünschte Antwort geben. Ich war überzeugt: Gott wollte nicht, dass sie ihren Mann verließ, um „große Dinge" für Gott tun zu können. Für mich selbst hatte ich das Gegenteil als richtig erkannt. *Wer ein einziges Leben rettet, rettet die ganze Welt.*

Ich kann nicht Gott dienen, wenn ich nicht alles versucht habe, was in meiner Macht steht, um das eine Leben zu retten, das mit mir eins geworden ist.

Für mich war es richtig, mich vorübergehend vom Rest der Welt zurückzuziehen. Meine Hauptaufgabe war es, für meinen Mann zu beten. Nichts war wichtiger, als seine Rettung. Das war meine Berufung. Für Gott ist jeder Mensch gleich wertvoll. Für mich nicht. Mein Mann und meine Kinder sind meine erste Priorität. *Sie* gehören zu meinem geistlichen Einflussbereich und ich habe die Verantwortung, für sie zu sorgen.

Mich bewegte immer der Gedanke: *Wenn ich nicht für meinen Mann und meine Kinder kämpfe – wer dann?* Diese vier Personen will ich eines Tages bei mir haben, wenn ich in Gottes Reich einziehe.

Tipp 4: Ich muss mein restliches Leben mit den Konsequenzen meiner Entscheidung leben.

Niemand außer mir wird damit leben müssen. Dieser Gedanke hilft, die Prioritäten richtig zu setzen. Wenn alles zusammenbricht, dann umgeben wir uns gerne mit den Menschen, die zu uns halten. Sie klopfen uns auf den Rücken und versichern uns, dass wir nichts dafür können. Wie angenehm. Es ist, als würden sie Pflaster auf die Wunden in unserer Seele kleben. Ja, das tut gut und ja, ich habe das auch schon oft gemacht.

Für mich war es besser, mich zurückzuziehen. Ich hatte meinen Aaron und meinen Hur und noch ein paar sehr enge Freunde, mit denen ich über alles redete. Aber ansonsten versuchte ich vor allem, Gott zu hören. Dazu brauchte ich Zeit und Ruhe und musste alleine sein.

Auch über mich selbst musste ich nachdenken. Was wollte ich wirklich? Diese Frage konnte niemand für mich beantworten. Hören wir auf unseren verletzten Stolz, dann wollen wir die Trennung. Bleiben wir, machen wir uns immer wieder neu verletzlich. Unser Pastor sagte einmal: „Wir schenken dem anderen unser Vertrauen nicht, weil er es verdient. Es ist eher eine Investition in den anderen." Und Investitionen sind immer mit Risiko verbunden. Ich hatte große Angst, weiter verletzt zu werden. Micah zu verlassen, wäre leichter gewesen.

Auch die Aussicht, einen neuen Partner kennenzulernen, ist manchmal verlockend. Sich in eine Person zu verlieben, die einen noch nie verletzt hat – was für eine reizvolle Aussicht.

Mein Partner verletzt mich, das muss aufhören. Über die Zukunft kann ich jetzt nicht nachdenken, das wird sich dann zeigen – so darf man eine solche Entscheidung nicht treffen. Wenn man gemeinsame Kinder hat, muss man sich im Klaren sein, dass man sich nie richtig trennen kann. Man hat ja eine gemeinsame Aufgabe und eine lebenslange Verantwortung.

Wie würde es mir gehen, wenn die Kinder am Wochenende bei Micah wären? Sonntagabends würde er sie zurückbringen, mir zunicken, wieder gehen. Keine Umarmung, keine Küsse, keine Berührung. Ich würde einen neuen Partner haben, er eine neue Partnerin. Ich würde ihn immer vermissen.

Ist es wirklich ein Zeichen von Schwäche, wenn man versucht, sich mit der Person zu arrangieren, die einem unrecht getan hat, aber mit der man verheiratet ist? Ist das ein Zeichen von geringem Selbstwertgefühl? Ich denke, es ist immer gut, Gnade weiterzureichen. Was mich betrifft, ich bin durch meine Geschichte stärker geworden. Ich wurde nicht entwertet, als ich Micah vergab. Ich wurde aufgewertet, als ich Gott in meiner Not fand.

In unserer Gesellschaft ist es normal, sich zu trennen, sobald es schwierig wird, und sich neue Partner zu suchen. Die Filme, die uns gezeigt werden, schüren immer wieder die Hoffnung, dass wir am Ende doch noch den Prinzen finden.

Aber das Problem ist, dass weder wir selbst noch alle anderen vollkommen und fehlerlos sind. Manche haben größere Fehler als andere, aber in Gottes Augen sind wir alle mit Sünde behaftet. Tante Jan ersparte mir diesen Satz nicht: „Es braucht immer zwei Leute, damit eine Beziehung zerbricht. Daran ist niemals nur einer schuld." Das verletzte mich zunächst. Schließlich war Micahs Fehler ja überdeutlich. Wie gut, dass ich mir diesen Satz trotzdem zu Herzen genommen habe. Hätte ich Gott nicht gebeten, mir zu zeigen, was mein Anteil an unserem Scheitern war, dann hätte unsere Beziehung niemals wirklich heil werden können. Unser Neuanfang wäre wieder gescheitert.

Tipp 5: Den Liebesfilter anwenden.

Wenn wir auf Gottes Art lieben, dann lieben wir überschwänglich und ohne an uns selbst zu denken. Gottes Liebe verändert uns, macht uns attraktiv und stark. Wir denken mild und gütig über andere und vergeben großzügig. Wenn wir nach 1. Korinther 13 leben, können wir voller Zuversicht zuschauen, wie Gott *unendlich viel mehr* tun wird, als wir bitten oder uns vorstellen können.

29

Unendlich viel mehr

Ihm, der mit seiner unerschöpflichen Kraft
in uns am Werk ist und unendlich viel mehr
zu tun vermag, als wir erbitten oder begreifen können,
ihm gebührt durch Jesus Christus die Ehre.

Epheser 3,20

Meine Freundin Kim und ich schicken uns oft gegenseitig die Texte, die wir in unserer Zeit mit Gott lesen. Am 10. Januar bekam ich diese Zeilen von ihr:

> Jedes Mal, wenn du sagst, dass du mir vertraust, legst du eine Münze in meine Schatztruhe. Damit sammelst du dir einen Vorrat für schwere Tage an. Ich bewahre alles Vertrauen, das du in mich investierst, bei mir, und deine aufgelaufenen Zinsen werden immer mehr. Je mehr du mir vertraust, desto mehr Kraft schenke ich dir, genau dies zu tun.
>
> Übe an ruhigen Tagen, an denen scheinbar nicht viel passiert, mir zu vertrauen. Wenn dann Stürme kommen, ist dein Vertrauenskonto so voll, dass es dich trägt. *Sammle*

dir Schätze im Himmel, indem du dein Vertrauen auf mich setzt. Diese Übung hilft dir, in meinem Frieden zu bleiben.[15]

Am selben Morgen hatte ich auch schon Lukas 6,38 gelesen: „Gebt, und es wird euch gegeben werden. Ein volles Maß wird man euch in den Schoß schütten, ein reichliches Maß, bis an den Rand gefüllt und überfließend. Denn das Maß, das ihr verwendet, wird auch bei euch verwendet werden." Wir waren gerade extrem knapp bei Kasse und ich wusste nicht, was ich mit diesem Text anfangen sollte. Dann kam Kims Text und ich verstand, dass es hier nicht nur um Geld, sondern auch um Vertrauen geht. Das ließ den Text in einem ganz anderen Licht erscheinen.

„Gebt [vertraut Gott], und es wird euch gegeben werden [alles, was ihr ihm anvertraut]. Ein volles Maß wird man euch in den Schoß schütten, ein reichliches Maß, bis an den Rand gefüllt und überfließend."

Ich stelle mir vor, wie Gott im Himmel durch das Spiegelglas auf die Erde schaut und mich entdeckt, während ich gerade meine Nase an der Glaswand platt drücke, um ihn zu erkennen. Sofort ruft er mir etwas zu, ich reagiere, er freut sich. „Sie kann mich gar nicht sehen, aber trotzdem hört sie auf mich!" Er ruft mir mehr zu, ich höre ihn und tue, was er sagt. Gott ist begeistert und lässt seinen Segen auf mich regnen. Segen im Übermaß. Viel mehr, als ich erbeten habe. Geschenke, die schöner sind als alles, was ich mir hätte ausdenken können, „ein reichliches Maß, bis an den Rand gefüllt und überfließend".

Das erlebe ich jetzt.

Schon vor unserer Ehekrise hatte Micah sein geistliches Leben aufgegeben. Er ging nicht mehr mit zum Gottesdienst. Sein Job war ihm das Wichtigste im Leben. Das machte mich traurig, aber ich hatte mich damit abgefunden. Micah hatte sich innerlich von mir distanziert, war mir und den Kindern gegenüber meist lieblos und ungeduldig und er hatte alle Träume aufgegeben, die er jemals gehabt hatte.

Als wir uns kennengelernt hatten, hatte Micah vor Einfällen gesprüht, war lustig und positiv gewesen. Im Laufe der Jahre änderte sich das, er wirkte verletzt, wurde im Umgang mit den Kindern schnell sauer und schrie sie oft an. Seine Rolle als Ehemann und Vater machte ihm keine Freude, sie war ihm eine lästige Pflicht. Um das auszugleichen, war ich besonders lieb zu den Kindern. Wenn ich fand, dass Micah zu hart reagierte, wies ich ihn vor den Kindern zurecht, statt unter vier Augen mit ihm zu reden. Das war Gift für unsere Beziehung.

Ich wäre mit diesem Leben zufrieden gewesen, aber Gott sagte: „Für mich ist das nicht okay. So habe ich mir eure Familie nicht vorgestellt. Kannst du dich bitte an meiner Hand festhalten, dann bringe ich dich durch den bevorstehenden Sturm. Vertrau mir! Ich werde viel mehr tun, als du erwartest."

Als die Probleme dann losgingen, wäre ich schon froh gewesen, Gott hätte mir einfach nur das Leben mit meinem Mann zurückgegeben, das ich bis dahin gehabt hatte. Ich war damit ja auch zufrieden gewesen. Aber Gott, der die Herzen verändern kann, hatte mehr vor.

Am Anfang unseres Wegs war mein Vertrauen in Gott nicht sehr groß gewesen. Aber mit jedem kleinen Sieg wurde mein Glaube stärker. So konnte ich auf Gottes Konto immer mehr Vertrauen einzahlen. Das hat Gottes Herz bewegt.

Dann hat sich alles verändert. Micah hat ganz neu mein Herz erobert. Er ist zärtlich und rücksichtsvoll, freundlich und lieb. Er lebt in der engen Verbindung mit Gott; er hat ihn von innen heraus verändert. Micah liest viel in der Bibel, betet Jesus an und geht unserer Familie geistlich voran. Seine Identität gründet sich jetzt auf seine Beziehung zu Gott. Die Arbeit hat nicht mehr Priorität in seinem Leben. Er lebt für die Ausbreitung des Reiches Gottes.

Wenn ich ihn beobachte, wie er mit den Kindern umgeht, bin ich überglücklich. Genau das habe ich mir immer gewünscht. Abends liest er unseren Söhnen Geschichten vor, dann legt er ihnen die Hände auf und segnet sie. Er ist voller Liebe und hat Freude daran, Vater zu sein.

Wie ist das möglich? Hat jetzt das Leben begonnen, das Gott schon die ganze Zeit für uns geplant hatte?

Neulich saßen wir abends auf dem Sofa. Die Kinder hatten wir ins Bett gebracht und das Licht gelöscht – zum wiederholten Mal an diesem Abend. Bald darauf waren sie wieder zu hören. Sie waren wieder aufgestanden, sprangen herum, lachten, redeten und Gegenstände flogen umher. Ich wurde wütend, stand auf, murmelte etwas Entsprechendes und wollte gerade nach oben gehen, als Micah mich sanft aufs Sofa zurückzog. Er lächelte. „Warte noch. Komm, wie hören ihnen einfach zu. Eines Tages werden wir das vermissen."

Micahs Geduld und seine Freude an den Kindern – das sind keine kleinen Veränderungen. Ich kann mir vorstellen, dass manche, die meine Geschichte lesen, sagen werden: „Na und? Er hat seine Frau betrogen und sie haben es wieder in den Griff gekriegt. Prima. Was ist daran so besonders?"

Von wegen! Es war so unendlich viel mehr. Für mich ist ein großer Berg versetzt worden. Ich bekam nicht nur meinen Mann zurück, Gott hat mir alles gegeben. Sich selbst. Das alleine hätte schon genügt. Dazu bekam ich einen Mann, der Gott, mich und die Kinder liebt. Gott hat unsere Familie geheilt, mir Hoffnung und Ausdauer geschenkt und meine Seele aus großer Traurigkeit herausgeholt.

Die verrückte Achterbahnfahrt hat sich gelohnt, ich habe meine Identität in Jesus gefunden und ihn kennengelernt. Diese Erfahrung möchte ich um nichts in der Welt missen. Ich möchte sie jedem erzählen. Jeder ist eingeladen, Gott zu suchen und zu finden, zu lieben und geliebt zu werden. Niemand außer Jesus kann unsere Seele sättigen. Er nimmt uns mit auf das große Abenteuer, in den Gehorsam, in die Fülle.

Was tun wir Menschen nicht alles, um glücklich zu sein! Aber der beste Job, die schönste Familie, ein sechsstelliges Gehalt, Ruhm und Erfolg – es wird nie genug sein, wir werden nie glücklich und zufrieden sein, solange der Schöpfer nicht seinen Platz in unserem Herzen einnehmen kann. Aber wenn Gott kommt, dann ist die Erfüllung da.

Meine Realität hat sich dem angepasst, was schon immer Gottes Traum für mich war: ein gutes, volles, gehäuftes, überfließendes Segensmaß.

Quellenangaben

1 Russell, A. J. God Calling (Uhrichsville, OH: Barbour, 1989), October 30. God Calling Devotional app.
2 Moore, Beth. Believing God (Nashville: LifeWay Christian Resources, 2003), DVD.
3 Feinberg, Margaret. Wonderstruck (Brentwood, Tennessee: Worthy, 2012), 5.
4 Ebd.
5 http://www.dictionary.com/browse/garrison?s=t (Zugriff am 8.2.2018).
6 http://www.dictionary.com/browse/guard?s=t (Zugriff am 8.2.2018).
7 Young, Sarah. Ich bin bei dir (Text zum 16. Januar) (Asslar: Gerth Medien, 2009).
8 Lewis, C. S. God in the Dock: Essays on Theology and Ethics (Grand Rapids, MI: William B. Eerdmans, 2014), 48.
9 http://www.dictionary.com/browse/bask?s=t (Zugriff am 9.2.2018).
10 http://www.dictionary.com/browse/flourish?s=t (Zugriff am 9.2.2018).
11 http://www.dictionary.com/browse/luxuriant?s=t (Zugriff am 9.2.2018).
12 Allen, Jennie. Chase: A DVD-Based Study (Nashville: Thomas Nelson, Inc., 2012). DVD.

13 Aus einer Predigt von Mark Pfeifer, „Stärke in Schwachheit". Mit freundlicher Genehmigung.

14 http://www.dictionary.com/browse/devour?s=t (Zugriff am 9.2.2018).

15 Young, Sarah. Ich bin bei dir (Text zum 10. Januar) (Asslar: Gerth Medien, 2009).

Bibelübersetzungen

Es wurden die hier angegebenen Bibelübersetzungen verwendet. Sie sind wie folgt gekennzeichnet.

Nicht gekennzeichnete Bibelzitate folgen im Neuen Testament und den Psalmen der Neuen Genfer Übersetzung, im Alten Testament der Übersetzung Hoffnung für alle.